权威·前沿·原创

"两化"融合蓝皮书

BLUE BOOK OF
INTEGRATION OF INFORMATIZATION
AND INDUSTRIALIZATION

中国"两化"融合发展报告（2012）

DEVELOPMENT REPORT ON INTEGRATION OF INFORMATIZATION
AND INDUSTRIALIZATION OF CHINA (2012)

主　编／曹淑敏
工业和信息化部电信研究院

社会科学文献出版社
SOCIAL SCIENCES ACADEMIC PRESS (CHINA)

图书在版编目（CIP）数据

中国"两化"融合发展报告 . 2012/曹淑敏主编 . —北京：社会科学文献出版社，2012.7
（"两化"融合蓝皮书）
ISBN 978 - 7 - 5097 - 3591 - 6

Ⅰ.①中… Ⅱ.①曹… Ⅲ.①工业化 - 研究报告 - 中国 - 2012 ②信息化 - 研究报告 - 中国 - 2012　Ⅳ.①F424 ②G202

中国版本图书馆 CIP 数据核字（2012）第 150597 号

"两化"融合蓝皮书
中国"两化"融合发展报告（2012）

主　　编／曹淑敏

出 版 人／谢寿光
出 版 者／社会科学文献出版社
地　　址／北京市西城区北三环中路甲 29 号院 3 号楼华龙大厦
邮政编码／100029

责任部门／皮书出版中心（010）59367127　　责任编辑／李舒亚　陈　颖
电子信箱／pishubu@ ssap. cn　　　　　　　　责任校对／宋建勋
项目统筹／邓泳红　陈　颖　　　　　　　　　责任印制／岳　阳
经　　销／社会科学文献出版社市场营销中心（010）59367081　59367089
读者服务／读者服务中心（010）59367028

印　　装／北京鹏润伟业印刷有限公司
开　　本／787mm×1092mm　1/16　　　　　印　张／21.25
版　　次／2012 年 7 月第 1 版　　　　　　　字　数／364 千字
印　　次／2012 年 7 月第 1 次印刷
书　　号／ISBN 978 - 7 - 5097 - 3591 - 6
定　　价／98.00 元

本书如有破损、缺页、装订错误，请与本社读者服务中心联系更换
▲ 版权所有　翻印必究

"两化"融合蓝皮书编委会

顾　　问　秦　海　刘树苹　黄利斌　祝　军　杨泽民
　　　　　　钱庭硕

主　　编　曹淑敏

委　　员　（按姓氏笔画排序）
　　　　　　王　鹏　王安平　王建伟　文　剑　匡佩远
　　　　　　刘　多　刘高峰　李毅凯　何亚琼　何庆立
　　　　　　余晓晖　张　望　张延川　陈金桥　邵春光
　　　　　　黄　潇　崔淑田　黎烈军

编写组　胡坚波　刘占霞　朱金周　王婉丽　陆　玲
　　　　　　王　慧　文彩霞　董温彦　刘　阳　李东阳
　　　　　　张　洁　焦　芳　李媛恒　张　寰　许立东
　　　　　　胡善冰　曾宪萍　何聪蕾　方春林　薛中菅
　　　　　　吕姝仪

主编简介

曹淑敏 1992年获北京航空航天大学硕士学位，2007年获得香港理工大学管理学博士学位。曾任信息产业部电信传输研究所副所长，信息产业部/工信部电信研究院副院长等职。现任工业和信息化部电信研究院院长，教授级高工。享受国务院政府特殊津贴。第十一届全国政协委员，中共十六大、十七大代表。第八届中国科协常委。2007年1月政治局第38次集体学习，讲授"世界网络技术发展与我国网络文化建设与管理"。曾获中国青年科技创新杰出奖、中国五四青年奖章，全国先进工作者、中央国家机关优秀女领导干部、中央国家机关优秀共产党员称号，是首批新世纪百千万人才工程国家级人选。

曾任国际电信联盟ITU-R WP8副主席兼技术工作组主席。现任国家重大科技专项"新一代宽带无线移动通信网"副总工程师，国家信息化专家咨询委员会委员、国务院三网融合专家组成员、国务院反垄断专家组成员、国家"863" 4G项目总体组副组长、中国通信标准化协会副理事长、工信部通信科技委副主任委员、工信部TD-LTE工作组组长、云计算发展与政策论坛理事长等。

摘　要

　　信息化和工业化融合发展是新型工业化道路的鲜明特征，也是经济社会转型发展的重要动力。随着信息技术的快速发展和普及应用，信息化与工业化融合不断引领人类生产方式的新变革，正成为一种全面、动态、优化的资源配置方式，重塑全球化时代国家产业竞争的新优势。"两化"融合蓝皮书的主要任务是通过国际比较和区域评估等实证分析方法全面解读我国及地区"两化"融合发展现状及变化趋势，并在案例研究和国际借鉴基础上，提出我国"两化"深度融合的战略方向和推进策略。总报告、理论框架、区域评估、案例解读、国际借鉴和推进策略等 6 部分构成了本书的主要内容。在总报告中全面剖析了我国"两化"融合在全球的地位、自身发展脉络以及取得的一系列融合成果，深入评估了我国 31 个省份"两化"融合发展程度及其基本特征，系统阐述了我国"两化"融合的发展趋势及主攻方向。在理论框架部分，明确了"两化"融合的三大支柱（融合硬度、融合软度和融合深度）及其现实体现（工业化、信息化和一体化），构建了包含三个层级 61 项指标的区域"两化"融合评估体系。在区域评估部分，依据所构建的评估体系，对我国 31 个省份的融合进程及其三大支柱进行了详尽阐述。在案例解读部分，对南京、沈阳、昆明、兰州等四个国家级"两化"融合试验区进行了深度评析。在国际借鉴部分，不仅总结归纳了美、日、印等国家和地区的发展经验，更从中提取出信息技术与产业融合的发展亮点，充分吸收并转化为对我国推动"两化"融合的启示与借鉴。在推进策略部分，基于对我国"两化"融合的现实判断，提出了推进"两化"融合的战略方向，并创造性地提出了推进"两化"深度融合的"十大黄金法则"。本书立足区域"两化"融合评估，可为国家和地方有关部门以及相关行业、企业推动"两化"深度融合提供前瞻性、科学性和实时性决策参考，亦可为学术界进一步研究提供理论借鉴。

Abstract

The integration of information technology and industrialization development is a new way to industrialization and distinctive features. It's also the main motive force of the economic and social transformation development. With the rapid development and the popularization and application of information technology, the integration of information and industrialization continues to lead changes of human production, becoming a kind of comprehensive, dynamic, optimization of resource allocation and remodeling of the new dominant position of state industry competition in globalization times. The main task of blue book of "integration of informatization and industrialization" is to comprehensively interpret presently development and the changing tendency of our country and regions through the empirical analysis such as international comparison and the regional assessment. Based on cases study and international reference, this report puts forward the strategic direction and the promoting strategy of deep integration. The reality of China, theoretical framework, regional evaluation, cases study, international experience and the strategy of the promotion constituted the main contents of this report. In the part of the reality of China, this report comprehensively analyzed China's "integration of informatization and industrialization" in the global status, their own development and a series of integration results, through assessing development degree and basic characteristics of 31 provinces of China, systematical elaborated the trend and the future direction of China's integration development. In the part of theoretical framework, this report determines three big pillars (integration of hardness softness and depth) of the " integration of informatization and industrialization" and the reality embodiment (industrialization, informatization and integration). Then successfully constructed the regional evaluation system of "integration of informatization and industrialization" with three levels and 61 indexes. In the part of the regional evaluation, this report evaluated the integration process and the three pillars of 31 provinces of China (excluding Hong Kong, Macao and Taiwan). In the part of cases study, this report selected four national experimental areas of "integration of informatization and industrialization", which are Nanjing, Shenyang, Kunming and Lanzhou. This report deeply analyzed the integration of these cities. In the part of the international experience, this report not only summarized the United States, Japan, India and other countries' experience, but also extracted bright spots of their developments, then fully absorbed and transformed into the enlightenment fusing and reference. In the part of the strategy of the promotion, based on the practical judgments, this report put forward strategic direction and promotions of the future integration, and originally put forward the " Ten Golden rules" of deep integration. This report based on evaluation of regional integration, provided forward – looking, scientific and real – time decision – making reference for the national and local relevant departments and enterprises. This report can also be used as oretical reference for further academic study.

目 录

BⅠ 总报告

B.1 2012"两化"深度融合：中国现实 …………………………………… 001
　一 "两化"融合总体状况 …………………………………………… 001
　二 "两化"融合区域分析 …………………………………………… 029
　三 2012年"两化"融合趋势展望 ………………………………… 056

BⅡ 理论框架

B.2 "两化"融合的运行机制 …………………………………………… 063
B.3 "两化"融合的评估体系 …………………………………………… 076

BⅢ 区域评估

B.4 北京市 ………………………………………………………………… 084
B.5 天津市 ………………………………………………………………… 090
B.6 河北省 ………………………………………………………………… 095
B.7 山西省 ………………………………………………………………… 101
B.8 内蒙古自治区 ………………………………………………………… 107
B.9 辽宁省 ………………………………………………………………… 112
B.10 吉林省 ………………………………………………………………… 118

B.11　黑龙江省 …………………………………………………………… 124

B.12　上海市 ……………………………………………………………… 129

B.13　江苏省 ……………………………………………………………… 134

B.14　浙江省 ……………………………………………………………… 140

B.15　安徽省 ……………………………………………………………… 145

B.16　福建省 ……………………………………………………………… 151

B.17　江西省 ……………………………………………………………… 157

B.18　山东省 ……………………………………………………………… 163

B.19　河南省 ……………………………………………………………… 168

B.20　湖北省 ……………………………………………………………… 173

B.21　湖南省 ……………………………………………………………… 178

B.22　广东省 ……………………………………………………………… 183

B.23　广西壮族自治区 …………………………………………………… 188

B.24　海南省 ……………………………………………………………… 193

B.25　重庆市 ……………………………………………………………… 199

B.26　四川省 ……………………………………………………………… 205

B.27　贵州省 ……………………………………………………………… 211

B.28　云南省 ……………………………………………………………… 216

B.29　西藏自治区 ………………………………………………………… 222

B.30　陕西省 ……………………………………………………………… 227

B.31　甘肃省 ……………………………………………………………… 233

B.32　青海省 ……………………………………………………………… 239

B.33　宁夏回族自治区 …………………………………………………… 244

B.34　新疆维吾尔自治区 ………………………………………………… 249

B Ⅳ　案例解读

B.35　南京市国家级"两化"融合试验区 ………………………………… 254

B.36 沈阳市国家级"两化"融合试验区 ………………………………… 261
B.37 昆明市国家级"两化"融合试验区 ………………………………… 269
B.38 兰州市国家级"两化"融合试验区 ………………………………… 275

B V 国际借鉴

B.39 国际上"两化"融合发展经验 ……………………………………… 281
B.40 信息技术与产业融合 ………………………………………………… 296
B.41 国外经验对推进我国"两化"深度融合的启示 …………………… 301

B VI 推进策略

B.42 "两化"深度融合推进方向 ………………………………………… 306
B.43 推进"两化"深度融合"十大黄金法则" ………………………… 314

B.44 主要参考文献 ………………………………………………………… 320

CONTENTS

B I General Report

B.1 Deep Integration of Informatization and Industrialization
in 2012: the Reality of China / 001
    *1. General Condition of "Integration of Informatization
and Industrialization"* / 001
    *2. Regional Analysis of "Integration of Informatization and
Industrialization"* / 029
    *3. Trend and Prospect of "Integration of Informatization and
Industrialization" in 2012* / 056

B II Theory Framework

B.2 The Operating Mechanism of "Integration of Informatization
and Industrialization" / 063

B.3 The Evaluation System of "Integration of Informatization
and Industrialization"

/ 076

B III Regional Evaluation

B.4 Beijing / 084

B.5	Tianjin	/ 090
B.6	Hebei Province	/ 095
B.7	Shanxi Province	/ 101
B.8	Inner Mongolia Autonomous Region	/ 107
B.9	Liaoning Province	/ 112
B.10	Jilin Province	/ 118
B.11	Heilongjiang Province	/ 124
B.12	Shanghai	/ 129
B.13	Jiangsu Province	/ 134
B.14	Zhejiang Province	/ 140
B.15	Anhui Province	/ 145
B.16	Fujian Province	/ 151
B.17	Jiangxi Province	/ 157
B.18	Shandong Province	/ 163
B.19	Henan Province	/ 168
B.20	Hubei Province	/ 173
B.21	Hunan Province	/ 178
B.22	Guangdong Province	/ 183
B.23	Guangxi Zhuang Autonomous Region	/ 188
B.24	Hainan Province	/ 193
B.25	Chongqing	/ 199
B.26	Sichuan Province	/ 205
B.27	Guizhou Province	/ 211
B.28	Yunnan Province	/ 216
B.29	Tibet Autonomous Region	/ 222
B.30	Shaanxi Province	/ 227
B.31	Gansu Province	/ 233
B.32	Qinghai Province	/ 239
B.33	Ningxia Hui Autonomous Region	/ 244
B.34	Xinjiang Uygur Autonomous Region	/ 249

B IV　Case Study

B.35　Nanjing National Experimental Area of "Integration of
　　　Informatization and Industrialization"　　　　　　　　　　/ 254

B.36　Shenyang National Experimental Area of "Integration of
　　　Informatization and Industrialization"　　　　　　　　　　/ 261

B.37　Kunming National Experimental Area of "Integration of
　　　Informatization and Industrialization"　　　　　　　　　　/ 269

B.38　Lanzhou National Experimental Area of "Integration of
　　　Informatization and Industrialization"　　　　　　　　　　/ 275

B V　International Reference

B.39　The International Development Experience of " Integration
　　　of Informatization and Industrialization"　　　　　　　　　/ 281

B.40　Information Technology and Industrial Integration　　　　/ 296

B.41　The Enlightenment of Foreign Experience to Promote
　　　the Depth of Our Country" Integration of
　　　Informatization and Industrialization"　　　　　　　　　　/ 301

B VI　Strategy of Advance

B.42　Direction of Advance of the Depth of" Integration of
　　　Informatization and Industrialization"　　　　　　　　　　/ 306

B.43　" Ten Golden rules" to Promote the Depth of " Integration
　　　of Informatization and Industrialization"　　　　　　　　　/ 314

B.44　Reference　　　　　　　　　　　　　　　　　　　　　　/ 320

总 报 告

General Report

B.1
2012"两化"深度融合：中国现实

一 "两化"融合总体状况

（一）总体状况

工业是实体经济的主体，也是转变经济发展方式、调整优化产业结构的主战场。坚持走中国特色新型工业化道路，是加快转变经济发展方式的重要途径，是全面建设小康社会的必然要求，是提高我国综合国力和国际竞争力的重要保障。信息化和工业化融合发展是新型工业化道路的鲜明特征，也是经济社会转型发展的重要动力。党的十七大提出了"发展现代产业体系，大力推进信息化与工业化融合发展"的战略部署，十七届五中全会又进一步提出了"推动'两化'深度融合，加快经济社会各领域信息化"的更高要求。《国民经济和社会发展第十二个五年规划纲要》进而提出了"全面提高信息化水平，推动信息化和工业化深度融合"的发展战略。

"两化"深度融合是全方位、多层次的系统性融合，包括企业、行业和地区三个层面。工业和信息化系统推进"两化"融合的工作部署就是从企业、行业和地区三个层面选准切入点，抓好试点，典型示范，总结推广。开展评估工作是工业和信息化系统推进"两化"融合的重要抓手。2011年，工业和信息化部发布了工业企业"两化"融合评估规范，组织开展了12个行业"两化"融合水平评估。此外，"两化"融合试验区建设取得新成果，新增8个国家级和若干个地方级"两化"融合试验区。

2012年，我国"两化"融合发展的内外环境正在发生深刻变化。一方面，世界经济形势更趋复杂，国际产业竞争更趋激烈，国内能源资源约束趋紧，要素成本快速上升，工业正处于加快转变发展方式的关键时期；另一方面，信息通信领域创新势头不减，以新一代信息技术为代表的科技成果正以前所未有的速度转化为现实生产力。在此背景下，全面分析我国"两化"融合取得的进展和实际水平，深入评估31个省区市区域"两化"深度融合进程，准确把握16个国家级和众多地方级"两化"融合试验区的发展经验，找到区域"两化"深度融合的差距和存在问题，从宏观和区域视角明确进一步提升的方向，具有重要现实意义。

1. 横向比较

发达国家是在实现工业化之后，再进行信息化，最终走向"两化"融合，从现实角度出发，我国难以复制发达国家的发展路径，自提出走新型工业化道路以来，我国的"两化"融合战略就有着自己的思路和模式。然而，毕竟殊途同归，将我国和国外发达国家的工业化和信息化的指标进行横向比较研究，对于我们自身的发展也是很有必要的。

（1）工业化基础

工业化是现代化的必由之路，是"两化"融合的必要条件和重要源泉。通过选取关键指标，比较研究国际上各国工业化的进展，对实现我国"两化"深度融合具有重要的参考和借鉴意义。

工业是实体经济的重要组成部分，是我国国民经济的主导力量，是转变经济发展方式的主战场。经过60多年的发展，我国工业经济持续快速发展，制造业总产值跃居世界第一，形成了一批具有较强竞争力的大型企业集团。

工业发展较快，规模不断攀升。从图1与图2可以看出，我国工业和制造业规模与发达国家和地区的差距不断缩小甚至逐步实现超越。例如，我国工业增加值从2006年仅为美国的45.35%缩小到2010年的75.63%，制造业增加值与美国的差距从2006年仅为美国的41.21%缩小到2010年的67.05%。

2012"两化"深度融合：中国现实

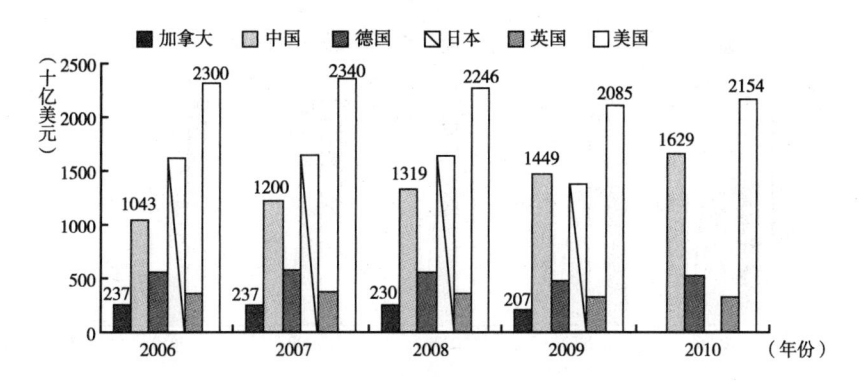

图1 2006~2010年六国工业增加值

数据来源：世界银行。

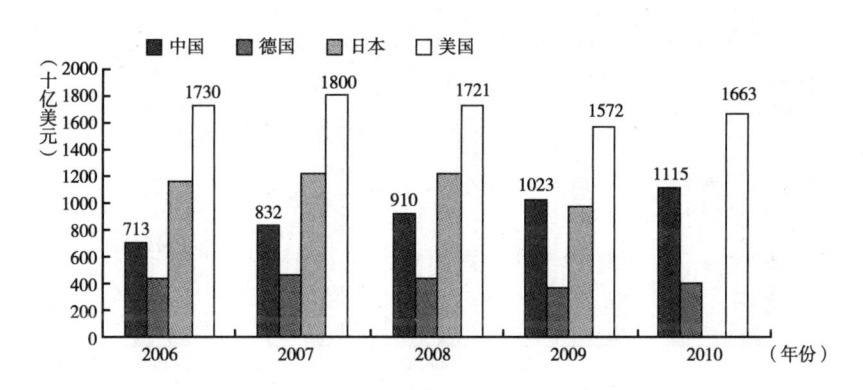

图2 2006~2010年四国制造业增加值

数据来源：世界银行。

工业化阶段决定我国工业、制造业的支柱地位。图3与图4分别反映出我国工业增加值占GDP比重、制造业增加值占GDP比重与发达国家的差距。从图中可以明显看出，我国工业增加值占GDP比重、制造业增加值占GDP比重分别为50%、30%左右，而美、英等发达国家的工业、制造业占比相对要小得多。这与发达国家较早完成工业化进程，转而发展服务业有较大关系。我国尚处于工业化中期阶段，一方面需要不断提高工业产品附加值与科技含量，提升工业企业技术创新与核心竞争力，促进工业的转型升级发展。另一方面，我国需加快产业结构调整的步伐，在保证工业健康发展的同时，努力提升服务业在国民经济中的地位，构建合理的现代产业体系。

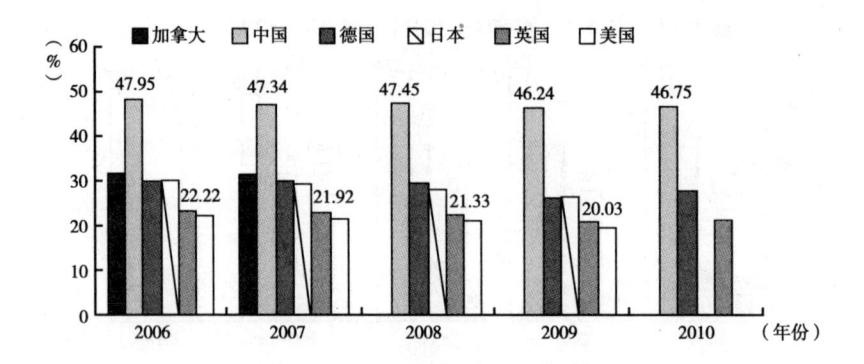

图3 2006~2010年六国工业增加值占GDP比重

数据来源：世界银行。

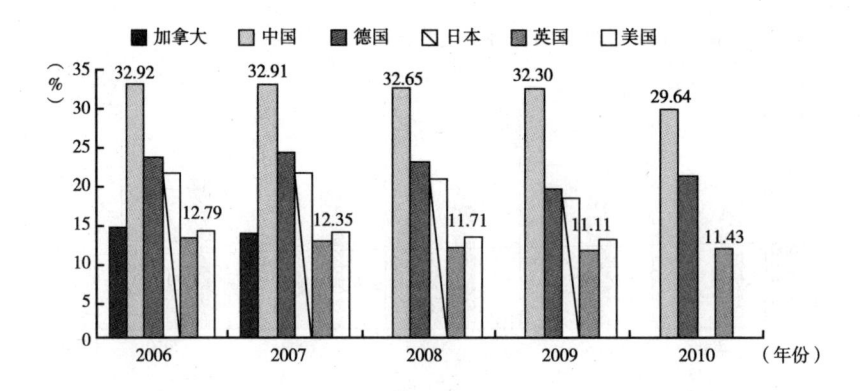

图4 2006~2010年六国制造业增加值占GDP比重

数据来源：世界银行。

高科技产品出口值逐年增加，占制成品出口的比重增大。图5和图6反映出我国高科技出口值和高科技出口占制成品出口比重都远远大于发达国家的这两项指标。中国在全球产业转移机遇下成为工业品出口大国，2006年，中国超过欧盟，成为高技术产品第一大出口国。2010年，中国的高科技出口值是美国的3倍左右，是加拿大的10倍还要多，高科技出口占制成品出口的比重是加拿大的近2倍。2011年，我国高科技产品出口额达到5488亿美元，同比增长11.5%，这表明我国出口增长方式正朝着依靠科技进步的方向转变。

但同时也应注意到，我国高科技产品出口对外依赖度较高，主要以包括进料加工贸易和来料加工装配贸易的加工贸易为主，且外资企业与加工贸易方式的结

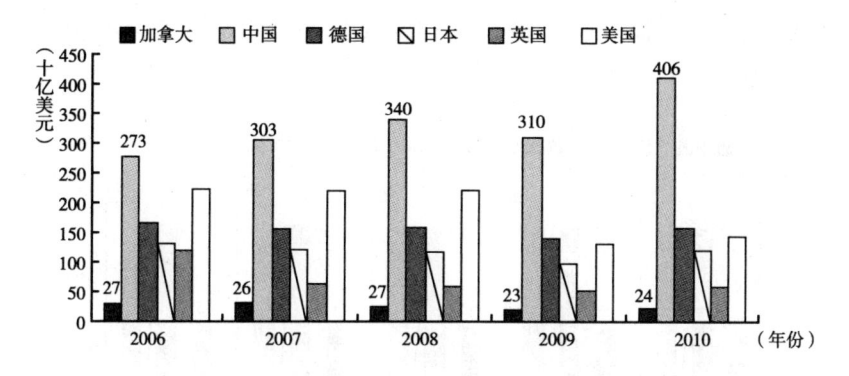

图5 2006~2010年六国高科技出口值

数据来源：世界银行。

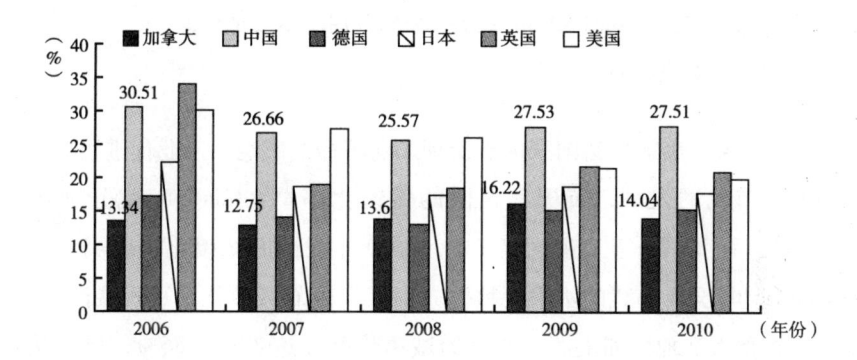

图6 2006~2010年六国高科技出口占制成品出口的百分比

数据来源：世界银行。

合度不断加深，加工所需的原材料和中间产品主要来自国外，产成品也绝大部分销往国外，与中国的整体产业关联度不高。这就使我国高科技产品出口更易受到国际市场波动和国际分工变化趋势的影响。而且，以加工贸易为主要贸易方式的高科技产品出口，不利于中国高科技产业的升级。此外，就出口产品单价来看，中国出口的高科技产品也远低于美国同类产品，部分产品价格不足美国的十分之一甚至百分之一。

我国城镇化进程稳步推进，但发展水平与发达国家仍有差距。改革开放以来，随着工业化步伐的加快，我国的城镇化水平也不断提高。党的十七大报告中明确提出必须全面认识工业化、信息化、城镇化、市场化、国际化深入发展的新形势新任务。通过图7，我们可以清楚地看出，我国的城镇化水平在逐年攀升，增长趋势明显稳定。但同时应看到，我国城镇化水平较英、美等发达国家相比还存在明显差距。

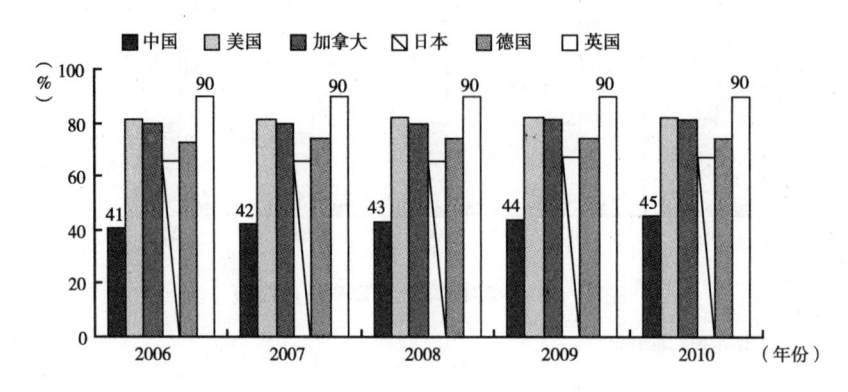

图7 2006~2010年六国城镇人口占总人口的比重

数据来源：世界银行。

一方面，英、美等发达国家由于受到工业革命的影响，工业化进程加快，从而推动了城市化的发展，英国和美国的城镇化率早在2002年就分别达到了80%、90%。而我国由于工业化起步晚，2010年我国的城镇化率仅45%，只达到了美国19世纪90年代的水平。另一方面，我国的城镇化水平发展尚不均衡，2010年，东部发达地区如上海、北京的城镇化率高达89%、86%，已经接近或赶上了英、美等发达国家的水平，而西部地区如西藏、云南等地的城镇化率尚在20%~30%的低水平徘徊。因此，我们要想赶超发达国家的城镇化水平，必须注重东西部经济的均衡发展，只有这样才能加快全国的城市化进程，提升全国整体的城镇化水平。

（2）信息化拉动

信息化是我国"两化"融合推行过程中必不可少的拉动力量，通过选取关键指标，比较研究国际上各国信息社会的建设与发展，尤其是物联网等信息产业新技术新应用的发展对比，对于适时检验和调整我国信息化拉动战略具有重要的参考意义。

信息通信能力为基础，我国网络基础飞速发展但普及程度较发达国家仍存在一定差距。我国地大物博，人口众多，自"九五"时期以来，通信网络建设有了突飞猛进的增长。在"十一五"时期，覆盖全国、连接世界、技术先进的全球最大信息基础设施基本建成。同时,继固定电话和移动电话之后,互联网网民和宽带接入用户也于2008年跃升全球首位。

同时应该看到,我国虽然网络基础庞大,通信用户数在世界首屈一指,但在人均通信资源与通信普及程度上与一些发达国家相比仍存在较为明显的差距。图8至图10分别显示出我国在移动电话、固定宽带与互联网普及程度同部分发达国家的差距,从图中可以明显看出,截至2010年底,我国移动电话普及率、固定宽带普及率与互联网普及率分别不及同组最高的新加坡、韩国、英国等国家普及率的50%水平。作为信息化与工业化融合的基础性要素,我国在通信普及方面亟须赶上世界先进水平。

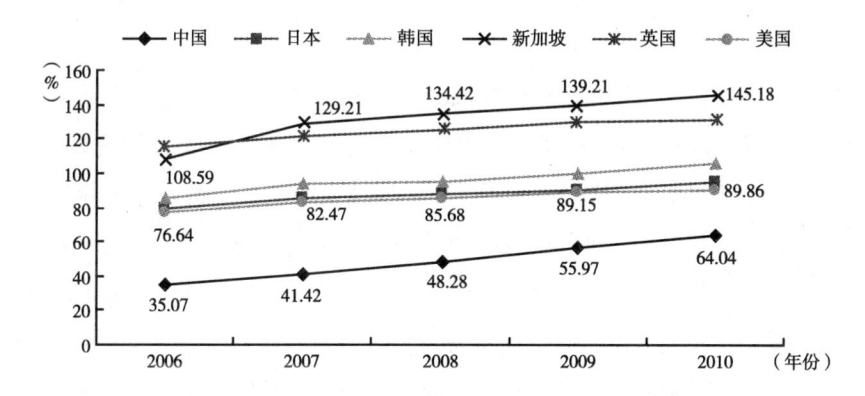

图8 2006～2010年六国移动电话普及率变化趋势

数据来源:国际电信联盟。

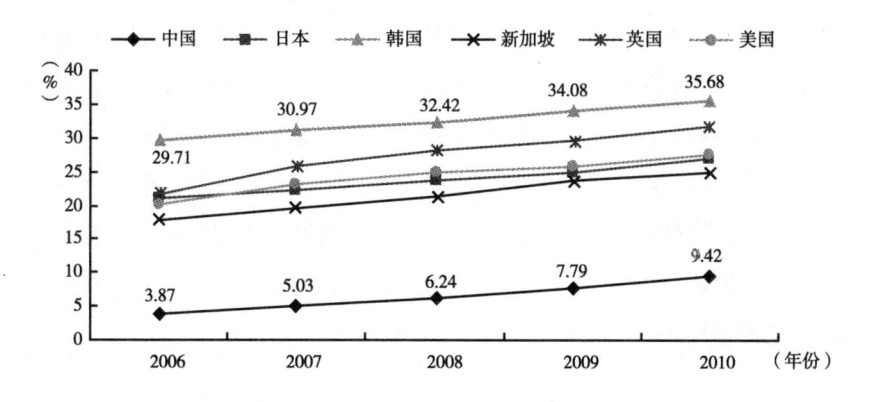

图9 2006～2010年六国固定宽带普及率变化趋势

数据来源:国际电信联盟。

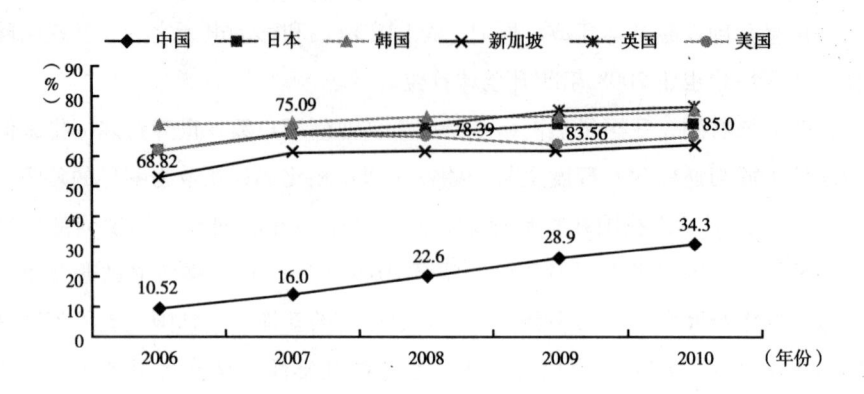

图10 2006～2010年六国互联网普及率变化趋势

数据来源：国际电信联盟。

物联网新应用是多产业未来发展趋势所在。在世界范围内，随着M2M、RFID等技术的日渐成熟，物联网技术逐步渗透至诸多产业和领域的发展之中，使得作用对象变得更加"智慧"。通过为货物及生产装备都植入电子标签，可以让不同的设备互相沟通，使得信息沟通的范围扩大到各种物品。如此一来，工业生产流程中的原材料采购、库存状态查询、销售实时监控等领域，都可通过物联网技术的应用而提高效率，降低成本。

近年来，物联网技术广泛应用于工业生产的环保监控、安全生产方面，例如与工厂生产设备的融合，可以对工厂在生产过程中所产生的各种污染源进行即时监控。把传感器应用到设备、油气管道中，可以感知危险环境中工作人员、设备机器、周边环境等方面的安全状态信息等。还可对危险物品的运输进行监控，对每一次运输、每一批物料的特征进行描述，如此一来，就可以追踪到每一个货柜或散货中的原物料，提供更多的安全保障。[1] 除了污染监控与安全生产外，物联网技术在智慧工厂建设中的应用还广泛分布在电子工单、生产过程透明化、生产过程可控化、产能精确统计、车间电子看板、销售数据实时更新、物流调度灵活可控等各个流程环节中，不但可实现制造过程资讯的视觉化，对于生产管理和决策也会产生许多作用。

---

[1] 资料来源：《物联网在智能工厂的应用前景》，http://article.cechina.cn/12/0521/04/201205210 42002.htm。

我国的物联网建设也在持续推进中。2009年8月7日，温家宝总理视察无锡时，提出要在无锡建立"感知中国"中心。经过两年多的推广与发展，我国的物联网正从概念走向应用务实阶段。我国物联网应用方向明确，推动有条件的制造企业通过物联网应用向服务转型是未来5年的重要工作方针，重点发展领域在精细农牧业、工业智能生产、交通物流、电网、金融、医疗卫生、公共管理等领域。2012年2月，工业和信息化部发布《物联网"十二五"发展规划》明确提出，"到2015年，我国要在核心技术研发与产业化、关键标准研究与制定、产业链条建立与完善、重大应用示范与推广等方面取得显著成效，初步形成创新驱动、应用牵引、协同发展、安全可控的物联网发展格局"[①]。

从世界范围内看物联网的发展和应用，从图11中可以明显对比出，欧洲地区目前是全球无线连接M2M用户发展最为蓬勃的地区，亚太地区2010年无线连接用户数约占全球总用户数的24%，但其增速水平在北美、欧洲、亚太三地区中最高。电信调研机构Pyramid Research发布报告称，亚太地区预计将于2013年成为最大的M2M（机器对机器的通信）市场，并将在2016年占据全球市场份额的37%[②]。Pyramid Research认为，中国政府正大力推进智能电表的应用，以便更好地管理增长中的能源需求。然而，在亚太地区的大多数其他新兴大国，M2M的采用却非常有限，运营商更关注降低成本、容量管理和发展用户。

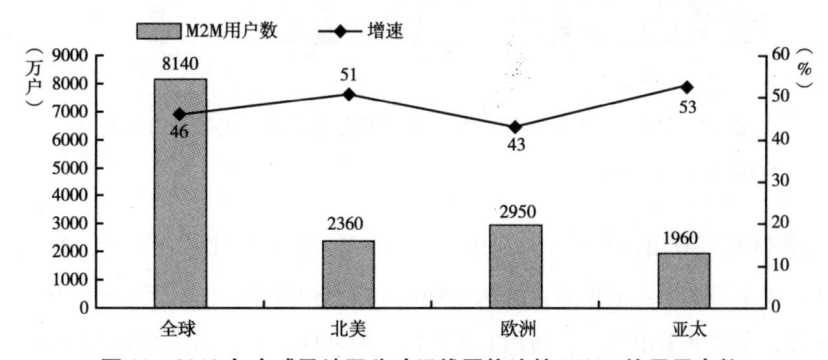

图11 2010年全球及地区移动无线网络连接M2M使用用户数

数据来源：WWW.BERGINSIGHT.COM。

---

① 资料来源：《物联网"十二五"发展规划》。
② 资料来源：《亚太2013年将成最大M2M市场》，http://www.catr.cn/hydt/txyw/201111/t20111125_613449.htm。

"两化"融合蓝皮书

ICT服务出口在总服务出口中的比重逐渐上升，与美、英等发达国家水平相当。20世纪90年代以来，在服务经济迅速发展的同时，服务贸易在国际贸易中的比重不断上升，其增长速度逐渐超过货物贸易的增长速度，在各国对外贸易中占越来越大的比重。而那些与ICT紧密关联的服务贸易部门如金融、电信等发展尤为迅猛，可见ICT的发展改变了服务贸易的内容与构成，有力地促进了服务贸易的发展。

图12反映了不同经济水平地区ICT服务出口占服务总出口的比重，可以看到，北美与中高收入国家该比重相对较低，在5%左右徘徊；高收入、OECD成员国、欧盟国家比重在5%～10%；而中等与中低收入国家占比相对较高，该比重每年在10%～30%之间分布。从2006～2010年的占比趋势来看，区域经济水平较高的国家，其ICT服务出口占服务总出口的比重相对较低，在10%之下。

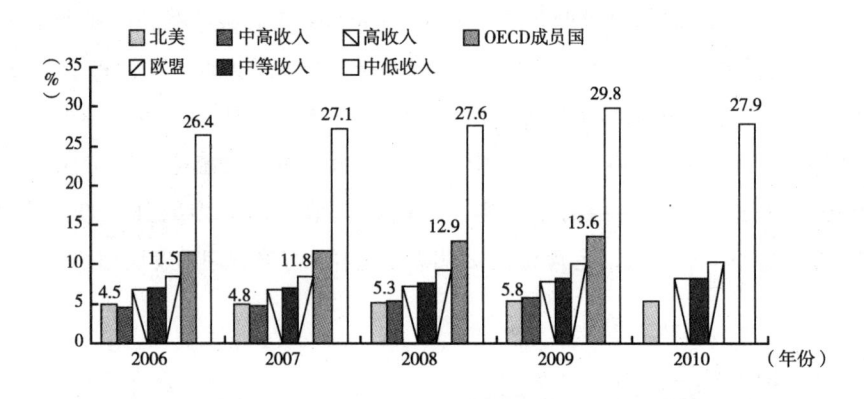

图12　2006～2010年不同地区ICT服务出口占总服务出口比重

数据来源：世界银行。

从图13可以看出，我国ICT服务出口占服务总出口的比重在美国、英国之间，且低于世界平均水平。根据经合组织（OECD）刊物言论，ICT产业正在从经济危机中复苏，全球ICT市场正在转向非经合组织经济体，且中国是ICT产品的最大出口国，印度则在计算机和信息服务出口领域占先[①]。这与各图中数据所反映出的发展趋势大体相同，我国ICT服务出口占服务总出口的比重在五年当中不断上升，该项比重从4%逐步升至6.1%，而印度该项比重则明显高于世界平均水平。

---

① 资料来源：《经合组织2010年信息技术展望》。

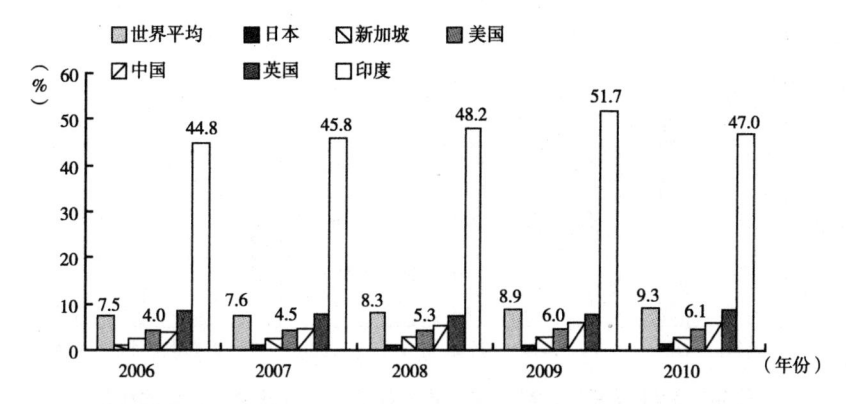

图13 2006~2010年不同国家ICT服务出口占总服务出口比重

数据来源：世界银行。

（3）一体化表现

电子商务规模不断扩张，但尚未成为社会消费品零售的支柱途径。2011年，我国电子商务交易总额为5.88万亿元，同比增长29.2%，相当于当年国内生产总值的12.5%[①]。在交易总额不断扩张的同时，繁荣的电子商务市场还起到了刺激消费的作用。截至2011年底，我国网络购物用户已发展至1.94亿人，网络应用使用率达到37.8%。

2011年，我国网络零售市场交易规模达8019亿元，同比增长56%[②]，占当年我国社会消费品零售总额（18.4万亿元[③]）的4.36%。从图14可见，和部分欧洲国家相比，我国目前网络零售比重尚逊于发达国家水平，仍有上升的潜力和空间。2011年，欧洲国家中英国的网上零售市场最为发达，网上零售额占社会总零售额的比例达到12%。德国和瑞士的网上零售额占比也较高，分别为9%和8.7%。而意大利和波兰的网上零售占社会总零售的比例较低，分别只有1.3%和3.1%[④]。

云计算延伸至电子政务领域，努力跟进世界领先水平。得益于云计算对全局的把控能力及其灵活部署的特点，其应用在电子政务领域可以使得政府以更少的软硬件投入，获得更有针对性的服务。正如微软全球政府及公共部门总经理马

---

① 中国电子商务研究中心：《2010~2011年度中国电子商务发展报告》。
② 中国电子商务研究中心：《2011年度中国B2C电子商务市场调查报告》。
③ 数据来源：国家统计局。
④ 数据来源：艾瑞咨询，http://ec.iresearch.cn/17/20120209/162930.shtml。

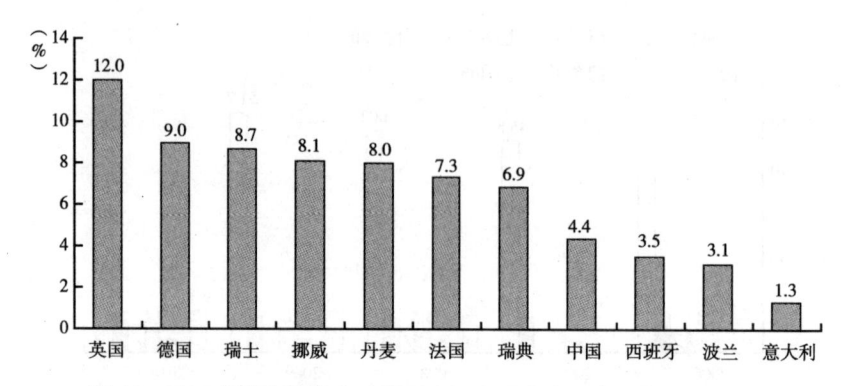

图14 2011年我国及部分欧洲国家网上零售占社会总零售的比例

数据来源：经合组织。

修·米斯休斯基所言，云计算可以最大限度地实现既有IT投资的价值，有助于提升政府公共服务能力和信息化水平，并将对医疗服务、教育培训水平、社区公共服务的提高和改善起到极大的推动作用[1]。

对于云计算的这一应用，外国政府已经表现出了浓厚兴趣。美国联邦政府CIO委员会于2011年2月8日颁布了联邦政府云战略。该战略旨在解决美国联邦政府电子政务基础设施使用率低、资源需求分散、系统重复建设严重、工程建设难于管理以及建设周期过长等问题，以提高政府的公信力[2]。2011年12月，美国政府宣布了"云优先"（Cloud First）政策，规定所有新建的政府信息系统，必须优先考虑云平台。因为搭建云计算平台，可为庞大的政府赤字减负，提升公共服务的质量，同时实现规模效益。

在我国，虽然云计算的推广速度不及美国等国家，但已经有不少政府部门率先开始了云计算的尝试。2011年10月，工业和信息化部联合国家发改委共同发布了《关于做好云计算服务创新发展试点示范工程工作的通知》，确定了北京、上海、深圳、杭州、无锡等五个城市先行开展云计算服务的试点工作。2012年，北京发布"祥云工程"行动计划，明确表示将通过建设中国云计算中心服务于电子政务。上海发布了"云海计划"，亦表达出利用云计算提高政府信息化水平

---

[1] 资料来源：《云计算在政府机构IT政策和战略中占重要地位》，2010年11月25日《中国电子报》。

[2] 资料来源：《美国联邦政府云计算战略》，http://www.echinagov.com/gov/zxzx/2011/9/9/143685.shtml。

和管理效率的强烈愿望。① 2011年7月,西安高新区正式提出并开始实施"双云战略",该战略由"高新云"和"长安云"构成。"高新云"主要致力于整合西安高新区的内部资源,打造基于云计算技术的社会事务、企业运营平台;"长安云"则统筹科技资源,打造基于云计算技术的公共服务平台,涵盖政府公共服务、通信、旅游、交通、医疗等社会生活各领域。② 此外,南京、成都等地的"政务云"相关工作也取得了初步进展。

2. 纵向比较

为了能够更加直观量化地分析我国的"两化"融合进程与取得的成效,我们依据所建立的"两化"融合指标评估体系,从中选取40项测算指标进行评估(其余作为参考指标),从而获得我国"两化"融合综合指数及三大支柱的融合硬度、软度、深度指数。需要特别指出的是,由于评估方法采用各年份间的纵向指数标准化,因此综合指数及三大支柱四项指数之间不具横向可比性,同一指数不同年份间具有纵向可比性。

(1) 融合综合指数

根据对"两化"融合硬度指数、软度指数、深度指数的测量,本报告提出了"两化"融合的综合指数,用以综合考量"两化"融合的进度和进行计算排名。具体而言,2005年以来我国"两化"融合综合指数情况如图15所示。

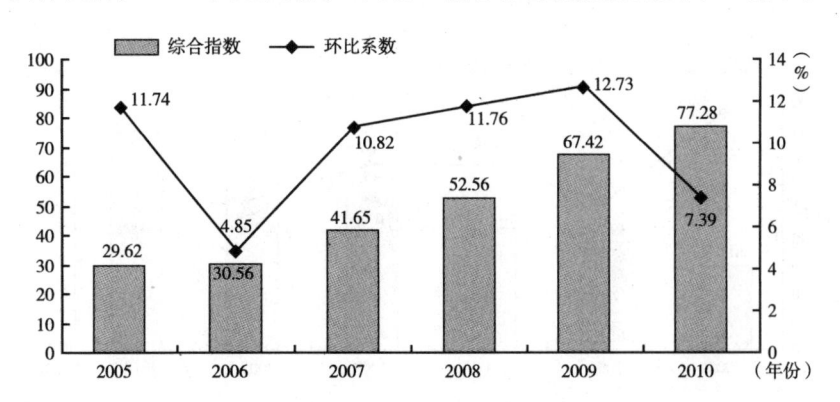

图15 2005~2010年我国"两化"融合综合指数变化

---

① 资料来源:《电子政务的机遇与挑战》,http://www.ciotimes.com/egov/shyy/64218.html。
② 资料来源:《电子政务云计算应用:从观望进入实战》,http://it.people.com.cn/h/2012/0116/c227888-673098498.html。

图 15 清楚地反映出，从综合指数上看，2005 年以来我国"两化"融合综合指数呈现逐年递增的变化趋势。2010 年"两化"融合综合指数达到 77.28，是 2005 年的 2 倍有余。环比系数波动较大，除 2006 年与 2010 年的环比系数在 10% 以下外，其余年份均在 10% 以上，尤其 2007、2008、2009 这三年环比系数呈逐年递增趋势，"两化"融合快速推进。

具体来看，2006 年和 2010 年"两化"融合环比系数突然下降，形成明显拐点，这是由于融合硬度、融合软度、融合深度这三大支柱的环比系数均呈现下降趋势，尤其是融合深度的环比系数下降明显，后文中将对各支柱走势详细分析，剖析波动原因。由于我国是发展中国家，随着国际竞争的日益激烈与环境约束的日趋加剧，必须也不得不打破常规，走新型工业化道路，实现工业化和信息化相互带动，互相促进。在"两化"融合过程中，融合深度指数是反映"两化"的融合绩效表现的三大支柱指数之一，融合深度指数的波动和前进的趋势，正是当下我国"两化"融合在摸索中发展的反映。从这个角度来看，受融合深度影响下的"两化"融合综合指数的这种变化就更有现实投影的价值。

（2）融合硬度指数

在"两化"融合的测量中，硬度指数反映的是一个国家或地区的工业化进度，2005 年以来我国融合硬度指数及其环比增长见图 16。

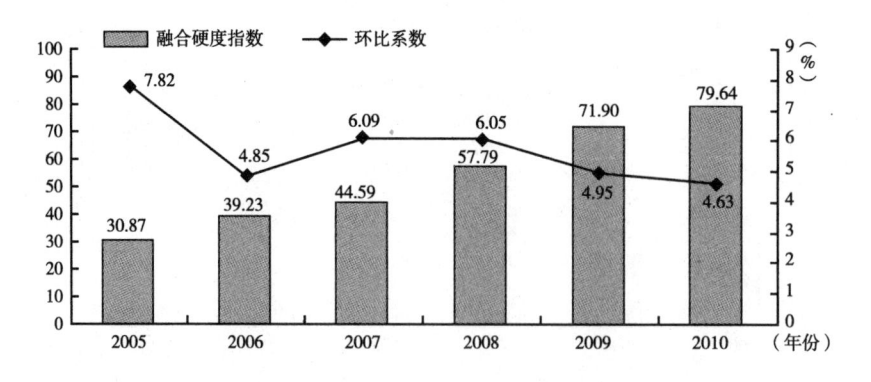

图 16 2005～2010 年我国"两化"融合硬度指数变化

从图 16 中可以看出，近几年来，我国工业化程度一直稳步提高，融合硬度指数呈现逐年递增的发展趋势，从 2005 年的 30.87 增长到 2010 年的 79.64，可以说增长迅速。但从环比系数上看，2006 年环比系数较 2005 年明显回落，在

2007年实现一定程度回升之后，2008~2010年融合硬度环比系数逐年下滑。

具体来看，2006年"两化"融合硬度环比系数大幅下降，形成明显拐点。这是由于融合硬度中超过一半的指标增速均出现不同程度回落，其中私营企业产值贡献率、工业增加值率增速大幅下降，同时单位工业增加值能耗和主要污染物排放下降幅度也有所趋缓，使得该年度融合硬度环比系数相比2005年大幅下降，这也在一定程度上归因于"十一五"开局之年投资建设情绪高涨，容易造成资源消耗和排放指标的上升。

自2007年起，融合硬度指数增速逐步下滑，这与世界经济形势变化相符。2006~2009年世界GDP增速分别为4.05%、3.98%、1.44%、-2.31%[①]，世界范围内经济滑坡明显，我国工业化环境趋紧，2010年世界GDP有所回升，我国融合硬度指数增速下滑也有所趋缓。同时2008年爆发自美国的经济危机与欧元区经济疲软也对我国工业化进程，特别是工业出口造成不小的影响，但我国及时采取一系列经济提振措施，在一定程度上缓解了经济危机带来的负面影响。

（3）融合软度指数

"两化"融合软度指数主要反映的是一国或一个地区的信息化进度，2005年以来我国"两化"融合软度指数及其环比增长情况如图17所示。

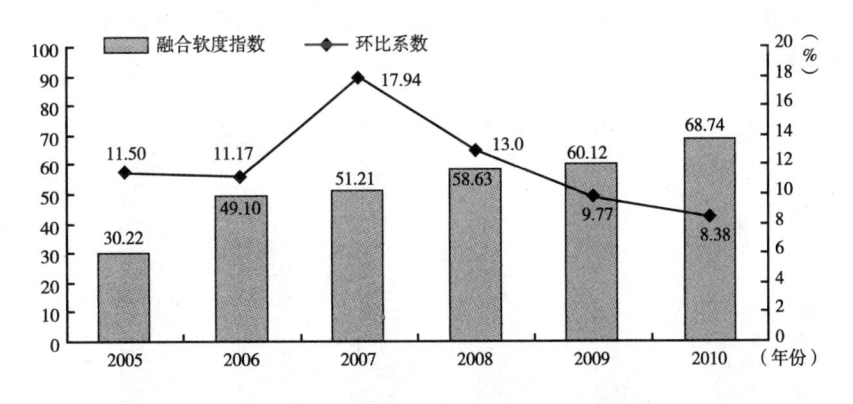

图17 2005~2010年我国"两化"融合软度指数变化

图17清楚地反映出，从综合指数上看，2005年以来我国"两化"融合软度指数呈现逐年递增的变化趋势。2010年"两化"融合软度指数高达68.74，是

---

① 数据来源：世界银行。

2005年的2倍多。环比系数波动较大，在2007年达到峰值17.94%，其余年份环比系数均在15%以下，且从2007年开始呈现增速逐年下滑的趋势。

具体来看，2007年"两化"融合软度环比系数大幅上升，形成明显拐点。这是由于在融合软度中超过一半的指标其环比系数呈现明显上升的趋势，其中工业企业局域网拥有率、网民普及率、互联网（宽带）普及率、每万移动电话交换机容量，这几个指标的环比系数大幅上升。该年份通信与互联网行业在各地区的发展迅速，互联网应用水平也在该年出现"爆发式"增长，反映了我国信息化工作不断向前推进，我国的信息产业逐渐做大做强，日益成为国民经济一个重要的增长点，从而带动融合软度环比系数大幅上升，形成增长拐点。

而2007年后，受宏观环境变化的影响，国内成本优势有所弱化，国内市场拉动减缓，同时国际市场拓展难度增加，国外市场需求不似前几年的高速增长，产业发展后劲受到影响。产业结构调整中的深层次矛盾也更加突出，由于集成电路、关键器件等核心技术基础较差，以及上游核心技术领域竞争力的缺失，国内企业低层次重复建设和价格竞争的局面日益恶化，不利于信息化水平保持高位增长。[①]

（4）融合深度指数

在"两化"融合测量中，深度指数反映的是一国或一个地区的工业化和信息化的融合进度，反映的是二者的交叉汇合情况，近几年我国融合深度指数的情况如图18所示。

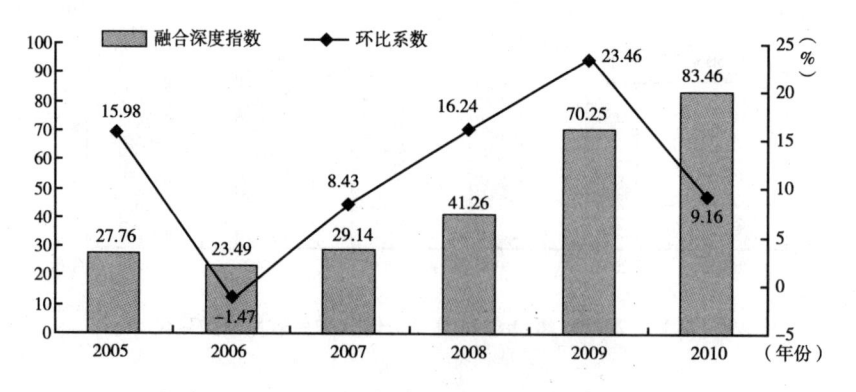

图18　2005～2010年我国"两化"融合深度指数变化

[①] 资料来源：《2008～2009年中国信息产业经济形势分析报告》，http://www.dzsc.com/news/html/2008-12-23/93513.html。

通过图18可以看出，2005~2010年，我国"两化"融合深度指数波动较大，呈现先抑后扬的发展态势。2006年，"两化"融合深度指数达到最小值23.49，随后自2007年稳步提升至2010年达到83.46。从环比系数上看，2005~2010年在波折中前行，2005年达到增速高位15.98%后，2006年迅速回落至负增长，随后逐步攀升至2009年的23.46%增速，在2010年又出现一定回落。

我国实行"两化"融合战略以来，工业化与信息化的融合一直在波动中前进，这是我国走新型工业化道路、实行"两化"并举的大背景下的产物。依据指标评估分析显示，主要影响我国"两化"融合深度效果指标类别是工业软件应用程度、电子商务的发展以及电子政务表现。我国软件业在经历了2000~2005年的爆发式增长之后增长趋势逐渐放缓。2006年，"两化"融合深度环比系数大幅下降，形成明显拐点，这主要是由于我国软件业在2006年销售收入增速达23%，其中与嵌入式软件同等重要的基础软件、信息安全类软件发展迅速，在一定程度上稀释了工业软件在软件产业中的比重。

同时，政府在电子政务方面的投入也呈现逐年增加的趋势，但在2010年增速有所回落，也在一定程度上影响了2010年整体融合深度的增速。同时电子商务交易总额虽然在2005~2010年不断攀升，但在2010年贸易总额中的比重有所回落，也是造成2010年融合深度增速整体下滑的原因。

（二）支柱分析

多年以来，我国工业化为国民经济发展作出了巨大贡献，特别是制造业的高速发展，带动了我国工业规模的快速扩张。但正是由于在推进过程中存在过分追求速度和数量、忽视效率和质量，走的是粗放型经济增长道路，由此造成了资源浪费、重复建设、生产效率低下、规模结构不合理等一系列问题愈发凸显，原有的增长模式难以为继。在这样的发展背景下，加之世界范围内的信息化浪潮也将我国卷入一场信息控制技术革命之中，我国便难以遵循发达国家先工业化后信息化的发展路径，因而便独创性地展开"信息化带动工业化"[①]，"大力推进信息化

---

① 2002年党的十六大报告。

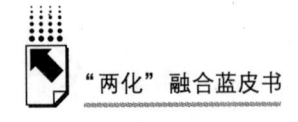

与工业化融合发展"①。

在经历了国际金融危机、欧债危机等国际经济环境的动荡后,我国的"两化"融合进展如何?工业化进程中是否在努力扭转粗放型增长的路径?信息化技术、服务和普及程度是否取得了显著的成效?"两化"融合是否表现出直接带动工业转型升级?都有待我们从我国的"两化"融合的三大支柱——融合硬度、融合软度、融合深度的现实进程中寻找答案。

1. 融合硬度

融合硬度也即工业化过程,它是现代化的基础,是科技创新和成果转化的主力军,是城镇化的主动力,是转变经济发展方式、调整经济结构的主战场,同样也是我国开展"两化"融合的发展基础平台。我国已经实现了由工业化初期向工业化中期的历史性跨越②,但仍处于工业化加速发展时期。近年来,随着转变经济发展方式、工业转型升级与"两化"融合等一系列战略的出台与实施推进,我国工业化无论在规模、结构还是效益方面都有明显调整收效。

(1) 工业规模

工业规模在波动中保持扩张。2008年受国际金融危机和特大自然灾害的影响,我国工业经济发展速度有所放缓。2008年全年工业增加值129112亿元,比2007年增长9.5%。规模以上工业增加值增长12.9%。轻工业增长12.3%,重工业增长13.2%。且在2009年,工业增加值占GDP比重在整个"十一五"期间降到最低点,全年全部工业增加值134625亿元,比2008年增长8.3%。规模以上工业增加值增长11.0%。但在2010年,工业增加值增速又重新回升至12.1%,全年全部工业增加值160030亿元。规模以上工业增加值增长15.7%。轻工业增长13.6%,重工业增长16.5%。2011年,全年全部工业增加值188572亿元,比上年增长10.7%。规模以上工业增加值增长13.9%。轻工业增长13.0%,重工业增长14.3%。

(2) 工业结构

高技术产业发展开启新局面。党中央明确提出要加快提升高技术产业,促进

---

① 胡锦涛:《高举中国特色社会主义伟大旗帜　为夺取全面建设小康社会新胜利而奋斗》,人民出版社,2007。
② 李毅中:《全国信息化和工业化工作会议讲话》,2010.12.25,http://news.sina.com.cn/c/2010-12-25/161421705977.shtml。

经济增长由主要依靠增加物质资源消耗向主要依靠科技进步、劳动者素质提高、管理创新转变①，由此开启了高技术产业发展的新局面。近年来，高技术产业成功应对国际金融危机的严峻挑战，发展水平显著提升，辐射和带动作用有所增强，谱写了新的篇章。

2011年，我国规模以上高技术制造业总产值已达到9.2万亿元，比2006年翻了一番，产业规模居世界第二位，移动电话、彩电、计算机、若干药物等主要高技术产品的产量位列世界第一。国家实施70个高技术产业化专项，带动社会投资超过4400亿元。2011年，我国高新技术产品出口规模已达到5488亿美元，占全国外贸出口的39%，居世界第一位。随着创新能力和发展水平的提升，高技术产业开始由简单的产品出口向资本、技术、产品全面出口转变。我国自主的地面数字电视国家标准在拉美和亚洲地区应用推广，有效带动了有关设备和技术的出口。中兴、华为已成为全球领先的通信设备制造企业，不仅全球市场占有率在同行业名列前茅，2011年专利申请数量也列全球第一和第三位。联想个人电脑销量已跃居全球第二。

战略性新兴产业发展如火如荼。2011年我国战略性信息产业取得进展。新一代信息技术、高端设备制造、新材料、生物医药、节能环保和新能源汽车等战略性新兴产业研发和产业化取得积极进展和显著成效。2011年，全国高新技术产业增加值同比增长16.5%，增速同比回落0.1个百分点，快于全部规模以上工业2.6个百分点。

内需对工业经济的拉动作用不断增强。2011年我国规模以上工业企业内需贡献率达到87.8%②，较2010年上升了1个百分点。而从全国经济整体来看，尽管我国经济增长从2010年的10.4%，放缓到2011年的9.2%，调结构方面却取得理想成绩，内部消费已成为经济增长的重要引擎，经济转型正向好的方面发展。

（3）工业效益

工业企业技术进步明显。工业企业申请专利数占国内发明专利数比重超过50%③，航天、导航卫星、高仿真机器人、无人飞机、通信技术等领域取得一大

---

① 国家发改委：《我国高技术产业发展取得长足进步》。
② 数据来源：《中国工业年鉴》。
③ 资料来源：《2012年中国工业发展报告》，人民邮电出版社，2012年3月。

批重点技术创新成果，高端装备研发方面取得较大突破，约50%的机械工业主要产品接近或达到国际先进水平。但在创新资源方面，我国的创新资源虽然投入力度很大，近几年增长幅度均在2位数以上，但由于受到人口规模和发展阶段的影响，涉及人均资源投入的相对指标与多数OECD（经济合作与发展组织）国家相比，差距仍然很大①。

节能减排工作顺利推进。六大高耗能产业投资同比增长18.3%，低于工业整体投资增速8.7个百分点。六大高耗能产业增加值增长12.3%，低于规模以上工业总体增速1.6个百分点。淘汰落后产能进展良好。2011年，18个工业行业淘汰落后产能工作取得明显进展，公告的2255家企业落后生产线已基本关停。

2. 融合软度

（1）基础设施

基础设施通信能力不断跃升。到2011年底，我国光缆线路长度超过1205万公里，相当于绕赤道300圈。"八纵八横"基础光通信干线网连通了除中国港澳台以外的全部省会城市和直辖市。100%的行政村通电话、100%的乡镇通互联网。2011年，移动电话用户总数达到9.86亿户，其中3G用户达1.28亿户，两年间增长了近10倍。

截至2011年底，我国手机普及率达到73.6部/百人，比2010年提高9.2部/百人；3G网络渗透率达到13.0%，比2010年提高7.5个百分点。我国互联网普及率达到38.3%，比上年提高4.0个百分点；其中手机上网用户占到网民总数的69.4%，比上年提高3.2个百分点。

以新举措应对国际新形势。截至2011年底，我国宽带人口普及率达到11.7%，超过8.3%的全球平均普及水平，但仍低于发达国家25.1%的普及率，落后差距从2005年的10个百分点已经扩大到了13.4个百分点。世界金融危机后，各国宽带网速和覆盖指标快速提升，使我国宽带与国际先进水平仍有较大差距，我国宽带面临"慢进亦退"风险②。

---

① 《10年来中国创新指数从全球38位升至20位》，http：//news.xinhuanet.com/tech/2012 - 03/25/c_ 122877376_ 2.htm。

② 资料来源：《我国宽带慢进亦退 普及提速将实施8大计划》，http：//www.ccidcom.com/html/yaowen/qita/201203/30 - 171868.html。

面对新形势，2012年3月30日，工业和信息化部正式启动"宽带普及提速工程"，以"建光网、提速度、促普及、扩应用、降资费、惠民生"为总目标，将系统推进宽带中国战略的落地。国家宽带战略如同一个战略支点，更强烈地凝聚了全民意志，更有力地撬动了产业力量。

（2）产业发展

我国信息产业虽然起步较晚，与发达国家尚存差距，但是经过几十年的不懈努力，目前我国的信息系统基本框架已经形成，现代化的信息网络系统已初步建立，新兴信息技术也在不断追赶世界先进水平，甚至某些技术和产品已占据国际领先地位。这就为信息化带动工业化提供了一定的基础。

2011年，规模以上电子信息制造业从业人员940万人，比2010年新增60万人，增加值、投资增速分别高于工业平均水平2.0和近20个百分点。行业收入、利润占全国工业比重分别达到8.9%和6.1%，电子制造业在整体工业中的领先和支柱作用日益凸显。2011年，我国电子信息产业中软件业收入比重接近20%，与上年（17.5%）相比有明显提高，软硬件比例趋于合理，行业结构不断改善。规模以上电子信息制造业实现内销产值34165亿元，同比增长31.0%，内销市场稳步增长，产业对外依存度下降。

截至2011年底，全国信息技术领域专利申请总量达到136.4万件，占工业行业专利申请量的35.7%，比上年增加22.95万件，同比增长20.2%；信息技术领域专利申请总量和新增量在各工业行业中均居首位。产业内领军企业华为和中兴的专利申请量分别达到3.04万和2.48万件，明显领先于其他企业。在2011年度国家科学技术奖励大会上，武汉邮电科学研究院、海尔集团和华为技术有限公司等多家企业荣获国家科学技术进步奖，在新型显示技术、移动宽带、光通信等多个领域取得新突破，为促进产业结构调整、推进产学研体系健康发展发挥了积极作用。

（3）环境支撑

日益增长的社会需求是信息产业不断发展的动力。近年来，我国经济不断增长，科技文化不断进步，人民生活不断提高，这些都离不开对信息的依赖和需求，特别是在建立和发展市场经济中，无论是国家的宏观调控、各行各业的振兴，还是企业转换经营机制、积极参与市场竞争，都迫切要求信息产业加快发展，以适应社会各方面的需求，这就为信息化带动工业化提供了

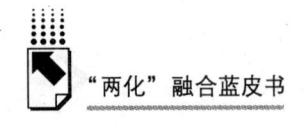

内在的动力。

我国各领域创新投入快速增长，创新成果加快转化为现实生产力。在党中央、国务院的正确领导下，各方面不断加大创新投入。2011年全国研发经费达到8610亿元，是2006年的2.9倍，五年间年均增长24%。我国创新基础设施明显改善，系统化推进了产业创新平台建设，目前，共建成119家国家工程实验室、130家国家工程研究中心和793家国家认定的企业技术中心，为我国自主创新提供了坚实的物质基础[1]。

3. 融合深度

"两化"融合最直接的作用收效就是工业企业的生产运转更加高效，贸易流通方式更加便捷，政府支持和服务社会经济发展更加到位。目前，我国通过走融合发展的道路，已经使得信息技术全面融入工业活动的设计、采购、生产、管理、监控、销售、物流等一系列环节；电子商务已成为社会经济发展的重要组成部分，日益改变着人们的生产和生活方式；而各种公共服务平台的搭建与电子政务的广泛推广应用，也成为"两化"融合的重要表现。

（1）应用数字化

信息技术搭建一体化解决方案。在我国不断推进"两化"深度融合的过程中，信息技术更加深化了其在工业企业的融合应用和综合集成。例如，钢铁行业"两化"融合的关键点就包括跨工序、跨层级的管理与控制集成，全局优化与动态调度也是制造管理深化应用的重要环节，提升经营管理的集约化水平是钢铁行业"两化"融合作用彰显的重要领域。[2]

水泥行业"两化"融合推进过程中，作为典型的流程型生产行业，其融合侧重点是业财无缝、产供销一体和决策支持的实现，而实现上下游管理衔接和信息共享的产业链协同，也是水泥行业融合以提升行业竞争力的重要手段。同时，与工艺结合，节能降耗、排放监控信息化是"两化"融合以保证水泥行业可持续发展的重要方面。[3]

冶金矿山行业推行"数字矿山"建设，既包括了生产过程的自动化、管理

---

[1] 发改委：《我国高技术产业发展取得长足进步》。
[2] 资料来源：中国钢铁工业协会。
[3] 资料来源：建筑材料工业信息中心。

手段的信息化和思维方式的数字化,也包括矿山整体集成转变智能化。通过计量检测、生产过程、生产执行、资源计划、决策支持等环节的数字化改造,提高资源利用水平,促进节能降耗与安全生产。①

棉纺织行业"两化"融合也处于单项应用向综合集成的转变阶段,关键在于提升行业的数字化设备和生产监控系统的应用覆盖。通过采集设备的生产、质量数据,实时监控设备的运行状态,为企业生产调度、生产管理、质量管控等系统提供实时数据,实现管控一体化。②

与此同时,嵌入式技术和无线通信技术的不断融合,将拓展工业控制领域的发展空间。物联网技术推动工业自动化走向智能化,尤其在钢铁、石化、汽车制造等行业的供应链管理、生产过程工艺优化、设备监控管理以及能耗控制方面,逐步实现深度应用。

(2) 交易电子化

随着信息化基础设施的广泛铺设,不论工业生产、销售、商品交易,抑或是百姓生活的方方面面都呈现出交易形式电子化的变化趋势。我国的电子商务规模也在这一趋势变化中不断扩张,2011年我国电子商务市场交易额达6万亿元,同比增长33%,其中B2B电子商务交易额达到4.9万亿元,同比增长29%。网络零售市场交易规模达到8019亿元,同比增长56%。③

在规模扩张的同时,我国电子商务也逐渐呈现出新的发展特点。

一是,行业电子商务将成为发展主流。我国电子商务网站逐渐从大而全的发展模式转向专业细分的行业商务门户,注重将增值内容和商务平台紧密集成,充分发挥互联网在信息服务方面的优势,使电子商务真正进入实用阶段。

二是,传统企业进入电子商务的趋势已经越来越明显。例如,鞋类企业百丽宣布巨资投入旗下电子商务企业优购网。在此之前银泰等服装、鞋类、日化等传统企业纷纷投身电子商务领域建设。在一项针对服装行业的调查中显示,51%的企业具有电子商务业务,其中45%的企业开展了电子商务销售④。

---

① 资料来源:中国冶金矿山企业协会。
② 资料来源:中国纺织工业协会。
③ 数据来源:《2011年度中国电子商务市场数据监测报告》,中国电子商务研究中心,2012年3月。
④ 数据来源:中国纺织工业协会。

三是，电子商务不断融合物流供应链。电子商务和物流的主要结合方式是，客户在网上订货，然后卖家推荐物流公司由买家挑选。然而，电子商务与物流的结合远不那么简单。随着电子商务被越来越多的消费者接受并成为习惯，其物流所提出的要求也将日益提升。

(3) 平台保障化

随着《2006~2020年国家信息化发展战略》和《国家电子政务发展"十二五"规划》的发布与实施，我国以政府核心业务为主线的电子政务建设取得了巨大成功，发挥了显著的经济和社会效益，也涌现出了一批具有国际先进水平的重大信息系统。

电子政务基础建设广泛铺开。中央和省级政务部门主要业务电子政务覆盖率已经达到70%。金关、金税、金盾、金审等一批国家电子政务重要业务信息系统应用进一步深化。教育、医疗、就业、社会保障、行政审批和电子监察等方面电子政务积极推进，改善和增强了政府为社会公众提供服务的能力和水平。食品药品安全、社会治安、安全生产、环境保护、城市管理、质量监管、人口和法人管理等方面电子政务应用持续普及，加强和提升了社会管理能力和水平。县级以上政务部门普遍建立政府网站，积极开展政府信息公开、网上办事和政民互动等服务。[①]

搭建信息化平台服务中小企业运作。工业和信息化部与各地政府做了很多工作，建立了若干面向中小企业的公共信息平台和应用服务平台，不断推进软件服务企业与中小企业对接，指导和服务中小企业"两化"融合，开展了面向中小企业的一体化服务，提升信息化咨询、诊断、实施、维护水平，正在建设"两化"融合创新中心，提供规划设计、评估认证等服务，不断推动电子商务诚信体系建设，完善电子商务市场环境。

(三) 政策保障

"两化"融合的不断推进，需要国家从多方位给予支持与投入。近年来，我国政府在推动产业结构调整、企业技术创新、淘汰落后产能与节能减排等方面陆续出台产业发展政策，并对中小企业发展、高技术产业发展等方面给予财政和资

---

① 资料来源：《国家电子政务发展"十二五"规划》，工信部规〔2011〕567号。

金支持,同时对于"两化"融合推进中的人才因素大力引进与培养,保障深度融合的健康发展。

1. 顶层设计引领

《工业转型升级规划(2011~2015年)》(以下简称《规划》)的编制和发布,"是推进中国特色新型工业化的根本要求,也是进一步调整和优化经济结构、促进工业转型升级的重要举措,对于实现我国工业由大到强转变具有重要意义。"①《规划》明确指出,在"十二五"期间,"重点骨干企业信息技术集成应用达到国际先进水平,主要行业大中型企业数字化设计工具普及率达到85%以上,主要行业关键工艺流程数控化率达到70%,大中型企业资源计划(ERP)普及率达到80%以上。"在实现工业转型升级的同时显著提高信息化融合水平。

《2006~2020年国家信息化发展战略》指出中国信息化发展的战略重点是:"一是推进国民经济信息化……利用信息技术改造和提升传统产业、加快服务业信息化;二是推行电子政务……四是推进社会信息化,主要措施是加快教育科研信息化步伐、加强医疗卫生信息化建设、完善就业和社会保障信息服务体系、推进社区信息化;五是完善综合信息基础设施,主要措施是推动网络融合、实现向下一代网络的转型、建立和完善普遍服务制度……七是提高信息产业竞争力;八是建设国家信息安全保障体系;九是提高国民信息技术应用能力,造就信息化人才队伍。"

《关于实施宽带普及提速工程的意见》的出台强化了宽带在国民经济发展中的重要地位,强调了其是信息时代经济社会发展的关键基础设施。宽带网络和服务已逐步渗入经济、社会和生活的各个领域。《国民经济和社会发展第十二个五年规划纲要》也明确提出,要"加快建设宽带、融合、安全、泛在的下一代国家信息基础设施"。宽带网络发展自身蕴涵着巨大的经济增长潜能,同时还能够促进传统产业改造提升,与其他产业技术结合能够不断创造新的经济增长点。

2. 产业政策指导

推进"两化"深度融合。2011年,我国信息化和工业化深度融合方向明确,

---

① 《国务院关于印发工业转型升级规划(2011~2015年)的通知》国发〔2011〕47号。

工业和信息化部等五部门发布了《关于加快推进信息化与工业化深度融合的若干意见》，并得到初步贯彻落实，试点示范初见成效。同时，为深入贯彻落实科学发展观，大力推进信息化和工业化深度融合，推动工业转型升级、经济结构调整和发展方式转变，按照《关于加快推进信息化与工业化深度融合的若干意见》（工信部联信〔2011〕160号）的部署和要求，工信部制定了《工业企业"信息化和工业化融合"评估规范（试行）》。

推进产业结构调整。紧密结合宏观经济形势和产业发展变化，针对汽车、钢铁、水泥等重点行业，我国先后制定完善了一系列产业发展和产业结构调整的政策文件，促进重点产业健康发展，在推动工业产业结构优化升级、转变发展方式等方面发挥了积极作用。2009年，为应对国际金融危机的冲击，落实"保增长、扩内需、调结构"的宏观经济政策，陆续出台了十大产业调整和振兴规划，极大地提振了应对危机的信心，工业经济快速止跌回稳，提升了国内需求，稳定了外贸出口，为保障国民经济持续平稳较快增长作出了贡献。

鼓励技术创新与技术改造。强化技术创新方面，2009年出台了《国家产业技术政策》《重大技术装备自主创新指导目录》《国家技术创新工程总体实施方案》与《进一步加强技术创新工作的通知》等一系列指导政策。2010年，发改委、工信部联合发布了《关于做好云计算服务创新发展试点示范工作的通知》，提出将加快促进我国云计算服务创新和应用示范，在北京、上海、深圳、杭州、无锡等五个城市先行开展云计算创新发展试点示范工作。

在技术改造方面，2009年出台了《重点产业振兴和技术改造专项投资管理办法（暂行）》，2010年国家发展改革委办公厅、工业和信息化部办公厅《关于开展2010年中央投资重点产业振兴和技术改造专项有关工作的通知》的出台，对适应社会主义市场经济需要，对进一步搞好国有企业，推动国有经济布局和结构的战略性调整，促进国有企业技术改革，发展和壮大国有经济，实现国有资产保值增值，有着重要意义。

培育战略性新兴产业。"十一五"以来，我国加大了对战略性新兴产业的支持力度，相继出台了多个相关政策文件。2010年10月，国务院作出《关于加快培育和发展战略性新兴产业的决定》，提出加快培育发展战略性新兴产业的指导思想、目标、重点任务和重大政策措施；并根据我国国情和科技、产业基础，提出节能环保、新一代信息技术、生物、高端装备制造、新能源、新材料、新能源汽车等产业作为战略性新兴产业的发展重点，并加以大力扶持，将有利于推动我国未来产业结构向高级化方向发展。

坚持淘汰落后产能与企业兼并重组。部分行业的过度投资、重复建设和产能过剩问题依然突出，是产业政策工作重点。淘汰落后产能是抑制产能过剩、提升行业技术水平和生产效率的重要手段，是调整优化产业结构、转变经济发展方式的重大举措。2009年出台了《关于分解落实2009年淘汰落后产能任务的通知》《关于抑制产能过剩和重复建设引导水泥行业健康发展的意见》《关于抑制产能过剩和重复建设引导平板玻璃行业健康发展的意见》《关于抑制部分行业产能过剩和重复建设引导产业健康发展的若干意见》，2010年出台了《国务院关于进一步加强淘汰落后产能的工作通知》《部分工业行业淘汰落后生产工艺装备和产品指导目录》。

坚持推进企业兼并重组，贯彻落实关于促进企业兼并重组的指导意见，发挥牵头部门作用，协调解决跨地区、跨部门重大问题，清理取消阻碍企业兼并重组的规定。近年来，各地区、各有关部门把促进企业兼并重组和淘汰落后产能作为贯彻落实科学发展观、保持经济平稳较快发展的重要任务，相继出台了一系列相关政策。如2007年，财务部和税务总局发布了《关于企业改制重组若干契税政策的通知》，规范了企业重组契税方面的内容。2010年，针对一些行业重复建设严重、产业集中度低、自主创新能力不强、市场竞争力较弱的问题，又出台了《国务院关于促进企业兼并重组的意见》，强化企业兼并重组力度与决心。

3. 财税金融政策

行业振兴与产能调整。2009年，中国人民银行、银监会、证监会、保监会发布《进一步做好金融服务支持重点产业调整振兴和抑制部分行业产能过剩的指导意见》，提出了要根据国务院关于汽车、钢铁、电子信息、物流、纺织、装备制造、有色金属、轻工、石化、船舶等重点产业调整振兴规划的总体要求，进一步做好金融服务，支持重点产业调整振兴和抑制部分行业产能过剩，鼓励银行业金融机构采取银团贷款模式对产业链中辐射拉动作用强的骨干重点产业企业加大信贷支持。

切实宽松中小企业发展环境。2011年，工业和信息化部安排了14亿元资金支持了533户担保机构发展，为8万户中小企业提供了4200亿元贷款担保，为中小企业发展创造了良好环境，同时安排45亿元资金，支持中小企业加强技术改造和技术创新，引导集聚发展。

高技术产业扶持力度不断加强。2011年，国家实施70个高技术产业化专项，带动社会投资超过4400亿元，一批系统性强、战略意义突出的新兴领域加快发展，一批配套完善、优势突出的新兴产业集群正在崛起，逐渐成为产业发展新的增长点。在党中央、国务院的正确领导下，各方面不断加大创新投入。2011年全国研发经费达到8610亿元，是2006年的2.9倍，五年间年均增长24%。

战略性新兴产业获资金支持。2011年，中央财政设立了战略性新兴产业发展专项资金，通过需求激励、商业模式创新等综合扶持方式，以组织实施参股创投基金、重大应用示范工程、重大产业创新发展工程等为载体，推动战略性新兴产业逐步形成国民经济的先导产业和支柱产业。

例如，云计算首批专项资金6.6亿元已于2011年10月陆续下拨到北京、上海、深圳、杭州、无锡等5个试点城市的15个示范项目。包括阿里巴巴、腾讯、百度在内的10多家牵头企业陆续收到千万级扶持资金。[①] 截至2011年底，全国共有24个省市设立了战略性新兴产业专项资金[②]，进一步扩大了新兴产业创投计划实施规模。

电子政务资金投入规模逐年上升。全国电子政务年投资额从2001年的292亿元增长到2010年的986亿元，年均增速近24%，十年电子政务投入累计约6000亿元。通过这6000亿元的投资，我国电子政务基础设施建设已经基本完成，各项应用逐步深入。

表1 2005~2010年我国电子政务投入

年 份	2005	2006	2007	2008	2009	2010
市场规模（亿元）	603.2	630.0	656.7	730.8	870.5	986.5
年增长率(%)	17.90	4.44	4.24	11.28	19.12	13.33

---

① 资料来源：《发改委下拨6.6亿云计算专项资金》，中国信息产业网，http://www.cnii.com.cn/js/content/2011-12/07/content_939880.htm。

② 数据来源：《战略性新兴产业规划出台24省市已设专项资金》，2012年5月31日《证券日报》。

4. 人才培养支持

人才培养目标明确。2010年颁布实施《国家中长期人才发展规划纲要（2010~2020年）》，《规划》中明确十项重大政策以加大人才队伍建设，创新体制机制，创造有利于人力资本积累的环境。同时，加大对教育投资的力度，《规划》明确提出到2012年，财政性教育经费支出占国内生产总值比例达到4%。

劳动者职业培训力度不断加大。"十一五"期间，国家用于职业培训的经费达230亿元，共培训劳动者达8600万人次[①]。2010年10月，国务院印发《关于加强职业培训促进就业的意见》（下称《意见》），明确提出建立职业培训工作新机制、健全面向全体劳动者的职业培训制度。要贯彻落实好《意见》要求，进一步健全职业培训体系，积极开展职前和在职全程培训，全面提高劳动者素质。

二 "两化"融合区域分析

（一）基本评价

1. 2011区域"两化"融合进展

（1）2011区域"两化"融合综合情况

地区融合水平悬殊，东部省份优势明显。由表2可见，2011年我国31个省份的"两化"融合综合指数不均匀地分布在21.28~73.97区间内，最高指数三倍于最低指数，地区间"两化"融合综合水平差距明显。上海市凭借其综合实力排名第1，略高于排名第2的北京市，综合指数排名前四位地区其指数均在60以上。

从地区分布上看，2011年"两化"融合综合指数排名前九位的省份均属东部地区，地区间"两化"融合综合水平差距较为明显。排在后八位的新疆、广西、宁夏、青海、云南、贵州、西藏、甘肃等省份，由于自身融合基础相对薄

---

① 数据来源：《从"怎么看"到"怎么办"·理论热点面对面2011④——怎么解决就业难》，http://news.xinhuanet.com/politics/2011-08/21/c_121889319_5.htm。

表2 2011年"两化"融合综合指数排名

序号	地区	综合指数	序号	地区	综合指数
1	上海	73.97	17	海南	38.25
2	北京	72.81	18	四川	35.43
3	广东	64.56	19	江西	35.16
4	江苏	61.25	20	河南	34.51
5	浙江	59.86	21	内蒙古	34.40
6	天津	59.63	22	河北	33.85
7	福建	51.27	23	山西	31.28
8	辽宁	46.93	24	新疆	29.96
9	山东	45.75	25	广西	29.45
10	陕西	43.84	26	宁夏	29.16
11	重庆	43.45	27	青海	27.70
12	湖南	42.30	28	云南	25.37
13	湖北	41.61	29	贵州	24.74
14	安徽	40.53	30	西藏	23.17
15	吉林	39.28	31	甘肃	21.28
16	黑龙江	38.31			

弱,致使其综合指数均不足30,相对落后于其他省份。另外,西部省份综合排名大都比较靠后,东西部发展不平衡。

(2) 2011区域"两化"融合硬度分析

融合硬度即工业化水平,是"两化"融合的基础标志。表3为2011年全国31个省份"两化"融合硬度排名情况,31个省份的"两化"融合硬度指数不均匀地分布在27.08~66.84的区间内。天津市在融合硬度方面居全国首位,其地处环渤海地区,且近年来天津市努力构筑高端化、高质化、高新化现代产业体系,新能源、新材料、生物技术与健康、新一代信息技术等战略性新兴产业迅速发展,航空航天、装备制造、石油化工等产业聚集区形成规模[①],工业化发展水平在全国领先。

---

① 资料来源:《2012年天津市政府工作报告》。

表3　2011年"两化"融合硬度指数排名

序号	地　区	硬度指数	序号	地　区	硬度指数
1	天　津	66.84	17	河　北	46.92
2	上　海	65.97	18	四　川	45.61
3	江　苏	64.63	19	内蒙古	44.96
4	浙　江	61.36	20	陕　西	44.94
5	辽　宁	60.53	21	黑龙江	44.83
6	广　东	58.86	22	广　西	41.00
7	湖　南	57.64	23	山　西	38.43
8	山　东	56.34	24	宁　夏	36.60
9	北　京	55.54	25	新　疆	34.78
10	江　西	54.30	26	海　南	34.47
11	安　徽	52.72	27	青　海	32.99
12	福　建	52.41	28	云　南	30.94
13	重　庆	51.59	29	贵　州	30.58
14	吉　林	51.26	30	西　藏	27.47
15	湖　北	50.88	31	甘　肃	27.08
16	河　南	48.76			

从地区分布上看，多数东部省份排名比较靠前，中西部省份排名比较靠后，双方差距比较显著。而且，通过对比观察"两化"融合综合排名可以发现，"两化"融合综合排名前六位的省份中，有5个省份（上海、广东、江苏、浙江、天津）在硬度排名中仍然位列前六。纵观全国31个省份的硬度指数可以发现，除一些地处东部发达地区的省份以及中部地区的湖南、江西等省外，我国整体"两化"融合硬度水平不是很高。

（3）2011区域"两化"融合软度分析

融合软度即信息化水平，是"两化"融合的重要支柱之一。表4是2011年全国31个省份"两化"融合软度指数排名情况，我国31个省份的融合软度得分跨度很大，分布在13.36~91.78区间内。在融合软度支柱上，北京的领先优势十分明显，在全国居首位，这得益于北京市多年来努力推动信息化普及与信息产业发展。

表4 2011年"两化"融合软度指数排名

序号	地区	软度指数	序号	地区	软度指数
1	北京	91.78	17	青海	24.05
2	上海	79.67	18	吉林	23.63
3	广东	65.85	19	安徽	22.53
4	江苏	59.34	20	西藏	21.56
5	浙江	51.20	21	黑龙江	21.46
6	天津	46.43	22	贵州	21.16
7	福建	44.91	23	新疆	20.34
8	辽宁	34.11	24	山西	19.71
9	陕西	32.24	25	湖南	18.55
10	山东	32.06	26	河北	16.85
11	内蒙古	29.46	27	云南	16.27
12	海南	29.30	28	河南	16.17
13	重庆	27.55	29	广西	15.24
14	宁夏	27.43	30	江西	13.61
15	四川	25.36	31	甘肃	13.36
16	湖北	24.84			

通过对比软度指数与综合指数两个排名可以发现，2011年综合排名前6位的省份与软度排名前6位的省份完全一致，只是具体排名顺序稍有变化。这说明，我国"两化"融合软度水平可以在很大程度上反映出我国"两化"融合的综合水平。从地区分布上看，横比全部31个省份的软度指数可以发现，除一些地处东部发达地区的省份以及西部的陕西省外，我国整体"两化"融合软度水平偏低，大部分省份信息化发展处于起步阶段。

(4) 2011区域"两化"融合深度分析

"两化"融合深度是"两化"融合的直接表现形式，也是衡量"两化"融合绩效水平的最终指标。表5展示了我国31个省份"两化"融合深度指数的排名情况，31个省份的"两化"融合深度指数不均匀地分布在0.42~74.95区间内，排名靠前的省份与排名靠后的省份之间的差距非常大，说明我国"两化"融合深度的发展水平很不平衡。广东省凭借其显著优势排名第1，深度指数大幅领先排名最后的甘肃省74.53。

表5 2011年"两化"融合深度指数排名

序号	地 区	深度指数	序号	地 区	深度指数
1	广 东	74.95	17	吉 林	25.87
2	江 苏	73.13	18	海 南	24.65
3	北 京	64.40	19	安 徽	22.85
4	上 海	62.72	20	河 北	20.92
5	浙 江	53.78	21	山 西	18.34
6	天 津	51.81	22	河 南	16.92
7	福 建	47.26	23	云 南	10.77
8	陕 西	37.12	24	青 海	9.77
9	重 庆	35.21	25	贵 州	6.54
10	湖 南	34.80	26	广 西	6.46
11	辽 宁	32.78	27	新 疆	5.53
12	四 川	30.84	28	西 藏	4.52
13	湖 北	29.92	29	宁 夏	4.12
14	山 东	27.84	30	内蒙古	3.63
15	黑龙江	27.76	31	甘 肃	0.42
16	江 西	26.00			

从地区分布上看，多数东部省份排名比较靠前，中西部省份排名比较靠后，东西部发展很不平衡。而且，通过对比观察"两化"融合综合排名可以发现，2011年综合排名前7位的省份与深度排名前7位的省份完全一致，我国"两化"融合深度水平可以在相当程度上反映我国"两化"融合综合水平。

至此，我国"两化"融合软度指数、深度指数与综合指数三项指数排名前六位的省份集合完全相同。这充分说明我国"两化"融合软度与深度水平可以在相当程度上反映我国"两化"融合的综合水平。

2. 2010~2011年区域"两化"融合变化

（1）区域"两化"融合综合变化

图19是对比2010年区域"两化"融合综合指数排名①与2011年排名的结果。在31个省份中，排名上升（灰色柱状表示）的有10个，排名下降（白色柱状表示）的有8个。其中，上升幅度最大的为海南省，综合指数排名提升六位；下降幅度最大的为内蒙古自治区与四川省，综合指数排名均下滑六位。

---

① 基于"两化"融合理论创新和评估指标体系优化，本报告对《中国"两化"融合发展报告（2011）》有关2010年中国区域"两化"融合的评估结果进行了系统调整。

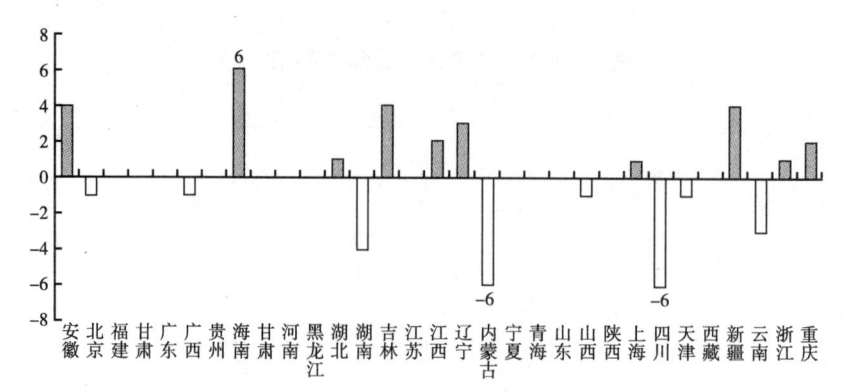

图19 "两化"融合综合指数排名变化情况

（2）区域"两化"融合硬度变化

图20是"两化"融合硬度区域排名变化情况。在31个省份中，排名上升的有13个，其中上升最多的是安徽省，从2010年的第19位跃居2011年的第11位。排名下降的共有11个省份，内蒙古仍然下降最多，从第11位下降到第19位。排名未发生变化的有7个省份，分别是天津、广东、广西、山西、青海、贵州和甘肃。

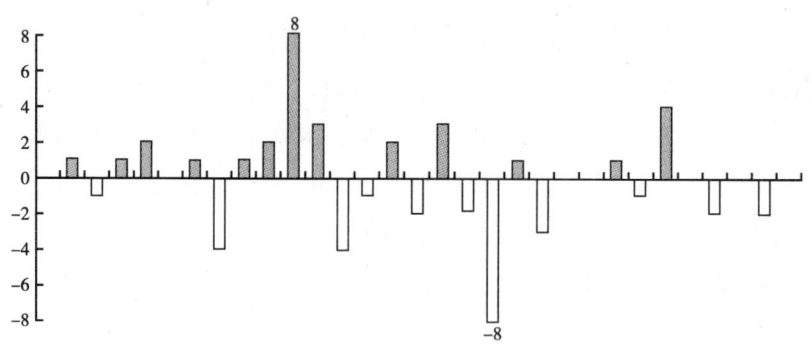

图20 "两化"融合硬度指数排名变化情况

（3）区域"两化"融合软度变化

通过图21可以发现，2010年到2011年，在31个省份中，排名上升的省份共有12个，其中西藏上升幅度最大为九位。排名下降的省份共有11个，其中排名下降最多的是河南省，融合软度全国排名下滑八位。

2012 "两化"深度融合：中国现实

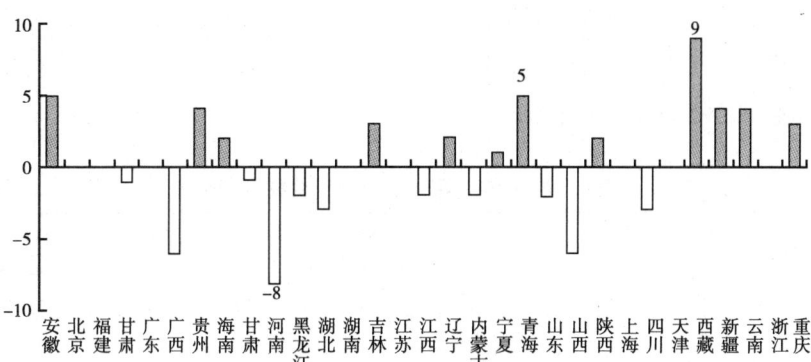

图21 "两化"融合软度指数排名变化情况

（4）区域"两化"融合深度变化

图22展现了"两化"融合深度区域排名变化情况。在31个省份中，排名上升有14个省份，其中辽宁省上升最多，从第17位上升到第11位。排名下降的也有14个省份，其中山西省下降了八位，内蒙古下降了六位。广东、河南和云南3省的排名未发生变化。

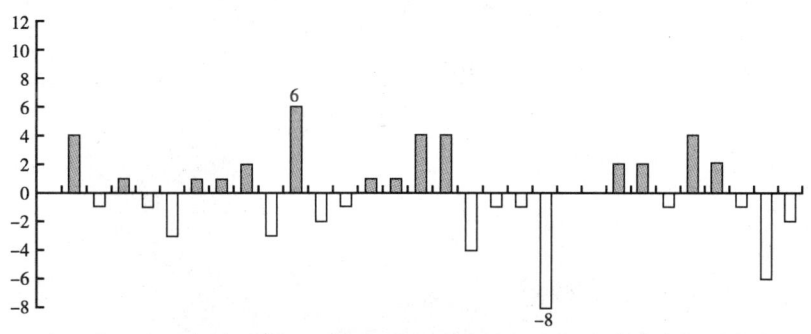

图22 "两化"融合深度指数排名变化情况

（二）梯度分析

1. 2011年"两化"融合综合指数梯度分析

通过观察31个省份的"两化"融合综合指数，可将各省份"两化"融合综合排名划分为第一、第二、第三、第四，共四级梯度，分别对应31个省份"两

035

化"融合综合发展横向对比具有相当优势、具有一般优势、发展较为落后以及处于发展劣势这四个发展层次,如表6所示。图23显示出我国31个省市"两化"融合综合指数梯度分布情况。

表6 2011年"两化"融合综合梯度划分

序号	地区	梯度	融合指数	序号	地区	梯度	融合指数
1	上海	1	73.97	17	海南	3	38.25
2	北京	1	72.81	18	四川	3	35.43
3	广东	1	64.56	19	江西	3	35.16
4	江苏	1	61.25	20	河南	3	34.51
5	浙江	1	59.86	21	内蒙古	3	34.40
6	天津	1	59.63	22	河北	3	33.85
7	福建	1	51.27	23	山西	3	31.28
8	辽宁	2	46.93	24	新疆	4	29.96
9	山东	2	45.75	25	广西	4	29.45
10	陕西	2	43.84	26	宁夏	4	29.16
11	重庆	2	43.45	27	青海	4	27.70
12	湖南	2	42.30	28	云南	4	25.37
13	湖北	2	41.61	29	贵州	4	24.74
14	安徽	2	40.53	30	西藏	4	23.17
15	吉林	3	39.28	31	甘肃	4	21.28
16	黑龙江	3	38.31				

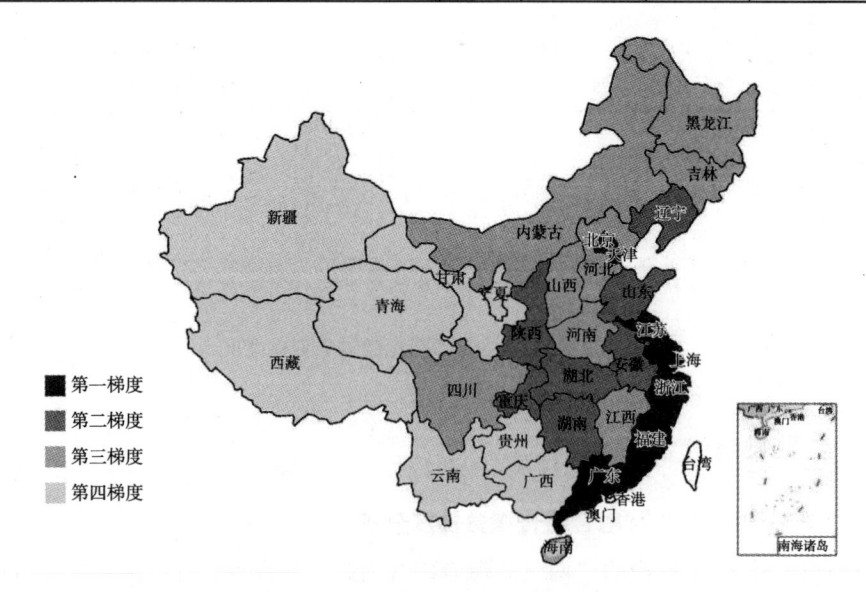

图23 2011年"两化"融合综合指数梯度分布示意

第一梯度，包括上海、北京、广东、江苏、浙江、天津和福建共 7 个省市。其"两化"融合综合指数绝对分值集中在 51.27～73.97 区间内。从绝对数值上看，上海和北京两大城市处于较高的水平层次，与其余省份的综合指数领先优势明显。从梯度内观察，第一梯度中各省份之间指数绝对值差距较大，其中北京与广东两省份综合指数差距超过 8，形成明显指数断档。从地理区位上看，除北京市外，其余 6 个省市均位于东部沿海发达地区，融合硬度、软度基础较好，为"两化"融合的发展提供了社会条件和经济基础；而北京市利用其自身较好的政治条件、社会环境和人才优势，"两化"融合也取得了很好的成效。

第二梯度，包括辽宁、山东、陕西、重庆、湖南、湖北和安徽 7 个省市。其"两化"融合综合指数得分在 40.53～46.93 区间内，虽然处于较低分区间，但与其他省份相比，仍然具有一定的发展优势。从梯度内观察，第二梯度内各省市之间的分值差距越来越小。从地理区位上看，第二梯度省市分布比较分散，既有地处东部沿海的辽宁、山东，又有地处我国中部的湖北、安徽和湖南，还有地处西部的重庆、陕西。这说明，中西部地区充分利用我国西部大开发、中部崛起的契机，着力发展信息产业、调整产业结构、转变经济发展方式，努力追赶东部发达省份。

第三梯度，包含吉林、黑龙江、海南等在内的 9 个省份。其"两化"融合综合指数绝对分值处在 31.28～39.28 区间内。从梯度内观察，处于这一梯度的各省份之间指数绝对值差距没有大幅拉开，分布相对紧凑。从地理区位上看，第三梯度省份在东、中、西部均有涉及，但多数处于中部地区。这说明我国中部地区由于缺乏发展所必需的资金和先进技术，在"两化"融合综合发展方面略处劣势，但与第二梯度省份绝对分值差距不是很大，如果今后能够牢牢把握中部崛起这个机遇，引进资金和先进技术，大力发展信息产业和工业，仍有赶超东部发达省份的能力。

第四梯度，包含新疆、广西、宁夏等在内的 8 个省区。其综合指数得分均处于 30 以下，与其他省份差距很大，处于低水平层次。从梯度内观察，处于最末位的甘肃省与其他省份差距明显，"两化"融合综合发展劣势突出。从地理区位上看，省份均处于我国西部地区，这说明我国西部地区经济发展水平与其他地区差距较大，工业化和信息化基础薄弱，"两化"融合综合发展水平比较低，要想追赶其他省份的社会经济发展水平，必须抓住西部大开发的机遇，提高自身竞争力。

通过图 23 与图 24 可以发现，我国东部省份占据第一梯度的全部名额以及第二、第三梯度的部分；中部省份则多集中分布在第三梯度内，在第二梯度只占据了部分名额；而西部省份多集中在第四梯度内，在第二、第三梯度内仅有少量分布，"两化"融合综合发展劣势突出。

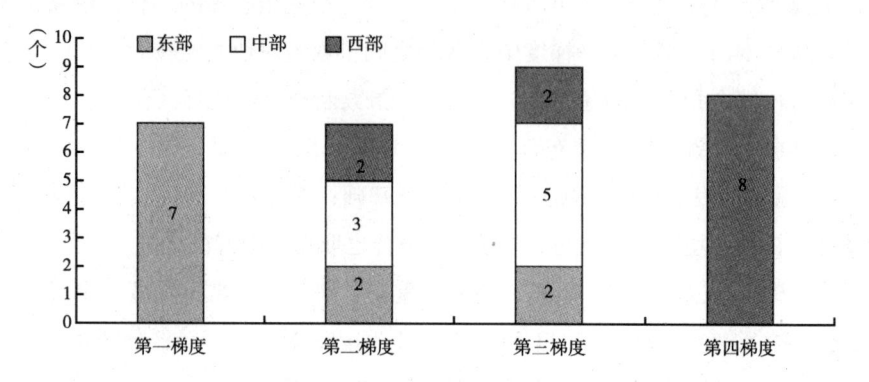

图24　2011年我国"两化"融合综合指数各梯度东、中、西部省份分布

2. 2011年"两化"融合硬度指数梯度分析

"两化"融合硬度的梯度划分方法同上，划分结果如表7所示。图25显示出我国31省市"两化"融合硬度指数梯度分布情况。

表7　2011年"两化"融合硬度梯度划分

序号	地区	梯度	融合指数	序号	地区	梯度	融合指数
1	天津	1	66.84	17	河北	3	46.92
2	上海	1	65.97	18	四川	3	45.61
3	江苏	1	64.63	19	内蒙古	3	44.96
4	浙江	1	61.36	20	陕西	3	44.94
5	辽宁	1	60.53	21	黑龙江	3	44.83
6	广东	1	58.86	22	广西	3	41.00
7	湖南	1	57.64	23	山西	3	38.43
8	山东	2	56.34	24	宁夏	4	36.60
9	北京	2	55.54	25	新疆	4	34.78
10	江西	2	54.30	26	海南	4	34.47
11	安徽	2	52.72	27	青海	4	32.99
12	福建	2	52.41	28	云南	4	30.94
13	重庆	2	51.59	29	贵州	4	30.58
14	吉林	2	51.26	30	西藏	4	27.47
15	湖北	2	50.88	31	甘肃	4	27.08
16	河南	2	48.76				

2012"两化"深度融合：中国现实

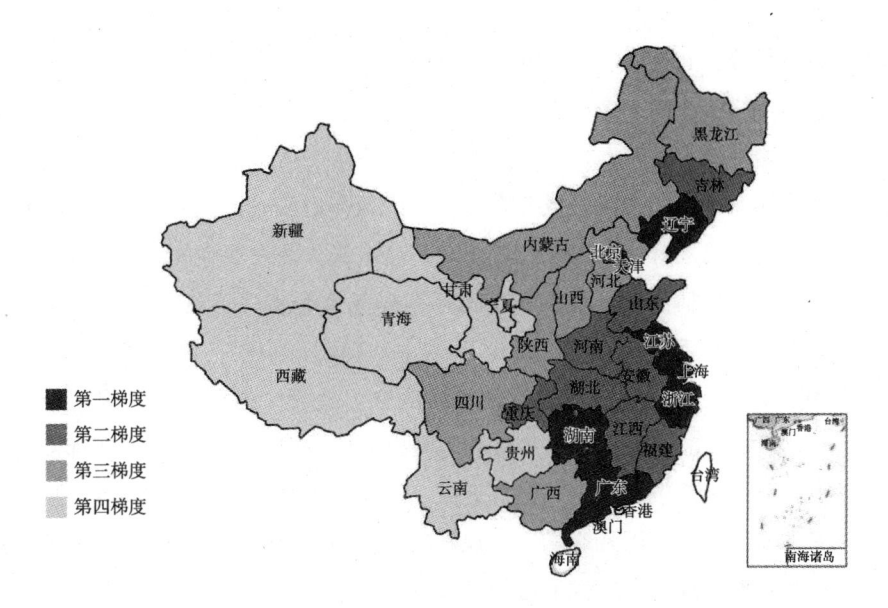

图25 2011年"两化"融合硬度指数梯度分布示意

第一梯度，包括天津、上海、江苏、浙江、辽宁、广东、湖南7个省市。其"两化"融合硬度指数绝对分值集中在57.64～66.84区间内，得分处于较高水平区段。从梯度内观察，第一梯度中各省份之间的分值差距相对较小，说明省份间的融合硬度水平相近。从地理区位上看，除湖南外，其余省份均位于东部发达地区，便利的交通条件、国家给予的优惠政策以及较好的社会经济基础，都为这些省份的工业化发展提供了条件。近年来，湖南省利用信息技术改造和提升传统产业，积极调整产业结构，以高新技术产业为先导，全面推进"四化两型"建设，落实"两化"融合发展战略，工业进入较快发展阶段。

第二梯度，包括山东、北京、江西等共9个省市。其"两化"融合硬度指数得分集中在48.76～56.34区间内，与第三、第四梯度省份相比，仍有一定的发展优势。从梯度内观察，省份间分值差距不大，特别是处于中间位置的安徽、福建、重庆、吉林、湖北五个省份，融合硬度水平不相上下。从地理位置上看，山东、北京和福建位于我国东部，重庆位于我国的西部，其余省份都处于我国的中部地区。这说明，我国中西部地区正在大力提升自己的工业化水平，努力追赶东部发达地区。

第三梯度，包含河北、四川、内蒙古、陕西等共7个省份。其"两化"融合硬度指数得分分布在38.43~46.92区间内，分值已处于相对偏低区间段。整体观察，第三梯度与前两个梯度的差距明显拉开，但是省份间的数值分布却比较紧凑，尤其是内蒙古、陕西、黑龙江的融合硬度水平可谓旗鼓相当。从地理分布上看，处于第三梯度的省份多数分布在我国的西部地区。这说明，我国西部地区一些省份的工业化发展水平仍然比较落后，还有很大的发展空间。

第四梯度，包括宁夏、新疆、海南、青海等8个省区。其"两化"融合硬度指数绝对分值处于27.08~36.60区间内。从梯度内观察，该梯度内省区的得分水平相对集中，且绝对分值很低，尤其是位于后两位的西藏和甘肃得分均在30以下，"两化"融合硬度水平劣势较为突出。从地理分布上看，第四梯度内的省份除海南省外全都位于我国的西部地区。海南省因受其特殊地理位置、历史发展和主体功能区定位等因素影响，大规模发展省内工业的可能性较小。而我国西部地区虽然在努力追赶中东部地区的经济发展水平，但是由于其工业化基础比较薄弱，缺少发展所必需的资金和技术，工业化发展水平远远落后于发达地区。

通过图25与图26可以发现，我国东部省份几乎全部分布在融合硬度指数的第一、第二梯度（只有河北省和海南省处于第三、第四梯度）。因此，东部省份融合硬度水平在全国基本处于领先水平，对我国工业化水平的提高具有至关重要的作用。中部省份在前三个梯度均有分布，但在第二梯度上分布的省份最多，这说明中部省份正在加足马力，赶超东部发达地区。西部省份在第二、第三、第四梯度中的占比逐渐增加，说明我国西部地区的融合硬度发展虽然正在努力追赶中部及东部地区，但是在整体工业发展中仍处于相对落后的地位。

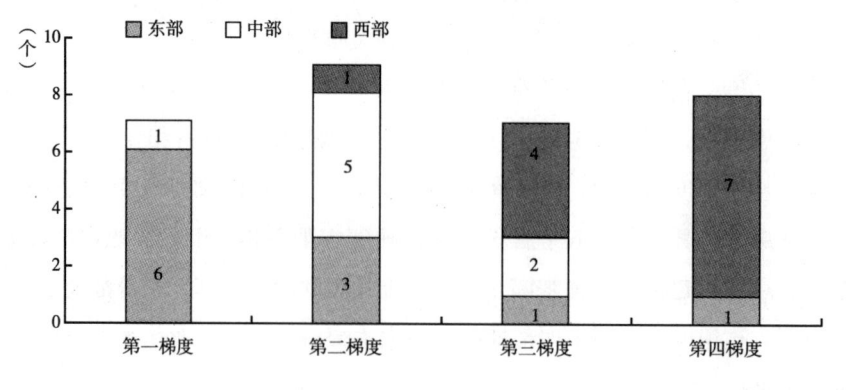

图26 2011年我国"两化"融合硬度指数各梯度东、中、西部省份分布

3. 2011年"两化"融合软度指数梯度分析

"两化"融合软度的梯度划分方法同上，划分结果如表8所示。图27显示出我国31省市"两化"融合软度指数梯度分布情况。

表8　2011年"两化"融合软度梯度划分

序号	地区	梯度	融合指数	序号	地区	梯度	融合指数
1	北京	1	91.78	17	青海	3	24.05
2	上海	1	79.67	18	吉林	3	23.63
3	广东	1	65.85	19	安徽	3	22.53
4	江苏	1	59.34	20	西藏	3	21.56
5	浙江	1	51.20	21	黑龙江	3	21.46
6	天津	2	46.43	22	贵州	3	21.16
7	福建	2	44.91	23	新疆	4	20.34
8	辽宁	2	34.11	24	山西	4	19.71
9	陕西	2	32.24	25	湖南	4	18.55
10	山东	2	32.06	26	河北	4	16.85
11	内蒙古	3	29.46	27	云南	4	16.27
12	海南	3	29.30	28	河南	4	16.17
13	重庆	3	27.55	29	广西	4	15.24
14	宁夏	3	27.43	30	江西	4	13.61
15	四川	3	25.36	31	甘肃	4	13.36
16	湖北	3	24.84				

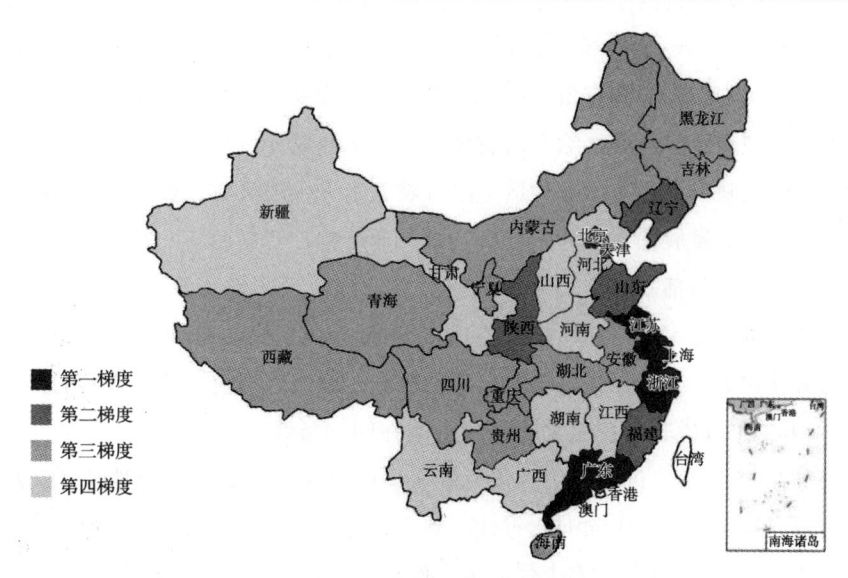

图27　2011年"两化"融合软度指数梯度分布示意

第一梯度，包含北京、上海、广东、江苏和浙江5个省市。其"两化"融合软度指数集中在51.20~91.78区间内。整体观察，第一梯度内省市间的绝对指数跨度较大，分值已经从高水平下落至中偏低水平。但是，与全国其他省份相比，如此的得分水平已经具有相当的领先优势，其中排名第1的北京市更是大幅领先同梯度的其余四个省份。这与之前"两化"融合综合指数、"两化"融合硬度指数的密集分布状况有很大不同。从地理位置上看，这五个省份都属我国东部发达地区，具有较好的工业化和信息化基础，社会经济发展水平较高，"两化"融合软度水平遥遥领先于其他省份。

第二梯度，包含天津、福建、辽宁、陕西和山东5个省市。其"两化"融合软度指数集中分布在32.06~46.43之间。从绝对分值上看，与第一梯度的差距明显拉开，尤其与同梯度的"两化"融合硬度指数相比有很大差距，这说明，我国的信息化发展水平仍然比较落后。整体观察，第二梯度省份的融合软度指数相对集中，融合软度发展水平比较接近。从地理位置上看，这五个省份除陕西省外都处在我国的东部沿海地区。至此，"两化"融合软度指数前两个梯度省份大多数都位于我国东部地区，充分反映出我国目前融合软度发展的严重不平衡局面，东部地区领先优势凸显，中西部地区还有极大的追赶空间。

第三梯度，包含内蒙古、重庆等在内的12个省份。其"两化"融合软度指数集中分布在21.16~29.46区间内。从梯度内观察，该梯度省份的融合软度水平得分比较集中，区域内省份之间在信息化发展程度方面比较接近，而且处于较低水平。从地理区位上看，除海南省地处我国东部以外，其余省份都地处我国中西部，充分反映出我国中西部地区的融合软度水平发展落后，要想追赶东部发达省份，必须大力发展信息产业，积极调整产业结构，转变经济发展方式。

第四梯度，包括新疆、山西、湖南等在内的9个省份。其"两化"融合软度指数集中分布在13.36~20.34区间内。从梯度内观察，第四梯度省份的融合软度得分比较集中，特别是排名前三位的新疆、山西、湖南这三个省份的得分均在18以上，可以说其信息化发展水平基本在同一条线上。而排名靠后的江西和甘肃得分在15以下，说明其信息化发展水平明显落后，处于劣势地位。从地理分布上看，这9个省份中除河北省外，其余省份均位于我国的中西部地区。

综观图27与图28并结合上述分析，我们可以清楚发现，东部地区仅有河北和海南两个省份排名靠后，其余省份均处在前两个梯度，信息化发展水平处于绝对领先地位，是我国融合软度水平提升的重要驱动力量。而现阶段我国的中西部省份全部集中在第三、第四梯度，与"两化"融合指数和硬度指数不同的是，中部省份主要集中在第四梯度，而西部省份主要集中在第三梯度，这在一定程度上反映出我国西部地区正在努力追赶中部和东部地区的社会经济发展水平，大力推进信息化建设。

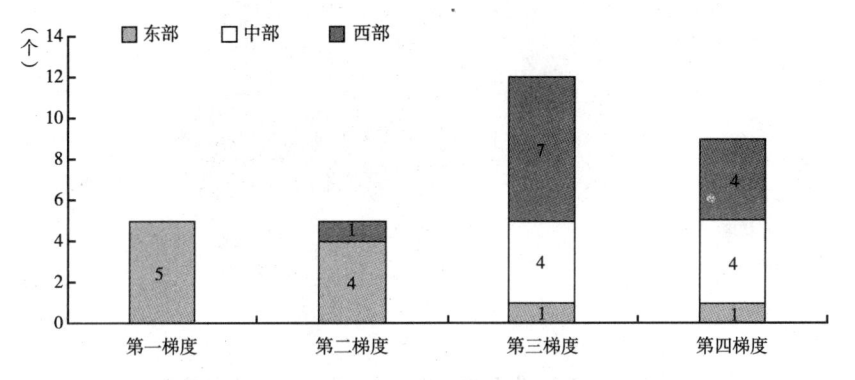

图28　2011年我国"两化"融合软度指数各梯度东、中、西部省份分布

4. 2011年"两化"融合深度指数梯度分析

"两化"融合深度的梯度划分方法和"两化"融合综合的梯度划分方法相同，划分结果如表9所示。图29显示出我国31省市"两化"融合深度指数梯度分布情况。

表9　2011年"两化"融合深度梯度划分

序号	地区	梯度	融合指数	序号	地区	梯度	融合指数
1	广东	1	74.95	17	吉林	3	25.87
2	江苏	1	73.13	18	海南	3	24.65
3	北京	1	64.40	19	安徽	3	22.85
4	上海	1	62.72	20	河北	3	20.92
5	浙江	1	53.78	21	山西	3	18.34
6	天津	1	51.81	22	河南	3	16.92
7	福建	2	47.26	23	云南	4	10.77
8	陕西	2	37.12	24	青海	4	9.77
9	重庆	2	35.21	25	贵州	4	6.54
10	湖南	2	34.80	26	广西	4	6.46
11	辽宁	2	32.78	27	新疆	4	5.53
12	四川	2	30.84	28	西藏	4	4.52
13	湖北	2	29.92	29	宁夏	4	4.12
14	山东	3	27.84	30	内蒙古	4	3.63
15	黑龙江	3	27.76	31	甘肃	4	0.42
16	江西	3	26.00				

043

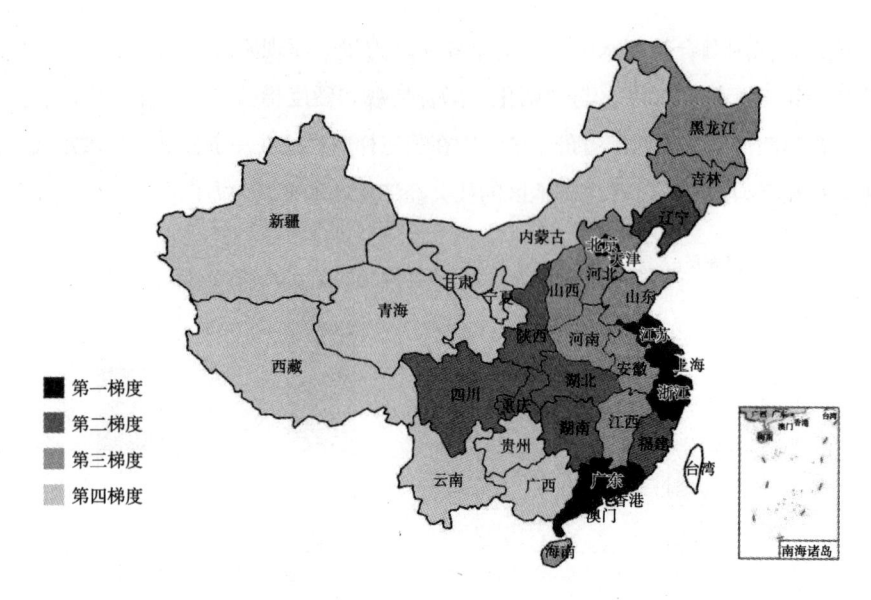

图 29　2011 年"两化"融合深度指数梯度分布示意

第一梯度，包含广东、江苏、北京、上海、浙江、天津6个省份。其"两化"融合深度指数集中在51.81~74.95区间段内，绝对指数已经从较高水平下落至中低水平，但与其他省份相比，其领先优势仍很明显。在梯度内观察，我们可以发现，第一梯度内省份之间的得分差距较大，尤其是江苏和北京、上海和浙江之间分值差距超过8，形成较为明显的指数断档。从地理位置上看，这6个省份均地处我国东部地区，具有较好的工业化基础，而且信息化发展程度也比较高，从而为"两化"深度融合奠定了良好的基础。

第二梯度，包含福建、陕西、重庆、湖南等7个省份。其"两化"融合深度指数集中在29.92~47.26区间段内。从绝对分值上看，与第一梯度6个省份的差距明显拉开，虽属第二梯度，但整体指数得分已偏低，这在很大程度上反映出我国目前融合深度整体水平处于较低层次。除福建和陕西两省之间的差距较明显外，其余省份之间指数绝对值差距较小。从地理区位上看，第二梯度东、中、西部省份均有包括，省份个数分别为两个、两个、三个，这说明融合深度的省份分布较为均衡，并且西部地区一体化追赶势头已经初步显现。

第三梯度，包含山东、黑龙江、江西、吉林等9个省份。其"两化"融合深度指数集中在16.92~27.84区间段内。从绝对分值上看，这一梯度省份的指数集中度比较高，特别是排名靠前的山东、黑龙江、江西、吉林4个省份的融合深度水平不相上下。从地理区位上看，这9个省份均位于东中部地区，其中位于东部的有3个，位于中部的有6个。这说明，我国中部省份正在努力追赶东部省份，并且已经取得一定成绩。

第四梯度，包含云南、青海、贵州、广西等在内的9个省份。此梯度内全部省份的融合深度指数集中在0.42~10.77区间内，处于发展的低端阶段。除云南省的绝对分值在10以上，其余省份均低于10，尤其是排名最后的甘肃省融合深度指数仅0.42。这反映出，我国目前还有相当一部分地区的一体化发展刚刚起步，有很大的提升空间。从地理位置上看，9个省份全部位于西部地区，这说明，由于融合硬度、软度基础薄弱，我国西部地区的"两化"融合深度发展虽在努力追赶东中部水平，其在我国整体"两化"融合深度发展中仍处于相对落后地位。

从图29与图30可以清楚看出，东部地区横跨前三个梯度，但与"两化"融合其他指数梯度分布不同的是，其在第三梯度分布的省份比在第二梯度分布的省份多，而中西部省份在第二梯度中却有较多分布。这反映出我国"两化"融合深度指数梯度排名的东、中、西部分布较为均衡。同时，中西部省份仍占据后两个梯度的大部分席位，这说明，我国东部地区在"两化"融合深度发展方面领先于中西部地区，中西部省份仍有很大的发展空间。

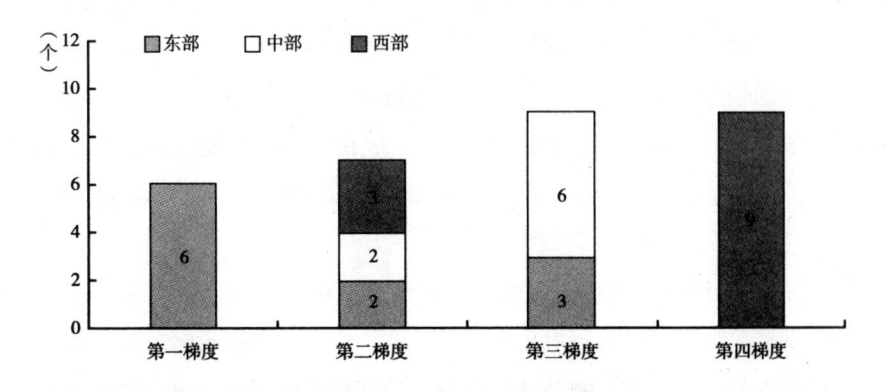

图30　2011年我国"两化"融合深度指数各梯度东、中、西部省份分布

至此，"两化"融合综合、三大支柱梯度分析结束。我们发现，在综合指数上，东部领先优势突出，中部努力追赶，西部明显落后，东西部差距显著；在融合硬度上，东部领先，但优势并不明显，中部努力赶超并取得一定成效，西部地区也不甘落后，努力追赶中东部地区；在融合软度上，东部明显领先，西部省份已经赶超中部省份，东、中、西部发展不平衡；在融合深度上，东部稍稍领先，但东、中、西部整体发展较为平衡。

（三）聚类分析

1. 2011年"两化"融合综合指数聚类分析

对31个省份"两化"融合综合指数进行聚类分析，得出四个聚合分类，如表10所示。

表10　31个省份"两化"融合综合指数层次聚类

聚类	所含省份
第一类	上海、北京
第二类	广东、江苏
第三类	浙江、天津、福建、辽宁、山东、重庆、陕西、湖南、湖北、四川、吉林、安徽、江西、黑龙江、海南、河北、河南、山西
第四类	内蒙古、宁夏、青海、广西、新疆、贵州、云南、西藏、甘肃

图31反映了"两化"融合综合指数聚类中第一聚类的上海、北京各自的融合硬度、融合软度、融合深度指数发展趋势。可以看出，上海和北京的融合软度均高于融合硬度、融合深度的发展水平，三项指标呈现倒"V"形发展势头。这说明这两市的信息产业基础较好，信息化发展速度较快，而其工业化发展水平和"两化"融合深度水平低于信息化发展水平，应在后续的发展中强化融合硬度和融合深度的发展，提升整体发展水平。因此，可以将该聚类的"两化"融合发展总结为"信息化驱动型"发展模式。

图32所示是作为"两化"融合综合指数第二聚类的江苏和广东两省的三大支柱整体发展趋势。通过波折对比图可以看出，这两个省份的融合深度发展水平是三大指标中最高的一项，融合硬度和融合软度则稍稍落后，但二者发展水平接近。该类省份在后续的发展中还应努力提升工业化和信息化水平，否则一体化发展就会后劲不足。因此，可以将该类省份的"两化"融合发展总结为"一体驱动型"发展模式。

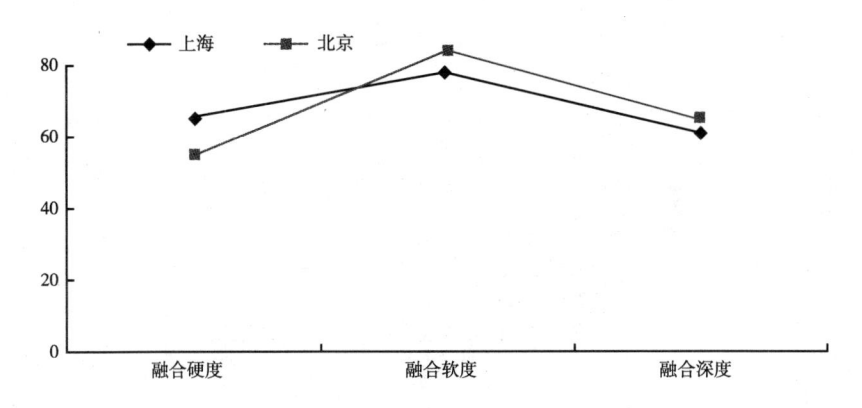

图31 "两化"融合综合指数第一聚类

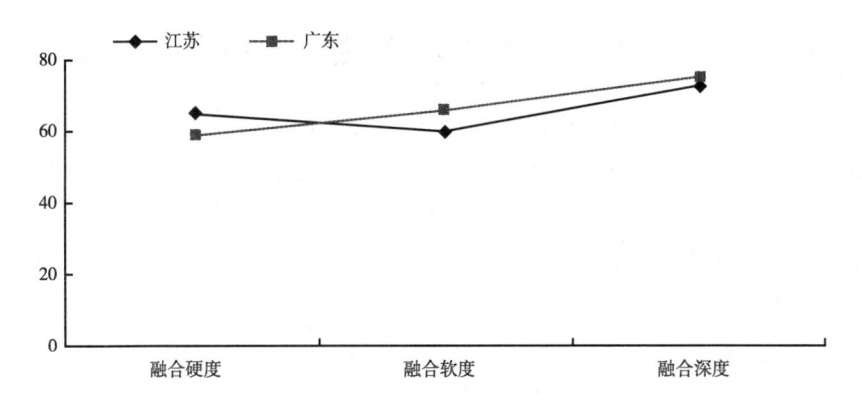

图32 "两化"融合综合指数第二聚类

从图33可以看出,"两化"融合综合指数第三聚类中的18个省份基本都遵循先下滑后趋平的发展趋势。各省份的融合硬度发展水平较高,融合软度和融合深度的发展水平明显低于融合硬度的发展水平,且二者基本处于同一条水平线上。这反映出,该类省份的工业化基础较高,发展速度较快,但信息化发展水平较低,"两化"融合软度基础较差,在一定程度上制约了融合深度的发展。因此,可以将该聚类内所包含省份的"两化"融合发展总结为"工业拉动、一体趋缓型"发展模式。

图34反映了"两化"融合综合指数聚类中第四聚类省份的三个指标的整体发展趋势。从波折线的延伸方向可以看出,这一聚类9个省份的融合硬度、融合软度、融合深度都呈逐渐下滑的发展趋势,其融合硬度发展较快,融合软度和融

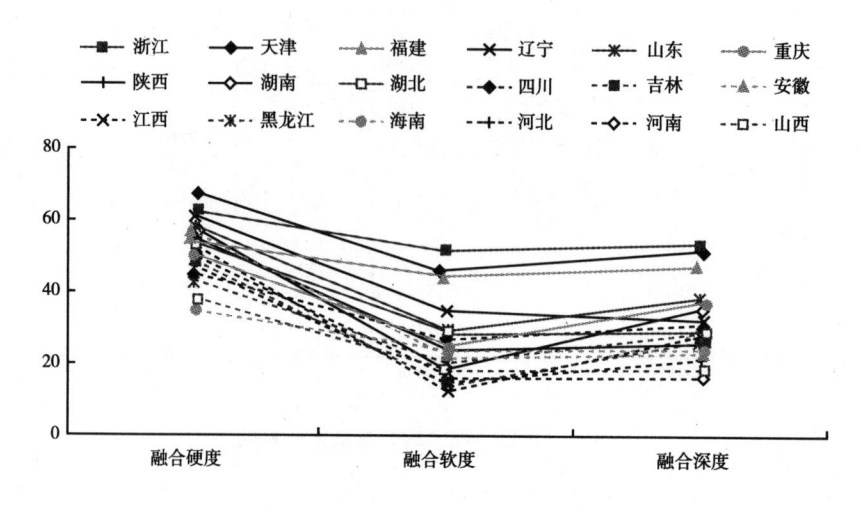

图33 "两化"融合综合指数第三聚类

合深度的发展水平与融合硬度有显著差距,且融合深度也普遍落后于融合软度的发展水平。这说明,该类省市的工业基础比较好,但信息化水平比较低,从而制约了融合深度的发展。因此,我们将该类省份的"两化"融合发展总结为"工业带动型"发展模式。

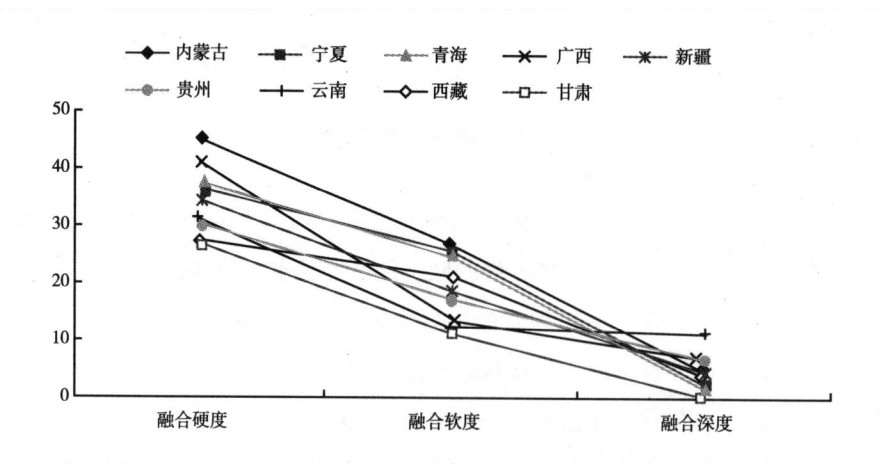

图34 "两化"融合综合指数第四聚类

2. 2011年"两化"融合硬度指数聚类分析

与"两化"融合综合指数聚类分析方法相似,对31个省份"两化"融合硬度指数进行聚类分析,同样得到四个聚合分类,如表11所示。

表11　31个省份"两化"融合硬度指数层次聚类

聚　类	所含省份
第一类	天津、上海、北京、广东
第二类	辽宁、江苏、浙江、福建
第三类	河南、河北、四川、内蒙古、陕西、黑龙江、吉林、安徽、江西、山东、湖北、湖南、广西、重庆、宁夏、山西
第四类	新疆、海南、青海、云南、贵州、西藏、甘肃

图35所示是"两化"融合硬度指数第一聚类省份在工业化指数的三个细分指标——工业规模、工业结构、工业效益方面的发展趋势。各省份工业规模和工业效益水平明显高于工业结构水平，呈现"V"形发展势头。因此，该类省市在后续发展中，应注重调整工业结构，大力发展高新技术产业，避免只注重发展规模和速度，而忽视发展质量的工业发展模式。因此，可以将该类省市的融合硬度发展总结为"规模、效益双驱动型"发展模式。

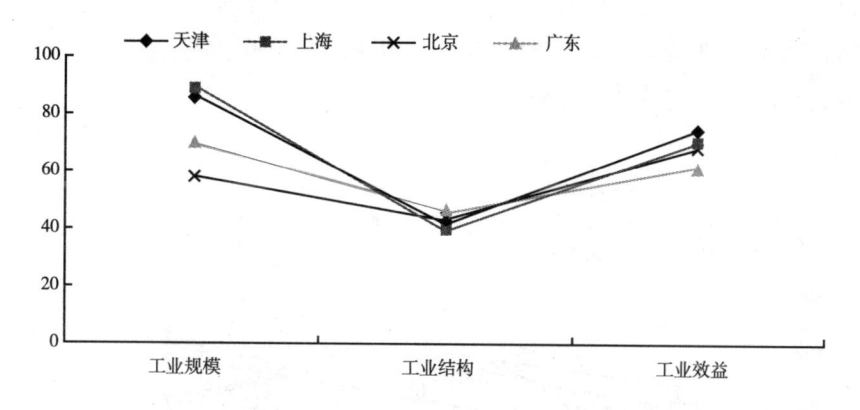

图35　"两化"融合硬度指数第一聚类

从图36可以看出，"两化"融合硬度指数第二聚类的辽宁、江苏、浙江、福建四省的三项细分指标基本遵循"一字形"发展趋势。虽然该类省份的工业规模、工业结构和工业效益呈均衡发展态势，但与第一聚类的省份相比，该聚类省份的工业结构发展较快，工业规模和工业效益稍有些落后。因此，该类省份在注重平衡发展的同时，还应努力提高工业的整体发展水平，在工业规模和工业效益方面赶超第一聚类省份。我们可以将此类省份的融合硬度发展归结为"发展均衡型"发展模式。

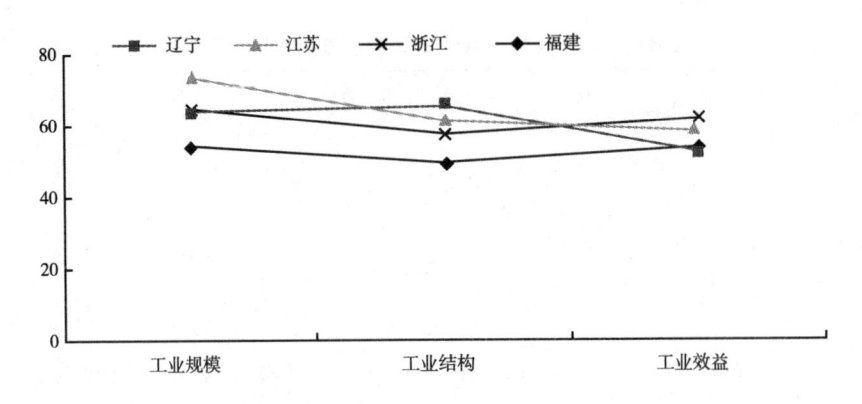

图36 "两化"融合硬度指数第二聚类

"两化"融合硬度指数聚类分析中第三聚类包含河南、河北、四川、内蒙古等在内的16个省份。整体来看，除山西省外，该类省份的工业规模发展程度为三项细分指标中水平最低的一项，工业结构和工业效益的发展水平相当。此类省份在后续发展中，要注重扩大工业规模，同时调整工业结构，提升高新技术产业的比重，提高工业效益，使三个细分指标齐头并进、快速发展。我们可以将此类省份的融合硬度发展归结为"规模趋缓型"发展模式。

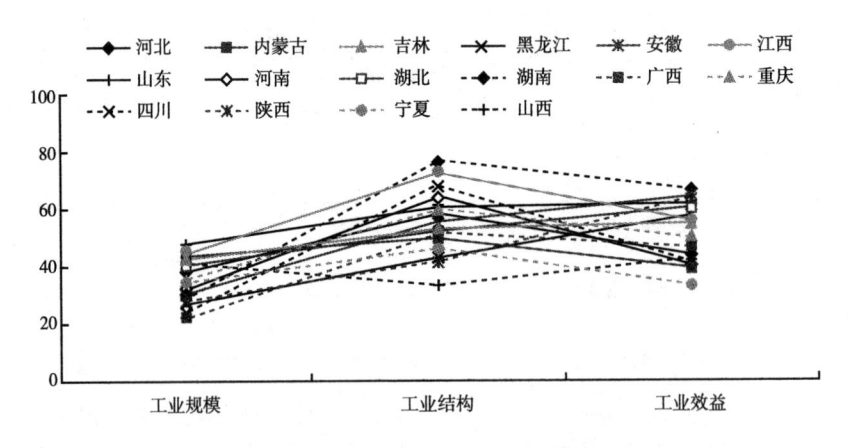

图37 "两化"融合硬度指数第三聚类

融合硬度指数聚类中的第四聚类包含海南、贵州、云南、西藏等7个省份，其发展共性为工业规模发展水平很低，绝对值均不超过30，其中西藏仅1.49，云南和贵州也都低于10，工业结构和工业效益的发展水平相对较高，与第三聚类中省份的发展模式相似。但是由于其整体发展水平低于前三大聚类，因此与其他聚类相应地拉开了距离。

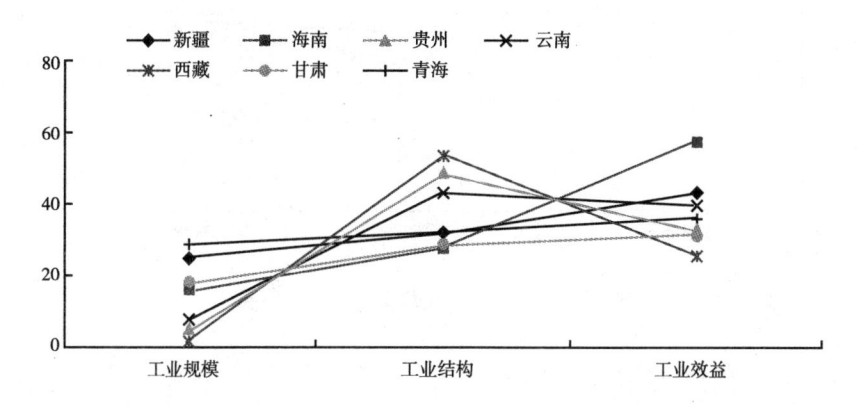

图38 "两化"融合硬度指数第四聚类

3. 2011年"两化"融合软度指数聚类分析

与"两化"融合综合指数聚类分析方法相似，对31个省份"两化"融合软度指数进行聚类分析，同样得到四个聚合分类，如表12所示。

表12 31个省份"两化"融合软度指数层次聚类

聚 类	所含省份
第一类	北京、上海、广东、江苏、浙江
第二类	天津、福建、重庆、海南、黑龙江、新疆、广西、河北
第三类	辽宁、陕西、山西、甘肃
第四类	山东、内蒙古、宁夏、四川、湖北、安徽、西藏、吉林、青海、贵州、湖南、河南、江西、云南

我国31个省份"两化"融合软度指数聚类分析中第一大类包含北京、上海、广东、浙江、江苏5个省市。图39反映出该类省市基础设施和环境支撑优势突出，产业发展相对落后，呈现"V"形发展势头。这说明，该省市基础设施建设水平很高，同时有优越的发展环境，但信息产业发展水平相对滞后，在后续的发展中应大力发展信息产业，从整体上提升信息化水平。因此，我们可以将该聚类所包含省份的融合软度发展总结为"基础设施、环境双驱动"型发展模式。

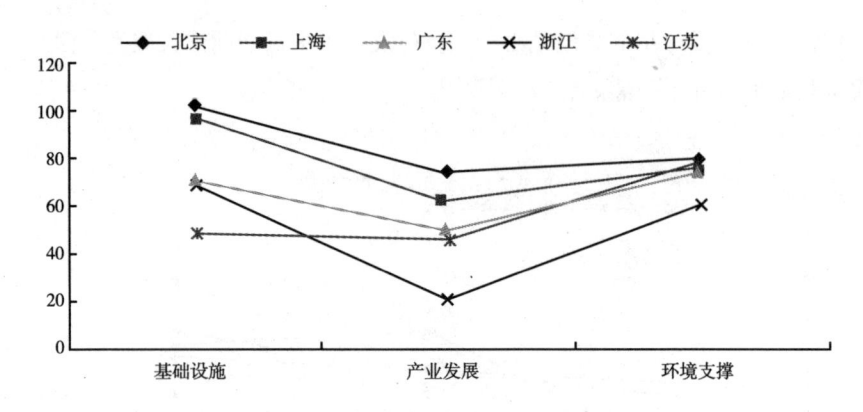

图39 "两化"融合软度指数第一聚类

"两化"融合软度指数聚类分析中第二大类包含天津、福建、重庆、海南等8个省市。从图40可以看出，这8个省市的基础设施发展水平在三个细分项中居于首位，但是环境支撑则发展相对缓慢，融合软度整体呈现逐渐下滑的发展趋势。说明该类省份在信息产业发展方面有一定的基础设施建设水平，但发展环境还需进一步完善。我们可以将此类省市融合软度发展状态总结为"基础领先、环境趋缓型"发展模式。

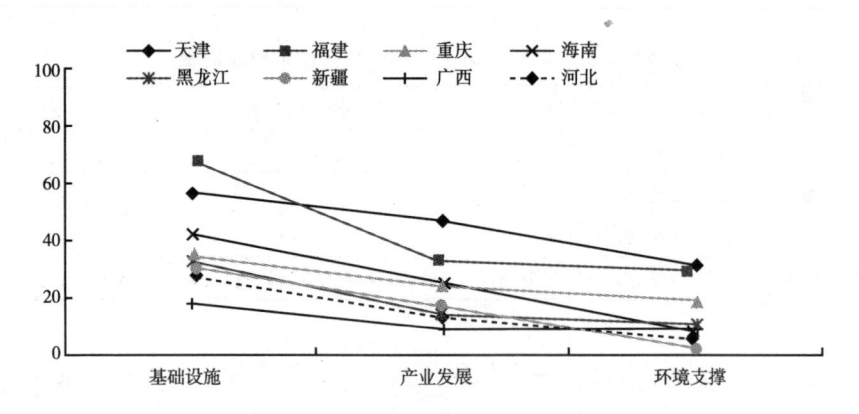

图40 "两化"融合软度指数第二聚类

融合软度指数聚类分析的第三大类包含辽宁、陕西、山西、甘肃4个省份。通过仔细观察图41，可以发现该类省份的发展模式与第一聚类所包含省份的发展模式极为相似，同样为基础设施和环境支撑优势突出，而产业发展相对滞后。但考虑到该类省份融合软度的三个细分项目的绝对数值与第一聚类省份差距较大，因此难于归为一类。该类省份在后续发展中不仅要注重产业发展，还要提高基础设施建设水平，优化发展环境，提供政策、技术、资金支持，为信息产业的发展提供有利条件。

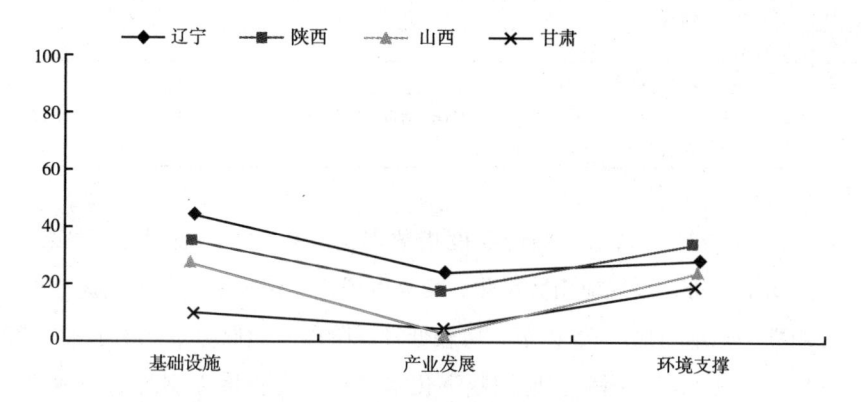

图41 "两化"融合软度指数第三聚类

"两化"融合软度指数聚类分析中的第四大类包含山东、内蒙古、宁夏、四川等14个省份。通过图42可以发现，该类省份的三项细分指标呈现倒"V"形发展态势。说明该类省份信息产业发展水平较高，但是，如不进一步完善信息产业发展所需的基础设施和环境支撑，其发展速度就会受到限制，信息化发展后劲不足，从而阻碍信息产业整体发展水平的提升。因此，此类省份的融合软度发展可以总结为"产业拉动型"发展模式。

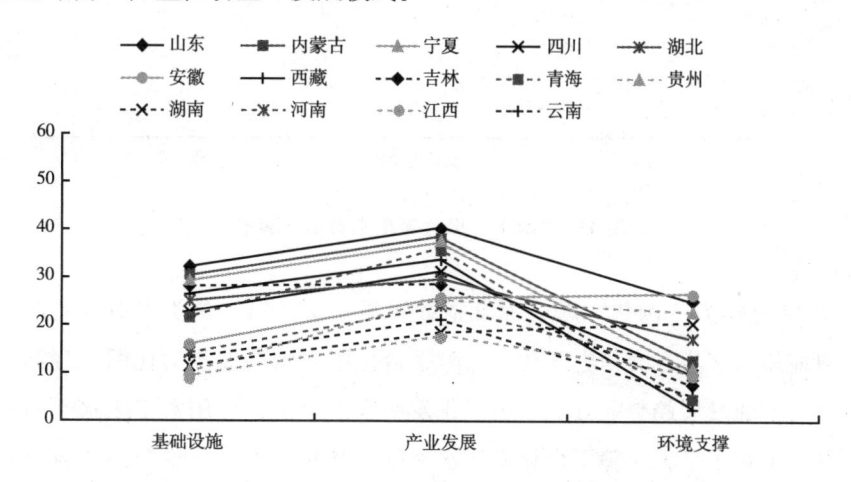

图42 "两化"融合软度指数第四聚类

4. 2011年"两化"融合深度指数聚类分析

表13　31个省份"两化"融合深度指数层次聚类

聚　类	所含省份
第一类	广东、北京、福建
第二类	上海、浙江
第三类	天津、重庆、江苏、山东、吉林
第四类	陕西、四川、湖南、辽宁、湖北、黑龙江、海南、河北、安徽、江西、山西、河南、云南、青海、贵州、甘肃、广西、新疆、西藏、宁夏、内蒙古

我国31个省份"两化"融合深度指数聚类分析中第一聚类包含广东、北京、福建3个省份，呈现应用数字化、交易电子化、保障平台化逐渐递增发展态势。应用数字化绝对值在55以下，属较低发展阶段，而保障平台化水平在70以上，属较高发展阶段。因此，应用数字化水平在一定程度上制约了"两化"深度融合的发展。此类省份在后续的发展中，应着力提升应用数字化的发展水平。我们可以将该类融合深度发展状况总结为"平台化领先、数字化趋缓"型发展模式。

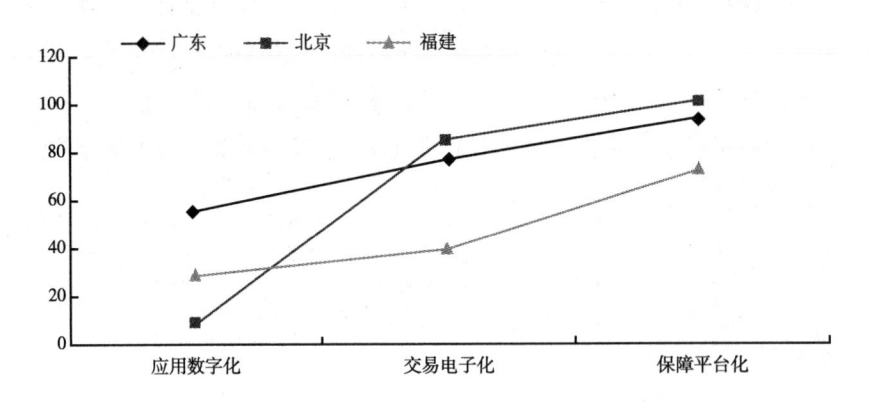

图43　"两化"融合深度指数第一聚类

图44是作为"两化"融合深度指数聚类分析的第二聚类上海、浙江两省市各自应用数字化、交易电子化、保障平台化绝对值的波折对比图，遵循先上升、再趋平的发展趋势。其交易电子化发展水平最高，应用数字化水平明显劣于交易电子化水平，保障平台化发展水平则与其相差不大。说明该类省市的交易电子化为"两化"深度融合提供了一定的基础，但应用数字化水平与交易电

子化差距较为明显，制约了融合深度的进一步发展。因此，可以将该聚类所包含省份的"两化"融合深度发展状态总结为"数字化起步、电子化拉升"型发展模式。

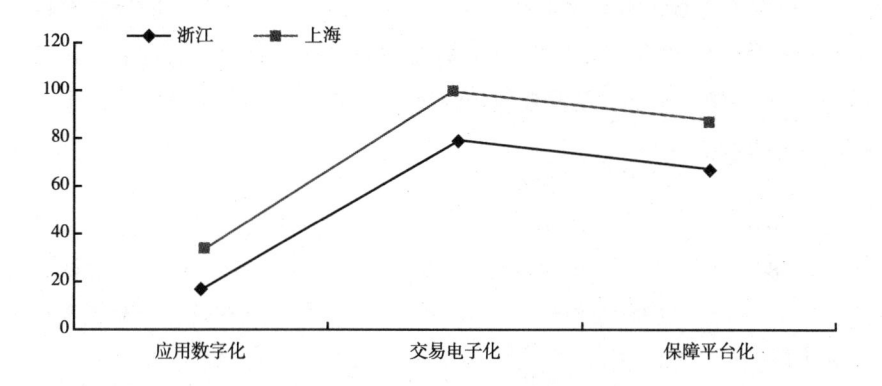

图44 "两化"融合深度指数第二聚类

"两化"融合深度指数聚类分析的第三聚类包含天津、重庆、江苏、山东、吉林5个省市。这5个省市除山东省呈现逐层下滑的发展态势外，其余4个省市基本遵循"V"形发展态势。但考虑聚类分析是综合三项的分布结构，为了保证类别内相似度最高，因此也可将山东省划分为第三聚类。这5个省市的应用数字化发展水平为三个细分项中最高的一项，为"两化"深度融合提供了一定的数字化基础。因此，可以将该聚类省市的"两化"融合深度发展状态总结为"数字化驱动"型发展模式。

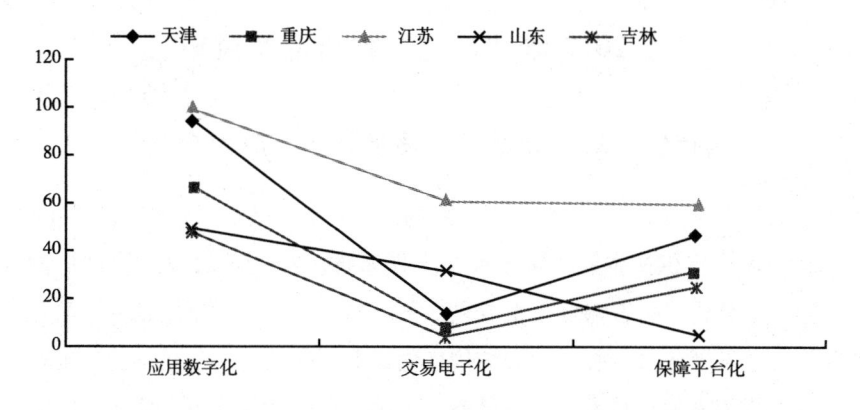

图45 "两化"融合深度指数第三聚类

"两化"融合深度指数聚类分析的最后一大聚类，所包含省份高达21个。这些省份中虽然有个别省份如河北等少数地区呈现逐层上升的融合深度发展结构，但从整体发展趋势来看，这21个省份均遵循"V"形发展模式。从图46可以看出，该聚类内省份的交易电子化发展水平很低，尚处于起步阶段。而目前各省份在保障平台化和应用数字化方面起步水平不一，说明我国各省份要想使"两化"融合向深度进展，就要在应用数字化、交易电子化和保障平台化三个方面加大发展的力度。

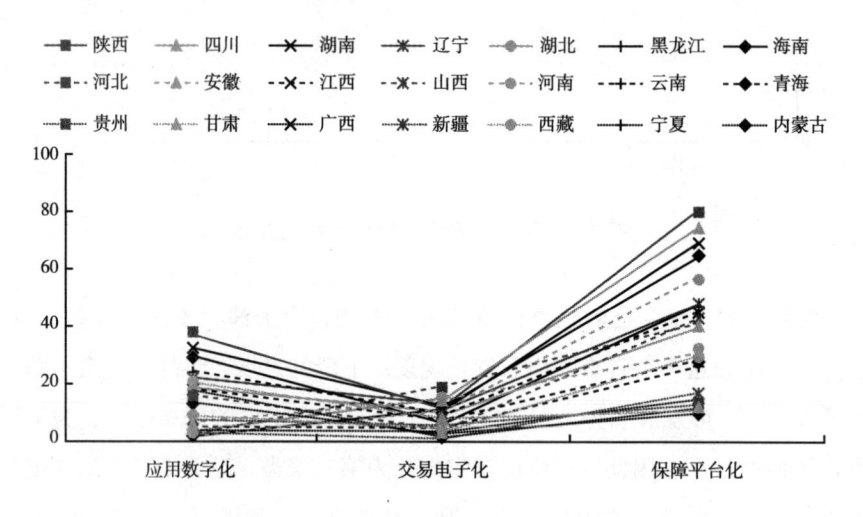

图46 "两化"融合深度指数第四聚类

三 2012年"两化"融合趋势展望

（一）中国特色：从"硬融合"逐步迈向"软融合"

"硬融合"阶段是"两化"融合初期，主要任务是大力提升工业化水平，为"两化"融合提供基本的物质条件和支撑条件。在这一阶段，信息化偏重于硬件应用，信息化水平普遍低于工业化水平。当工业化水平发展到一定阶段，信息产业产生并发展起来，整个社会的信息化水平不断提升；与此同时，工业发展本身也越来越依靠信息技术和相关服务的支撑，在这种情况下，信息化日益成为带动工业发展的重要力量,"两化"融合进入"软融合时期"。目前,中国的"两化"融合已经取得阶段性成果,逐步从"硬融合"阶段迈向"软融合"阶段,即"两化"深度融合阶段。

1. 实现"两化"硬融合跨越发展

(1) 制造业信息化得到迅速发展

目前,中国在计算机辅助设计(CAD)、计算机集成制造系统(CIMS)、数控机床、现场总线技术、敏捷技术以及工业控制等关键领域取得了重大进展。已经建立起来企业资源规划(ERP)、客户关系管理(CRM)、供应链管理(SCM)、商业智能(BI)、产品数据管理(PDM)、产品生命周期管理(PLM)、资产管理系统(EAM)等应用系统,实现了信息流、物流、资金流"三流合一",在降低成本、减少库存、提高产品质量等方面发挥了重要作用。大规模定制、精益制造、网络化组织、模块化生产等新型业务模式应运而生并蓬勃发展,降低了企业经营成本,提高了效益,促进了企业在生产、管理、销售等环节的创新。

(2) 信息化为我国能源、资源的有效供给提供了重要保障

石油石化工业的信息技术应用起步较早,信息化整体水平在全国具有一定的领先优势。目前,中石油等三大石油集团的信息化建设思路逐步清晰,并形成了包括生产操作控制层、生产执行层、经营管理层和企业管理层的完整信息系统应用体系,信息化技术已经渗透到生产的各个环节,生产效率得到大幅提升,为我国缓解能源、资源紧张局面,减少对进口的依赖发挥了重要作用。

(3) 信息化在节能减排方面发挥了重要作用

随着信息技术的快速发展,信息化为中国的节能减排工作提供了新的手段。在炼铁、炼钢、轧钢等工艺中,利用计算机控制技术,可以实现自动化、精确化生产作业,减少能源、原材料的消耗和污染物排放。在建材生产设备上,安装变频装置,可以有效节煤、节电、节水,减少污染物排放。在火力发电厂,利用计算机仿真技术对燃料掺烧比例、煤种、灰分等进行优化配置,可以使煤炭燃烧最充分。这就为减少环境污染、加快转变经济发展方式、实现节能减排目标提供了保证。

(4) 信息网络基础设施取得重大进展

我国向下一代信息网络基础设施演进的准备已经基本就绪,形成了世界最大

规模的高性能信息网络,电话用户数已超过12亿,互联网网民数超过5亿,村通电话比例和乡镇能上网比例均已达到100%,3G网络已覆盖全国大部分城镇,有线广播电视用户数超过2亿,三网融合取得实质性进展。目前,TD – SCDMA 的后续演进技术 TD – LTE 增强型已入选国际4G标准,并加快了产业布局,在北京、厦门等7个城市建设 TD – LTE 规模试验网。

2. 逐步迈进"两化"软融合阶段

(1) 信息化带动了生产性服务业的发展

生产性服务业,如现代物流业、信息服务业、金融服务业、中介代理服务业等,在"两化"融合中发挥着重要作用。近年来,许多制造业企业逐步将非核心业务外包出去,促进了生产性服务业的发展。国内各地积极引导技术服务、系统集成、现代物流等生产性服务业的发展,培育出了新的经济增长点。同时,根据产业集群特点,发展了面向产业集群的信息服务,提升政府服务水平,增强产业集群整体实力。表明我国的"两化"融合更加务实,更加注重紧贴行业、企业的发展。

(2) 电子信息产业取得重大突破

我国电子信息产业在重点领域取得重大突破,计算机、电子元器件、视听产品等骨干产业获得稳定增长,集成电路、新型显示器件、软件等核心产业的关键技术取得重大突破,在通信设备、信息服务、信息技术应用等领域培育出新的增长点。目前,我国已经在电子元器件、集成电器、新型显示器件、通信设备、新兴材料等领域获得了快速发展和突破,自主研发能力不断提升。

(3) 电子商务得到快速发展

目前,我国大部分骨干企业和重点行业都建立了电子商务平台,开展了网上采购和网络营销活动,实现了在线交易、支付及物流的一体化集成应用。电子商务快速发展,改造了传统业务流程,增强了产、供、销的协同运作能力,促进了生产经营方式由粗放型向集约型转变,提升了企业原材料采购和产品营销的效率。同时,电子商务与市场营销的融合提高了企业的市场响应速度和客户服务水平,促进了商业模式创新。

(4) 软件和信息服务业成为经济发展的助推器

目前,我国在计算机辅助制造(CAD)、供应链管理(SCM)、制造执行系统(MES)、产品全生命周期管理(PLM)、嵌入式软件等工业软件领域取得重大突破。同时,加大了移动互联网、云计算、物联网、三网联合等新兴网络软件的研发和应用力度,并且建立了软件和信息服务外包公共支撑平台,为软件产业的发展提供了重要支撑。物联网、云计算技术和服务、信息技术公共服务和外包服务等新兴信息服务业,为超过百万家企业提供了相关信息服务产品,帮助企业提高信息化水平,促进企业提升服务用户、快速响应市场的能力及加强内部管理、节约成本。

(5) 网络安全得到有效保障

"十一五"时期,我国网络与信息安全保障体系日臻完善,在维护国家安全和促进经济社会发展方面发挥了重要作用。目前,国家统筹协调、部门分工合作的网络与信息安全管理体制和工作机制基本形成;网络与信息安全基础设施不断加强,技术保障体系日益健全,技术研究和产业化取得重要进展,基础信息网络和重要信息系统防护水平明显提升,互联网安全管理不断强化,法制和标准化建设稳步展开,网络空间执法力度大幅度提高。

专栏1 "两化"融合的四个阶段

"两化"融合是一个历史的发展过程。根据工业化、信息化和一体化的发展曲线变化,结合世界各国"两化"融合演进过程,可以将"两化"融合分为四个阶段,即"两化"融合准备期(又称纯粹工业化期)、"两化"硬融合期、"两化"软融合期以及"两化"和谐发展期(又称"两化"帕累托融合期)[①]。

(一)"两化"融合准备期

第一阶段是"两化"融合准备期。工业化是从英国开始的。20世纪初,英美等发达国家普遍完成了工业化。这个阶段,ICT仍然处于萌芽状态,在工业和社会经济各层面的应用还不普遍。经济发展主要依靠工业化推进,因此,这个阶段又称纯粹工业化期。

(二)"两化"硬融合期

第二阶段是"两化"硬融合期。20世纪50~60年代,电子计算机、电信等信息网络逐渐普及。以ICT在工业化中得到普遍应用为标志,信息化与工业化开

---

① 朱金周:《电信业推动"两化"融合的基础条件和相关扶持政策措施建议》,《中国通信业发展报告(2009)》,人民邮电出版社,2010。

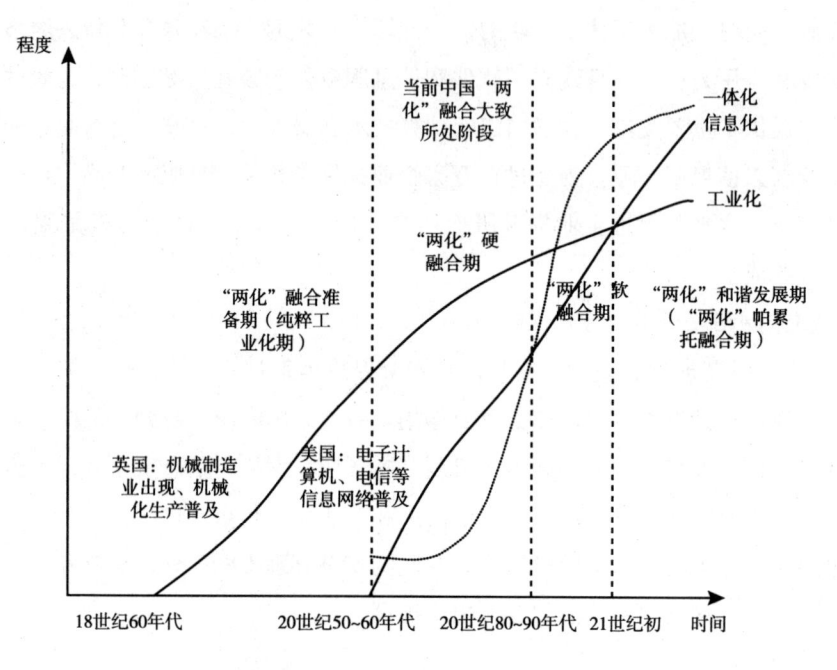

图47 "两化"融合的四个阶段

说明：由于各国和地区工业化进程不同，因此，"两化"融合所处阶段也不一样，本图大致反映工业化完成国家"两化"融合的历史进程，正在进行工业化的国家"两化"融合所处阶段普遍晚于工业化完成国家。

始融合发展。但是，在这个阶段，信息化偏重于硬件应用，设备系统等硬件设备在信息化中的比重偏高、应用能力跟不上。该阶段的标志是，信息化水平普遍低于工业化水平，且一体化处于更低水平。

（三）"两化"软融合期

第三阶段是"两化"软融合期。20世纪80年代以来，随着互联网等新一代ICT的大规模和广泛应用，信息化支出中设备系统等硬件设备支出占比逐渐下降。该阶段的标志是，信息化和工业化水平差距不断缩小，一体化水平持续上升。这个阶段得益于摩尔定律，即设备系统硬件等技术跨越式发展，而其价格大规模下降。ICT和信息应用逐渐成为企业高质量的、基础性的战略资源。

（四）"两化"和谐发展期

第四阶段是"两化"和谐发展期。ICT和信息资源成为工业装备、工业能力、工业素质、工业活动的内在要素。该阶段的标志是，信息化水平接近或者超过工业化水平，工业化和信息化紧密融合在一起，且一体化水平得到进一步提升。最终，工业化、信息化和一体化达到相对均衡状态，即帕累托均衡状态。所以我们也称这个阶段为帕累托融合期。

（二）"两化"融合趋势展望

"两化"深度融合是"两化"融合的继承和发展，不是另起炉灶，而是在"两化"融合实践的基础上，在一些关键领域进行深化、提升。

（1）更加关注"两化"融合集成深挖

我国"两化"融合建设经过单项系统的建设和应用阶段，正处于系统的集成应用阶段，并向信息资源的综合利用阶段发展。深度融合更加关注战略牵引，关注信息化条件下战略转型的方向和实施，深挖信息资源的价值，涉及集成框架、标准、规范、信息平台和能力平台等内容。

（2）更加关注"两化"融合创新发展

科技进步和创新是加快转变经济发展方式的重要支撑。支撑产业创新发展，要贯穿"两化"融合始终。深度融合是信息技术和产业本身创新的动力源泉，涉及技术创新、产品创新、知识创新、管理创新、理念创新和模式创新等多方面内容。

（3）更加关注"智能化"扩展

智能化发展是深度融合发展的新阶段和新趋势，是对已有"两化"融合建设和成果的全面应用、提升和飞跃发展，也是"两化"融合发展面临的新的战略机遇。要坚持需求导向、应用驱动的原则，依据已有的工作基础，综合利用传感技术、自动化、RFID、M2M等方面的经验和成果，统筹规划和布局，注意先导应用、技术攻关、产业发展、标准制定、网络布局、安全防范等问题，积极推进物联网在重点领域、重点行业、重点企业和重点业务环节的应用试点。

（4）更加关注绿色发展

伴随着我国工业化发展中日益严峻的资源和环境约束，需要逐渐转变原有高耗能、高污染、粗放式发展方式，深度融合是促进节能减排的重要举措和有效途径。节能减排不仅需要工业技术的不断进步，也需要信息技术的广泛应用，更需要工业技术与信息技术的有机结合，形成更为有效、更为先进的节能减排技术，

取得更多更广的节能减排效果。

(5) 更加关注生产性服务业发展

由"两化"融合催生的生产性服务业发展是衡量融合水平的重要标志之一。生产性服务业是服务业的重要领域，也是战略性新兴产业的重要组成部分，在"两化"融合工作中发挥重要作用，提升了各行业"两化"融合整体水平。在深度融合过程中，物流信息化和电子商务作为当前生产性服务业发展的重要领域，将对产业结构调整和优化升级发挥更加重要的作用，通过物流信息化实现精益生产和精益物流，优化供应链管理。同时，生产性服务业也是新一代信息技术的重要应用领域，物联网、云计算、移动互联网等信息技术将成为深度融合重要的技术牵引力。

(6) 更加关注面向产业集群的信息化应用

随着专业化分工的细化和标准化，在产品制造过程中，某一个环节分离出去形成专业化的独立企业，演进形成以中小企业为主体、特色产业为支柱、区域集聚为支撑的产业集群，例如，块状经济、工业园区、特色经济等。

总之，推进"两化"深度融合，基本点是对信息社会发展形势的清醒认识；着眼点是形成可持续发展和更加依靠信息资源发展的坚实基础、内生动力和新机制；着力点是加快经济社会各领域信息化，改造提升传统产业，加快培育战略性新兴产业，推动工业与生产性服务业协调发展，建立现代产业体系；基本原则是坚持以满足国民经济和社会发展紧迫需求为重点，坚持以信息产业发展为支撑，坚持应用创新和高水平发展，为转变发展方式作出重要贡献。

理 论 框 架
Theory Framework

B.2
"两化"融合的运行机制

一 "两化"融合的宏观机制——三大支柱

"两化"融合既有生产力属性、又有生产关系属性,其发展具有阶段性和客观性,我国对"两化"融合的本质理解、科学认识还不统一。科学认识是实践的基础和前提,"两化"融合需要明确三个发展规律:一是工业化发展规律;二是信息化发展规律,这两者是"两化"融合发展的基础和决定性要素;三是一体化发展规律。三个规律可以统一到"两化"融合的供求规律中。"两化"融合就是信息化供给与工业化需求相互渗透、相互依存、互为条件、共生共长,形成一体化均衡点的过程,进而构成了信息化和工业化水平循环提升、信息化持续追赶并最终超越工业化的大循环。由此,形成了支撑"两化"融合的三大支柱——融合硬度、融合软度和融合深度。

(一) 融合硬度——"两化"融合的基础标志

融合硬度的物质载体是工业化。从18世纪70年代英国率先发起"工业革命"开始,世界范围内的工业化实践已经走过200多年的历程。工业化是一个多层次多维度的概念,当前人们对工业化的理解主要有3个层次:第一层次(狭义），工业化就是工业的发展，是工业生产活动取得主导地位的历史过程；第二层次（中义），工业化就是产业化，即工业化＝农业产业化＋工业产业化＋服务业产业化；第三层次（广义），工业化就是经济社会转型的过程，即产业革命引发的一个从农业社会向工业社会转型的历史过程。总之，工业化不仅是农业、工业和服务业的产业化，也是一场经济社会转型的"革命"过程。在研究区域"两化"融合评估中，我们更多地将工业化界定为工业产业的演进发展过程。

全球工业化经历了产业革命、轻工业化、重工业化、高加工化之后，进入了后工业化时代。在这个过程中，产品的知识、技术含量不断提高。工业化的发展为"两化"融合提供坚实的载体，对"两化"融合起到了重要的基础支撑作用，是"两化"融合的基础标志。其主要内涵如下。

一是从产生上看，工业化是"两化"融合的源泉。信息基础设施建设、信息技术装备、重大应用工程、生产集成电路、通信设备和电子产品等，都需要以工业化的发展为载体和后盾。

二是从发展阶段上看，先有工业化后有"两化"融合。工业化是工业社会的集中体现，而"两化"融合是工业化发展到一定阶段才出现的一种发展形态。工业化是"两化"融合发展的必要条件。我国的工业化进程大致可以分为三个阶段，即工业化道路探索阶段（新中国成立前后至20世纪70年代末）；传统工业化道路阶段（20世纪70年代末至20世纪末21世纪初）；新型工业化（工业现代化）道路阶段（21世纪初以来）。实证研究表明，我国工业现代化进程正处于起步阶段。

三是从作用上看，工业化是"两化"融合的需求主体。随着经济社会的高速发展，工业化进程也加速发展，对"两化"融合发展提出了相应的应用需求，发展中国家发展传统产业，必须依靠高新技术加以改造，才能更好地适应社会经济更快地发展，才能与现实的生产力要求相协调。同时，市场需求向多样化、个性化的方向发展，企业为了获得竞争优势，必须在生产产品的过程中，有效地应用信息、自动化和现代管理等科学技术，才能生产出市场需求的高效、低耗、清洁、多样化的产品，才能保持企业在激烈竞争的市场环境中立于不败之地，这样就使信息获得了巨大的应用市场和发展空间。

（二）融合软度——"两化"融合的核心标志

融合软度的物质载体是信息化。与"两化"融合的动力所在——信息技术的融合相对应的，融合支柱中信息化为其核心拉动力量。1966年，日本科技界和经济研究机构在探讨信息产业和信息社会的发展问题时，率先提出"信息化"这一概念来描述人类社会的进化过程。信息化是一个多层次多维度的概念，当前人们对信息化的理解主要有三个层次：第一层次，信息化是伴随计算机网络的发展所带来的信息获取和交流方式的革命性变化，与此相联系的是"信息高速公路"，网络经济等概念。第二层次，信息化是继工业化之后的一种社会经济形态的演变过程。与此相联系的是后工业社会、信息社会等概念。第三层次，信息化是以计算机、互联网和移动通信为主要标志的信息技术、信息产品、信息获取和交流的手段及方法在社会经济中的运用和普及的过程，以及由此带来的人们的生产方式、工作方式、生活方式等方面的革命性变革。我国2006年发布的《2006~2020年国家信息化发展战略》也指出，信息化是充分利用信息技术，开发利用信息资源，促进信息交流和知识共享，提高经济增长质量，推动经济社会发展转型的历史进程。信息化已经成为提升工业产业生产效率和附加值、推进从生产型工业向服务型工业转变的不可或缺的重要手段。

融合软度指信息化水平，是"两化"融合中的供给方，也是"两化"融合的核心标志。从某一方面来说，"两化"融合就是工业经济逐步实现信息化的过程，是信息技术及相关服务不断应用到工业生产领域，促进工业发展方式转变，推动企业管理水平和生产效率提高，从而实现工业经济更好更快发展的动态融合过程。因此，信息化水平和信息产业的发展在"两化"融合进程中居特殊重要地位，是实现"两化"融合的关键和核心。主要内涵如下。

一是从产生上看，信息化是"两化"融合的支撑。融合硬度（工业化水平）为"两化"融合提供了基本的物质基础和支撑条件，也是"两化"融合初期（硬融合时期）所要完成的主要任务。当工业化水平发展到一定阶段，信息产业产生并开始发展，社会整体的信息化水平不断提高。与此同时，工业发展本身也越来越依靠信息技术和相关服务的支撑。在这种情况下，信息化日益成为带动工业发展的重要力量，"两化"融合逐步进入"软融合时期"，即工业经济的发展对信息技术和相关信息化手段的依赖度越来越大，信息化作为"助推器"、"倍增器"和"催化剂"，为工业化提供强大的技术支持和服务保障，从而促进工业化水平的大幅度提升。

二是从发展阶段上看，信息化与"两化"融合同时产生。信息化是信息社会的集中体现。信息化发展的过程，是一个新的观念和新的技术通过文化而不断扩散的过程。显然，这个过程不是"一蹴而就"的，而是一个"创新扩散"的过程。

三是从作用上看，信息化是"两化"融合的供给要素。信息化本身具有强大的生命力和推动力，信息化的迅速发展必然对各类信息装备和信息基础设施等产生新的巨大需求，而这些信息装备大部分需要工业中的装备制造业的加工生产来满足，因而将创造出巨大的工业市场规模，这必将加快工业化的发展。因此可以说，信息化为"两化"融合发展提供了强大的动力引擎。因此，信息化作为供给方，对工业化的供给水平因自身发展水平的不断变化而变化，而且也受工业化水平的反作用。将信息化发展水平作为"两化"融合维度之一，既是"两化"融合内在关系的理论要求，也是动力机制的内在根据。

（三）融合深度——"两化"融合的质量标志

融合深度的物质载体是一体化，所谓一体化就是工业化需求曲线和信息化供给曲线达到相对均衡状态的产物，是"两化"融合的直接绩效表现。一体化反映了"两化"融合的表现形式及其效益，即以一定的工业化和信息化水平为基础，市场活动主体自身的数字化水平和其与外部互动、连接的信息化、智能化的过程，比较典型的是企业内部流程信息化与电子商务等的发展。

融合深度作为信息化供给曲线和工业化需求曲线的均衡点，反映了"两化"融合的成效，决定了"两化"融合的深度，是"两化"融合的质量标志。一体化是融合深度的物质载体。主要内涵如下。

一是从产生上看，一体化是"两化"融合的结果和最终表现形式。融合深度反映了"两化"融合的最终绩效状况和实际价值。一体化作为供求双方追求动态均衡的产物，具有被动作用，随着工业化和信息化的发展而进步。

二是从发展阶段上看，一体化与"两化"融合同时产生，是"两化"融合的集中体现。"两化"融合是一个长期的历史发展过程。"两化"融合的不同阶段，工业化需求和信息化供给具有差异性，信息化内部构成也具有差异性。总体上看，随着"两化"融合的深入发展，工业化和信息化水平不断上升，其均衡点，即一体化水平也将不断上升，但是，一体化并不必然与信息化和工业化保持同步发展。

三是从作用上看,一体化是"两化"融合的均衡点要素。企业数字化应用程度不断加深。全球电子商务发展日新月异,应用创新和模式创新成果丰硕,电子商务与传统产业的深度融合,改变了企业的生产经营、销售及组织形态,正在突破国家和地区的界限,推动世界范围内的产业结构调整和资源优化配置,并加速经济全球化的进程。

二 "两化"融合的微观机制——投入产出分析

经济学中的供给与需求模型为创建"两化"融合的宏观模型提供了方法论基础,"两化"融合的三大支柱——融合硬度、融合软度和融合深度即由此展开。我们还可以从投入产出角度进一步探索"两化"融合的微观机制。投入产出分析的理论基础是瓦尔拉的一般均衡理论,这种理论认为经济通过供求关系和价格机制可以达到均衡,是经济体系在一般均衡下产业投入与产出的转化关系分析。利用投入产出的分析框架,分析我国整体和不同区域的"两化"融合系统内投入与产出数量间的依存关系,为编制"两化"融合发展规划和预测奠定基础。

(一)投入角度

早期的观点认为生产要素包括劳动力、土地、资本和企业家才能四种,随着科技发展和知识产权制度的建立,技术和信息也作为比较重要的生产要素。工业企业的所有生产要素投入中,用于信息化的生产要素的投入即是作为信息这一生产要素的成本。"两化"融合是指信息化和工业化的高层次的深度结合,"两化"融合的水平取决于信息化和工业化的高层次结合的水平。因此,工业企业用于生产经济信息的生产要素的投入占总生产要素投入的比重,就可以表示信息化和工业化的高层次结合的程度。某一工业企业用于信息化生产要素的投入占总生产要素投入的比重越大,则表明该企业的"两化"融合度越深。某一区域内的所有工业企业用于信息化的生产要素之和,占该区域总生产要素投入之和的比重,即可以表示为某一区域"两化"融合的程度。比重越大,表明此区域"两化"融合程度越深。同理,属于某一产业的所有工业企业用于信息化的生产要素之和占该产业总生产要素投入之和的比重,即可以表示为某一产业"两化"融合的程

度，比重越大，表明该产业"两化"融合程度越深。计算公式可以表示为：

$$con_i = \frac{f_i}{F_i}$$

其中，con_i 表示"两化"融合度，"两化"融合度的取值在 [0，1] 之间，当融合度值为1时，表示"两化"完全融合，当融合度值为0时，则表示"两化"完全不融合。f_i 表示用于信息化的生产要素的投入，F_i 表示总生产要素投入。上述公式中的生产要素可以为劳动、资本和技术，具体可以为人才、知识、资金、设备和技术等。

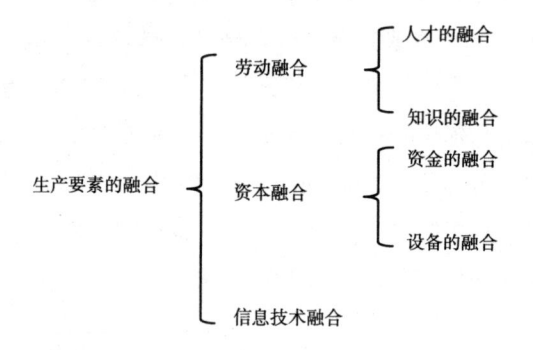

```
                         ┌ 人才的融合
              ┌ 劳动融合 ┤
              │          └ 知识的融合
生产要素的融合┤          ┌ 资金的融合
              ├ 资本融合 ┤
              │          └ 设备的融合
              └ 信息技术融合
```

1. 劳动的融合——"两化"融合的隐性支柱

劳动的融合包括人才的融合和知识的融合。人才的融合指在"两化"融合的背景下，企业对人才信息技能的需求不断提高。不仅仅是信息产业，各个工业行业的各个部门都需要掌握基本的信息应用技术，尤其是电子计算机的应用。技术的融合也要求人才的融合，随着技术融合不断推进，企业雇佣的劳动者需要掌握更多的信息开发和应用技术，劳动者需要掌握更多的信息技术。美国先进制造研究公司（AMRC）的报告指出，实施信息化的障碍70%来自于人，一是人才的匮乏影响信息化的进程，二是人对信息化的抗拒影响信息化的质量。[1] 根据我国工业企业的基本国情，众多企业信息化进程缓慢的重要原因在于企业对生产能力相关岗位的重视程度远远超过对信息化岗位的重视程度。

知识的融合主要指企业在组织中构建的量化和质化的知识系统中工业相关知

---

[1] 胥军：《中国信息化与工业化融合发展的影响因素及策略研究》。

识和信息相关知识发生的融合。知识可以是显性的，也可以是隐性的。通过知识管理，不断获得工业和信息融合产生的新知识。经过不断整合，整个产业的知识体系得到升级，工业化和信息化融合产生的新知识不断应用到各个产业中，为社会创造新的价值。

2. 资本的融合——"两化"融合的实体保障

资本主要分为资金资本、设备资本。资金资本方面的融合，主要指资金投入的融合。资金投入的融合指企业在资金投入中生产投入资金额和信息投入资金额之间的显著的正相关关系，企业不可能将资金全部用于生产投入，而是将资金更多地投入到信息化。同时，信息化也能够促进金融服务业的发展，提高金融服务业的服务水平，金融服务业为信息化提供资金来源，互相促进，共同发展。

工业设备上的融合，主要指信息化提升工业设备的技术水平，工业技术水平的提高促进信息化设备技术水平的提高。工业设备应用信息化技术之后，可以达到智能化、数字化和网络化，大大提升设备利用率、精度、生产效率以及可操作性。工业技术水平的提高，促使生产信息化设备的工业设备的效率及技术含量提高，使信息化设备的技术水平随之提高。

3. 信息技术的融合——"两化"融合的动力所在

自从电子计算机的普及应用以及与现代通信技术有机结合以来，信息技术在人们生活和工作中的作用越来越重要，信息技术产业在国民经济中的地位也日渐提高。走新型工业化道路，实行"两化"并举，是党和政府针对我国国民经济发展确定的一项重要战略。在实行"两化"并举、推进"两化"融合的过程中，信息技术有着不可替代的优势，可以把信息技术看做"两化"融合的一大动力。

（1）信息技术的优势

高扩散性。信息技术的转移、延伸、扩展，以及技术与产业之间相互影响、相互聚集非常快速和强烈。由于信息技术的多样性，可以应用到的行业和领域非常广，对各行业的影响力也非常强，同时，信息技术对信息产业和其他产业具有非常强的带动性，无论是在产业内部还是在产业外部，都可以产生技术集结和产业聚集效应，带动区域和产业的群体经济发展。

高创新性。信息技术的创新越来越频繁，带来的竞争程度和替代速度异常快速。由于信息技术具有高度的创新性，使得信息技术的竞争程度和替代速度大大高

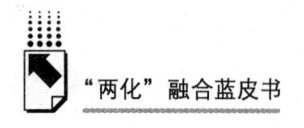

于其他技术，又正因为更新速度快、竞争激烈，任何企业或组织要想保持信息技术领域的技术优势，必须不停地进行信息技术创新，这样便形成了一个良性循环。

高收益性。信息技术生产过程中的低消耗、高产出、高附加值。信息技术产业基本上是运用信息资源和智力劳动，信息资源的边际成本是非常低的，可以重复使用，而智力劳动是一种高效率的劳动，所以信息技术具有非常明显的高收益性。

高兼容性。信息技术在技术标准上具有高度的兼容性。因为信息技术往往在实际应用时需要多个或多种信息技术配合使用或组合成一个新的完整信息技术系统，才能发挥最大的经济效益，单独的某种信息技术孤立应用，往往不能发挥很好的作用。

由于信息技术本身的改进潜力巨大，并需要与其他领域的技术变化配合，因而它对经济增长的影响不是一下子实现的，往往要经历比较长的时间。此外，作为通用技术的一种，其意义并非为特定问题提供最终的完美解决方案，而是在其他领域的技术支持下，起着为其他领域的改进提供开放机会的作用，通过这种方式，放大了信息技术创新的影响，并向整个国民经济扩散。

（2）理论溯源

在产业经济学的多种理论和前人的研究中，都把信息技术作为"两化"融合的内生动力。新经济增长理论中将"技术进步"归为带动社会经济增长的重要内生因素，解释了经济长期增长的原因。内生经济增长理论同样将"技术进步"摆在提升经济发展水平的重要位置，认为内生的技术进步是经济增长的源泉和决定因素。产业创新理论认为技术的创新与扩散过程是提升产业整体水平的过程。

从"两化"融合的角度来看，"两化"融合本身就是工业化、信息化以及二者的融合，这都涉及信息技术的发展和应用。可以说，信息技术的发展不仅是"两化"融合的技术基础，同时也决定了"两化"融合的深度。

从技术进步的内涵出发，信息技术的发展与应用是"两化"深度融合的核心驱动因素，这主要有四点表现。第一，信息化的技术导向模式明显，在社会活动中更为普遍地采用信息技术，更加充分有效地开发和利用信息资源，前沿技术将对信息化产生革命性的影响。第二，信息技术在国民经济中的应用以信息资源的利用为核心内容，以信息网络为承载基础，以信息产品和服务为直接形式，全方位立体化呈现。第三，"两化"深度融合是信息技术对传统生产方式的改造以及在产业发展中的应用过程，同时伴随着产生大量新技术、新产业形态、新生产生活方式以及新管理制度。第四，"两化"深度融合不是信息技术与工业化的简单叠加，而应是以信息技术为切入点，将之融合到工业化的各环节、各层面。

(3) 信息技术在"两化"融合中的作用

一是，信息技术引导工业技术升级和流程改进。信息技术对工业技术升级和流程改进的引导有着持久而连续的发展历程。从计算机集成制造系统的概念提出，到企业管理信息化系统的应用，发展到如今利用互联网技术广泛地开展电子商务活动。可以说近几十年来世界主要国家，尤其是发达国家工业效益和效率的一步步提高都离不开信息技术日益广泛的应用。

二是，信息技术引导服务业现代化。信息化是在工业化的基础上发展起来的，但是信息技术的发展和服务业密不可分，从信息通信产业的兴起来看，它得益于现代经济增长中与科学相关技术的广泛运用和服务业的兴起的汇合；就信息技术的供应而言，随着产业的成熟，其越来越向服务部门倾斜。尤其是生产性服务业，由于其首要功能便是为市场的交易提供包括交通、通信、金融等基础设施服务，生产性服务业越是发达，市场也就随之越能有效运转。因此，通过信息技术的有效融合，带动生产性服务业效率的进一步提升，使之成为提高社会整体经济效率的基本手段。

三是，信息技术全面推进社会信息化进程。信息化是当今世界经济和社会发展的大趋势，信息化水平已成为衡量一个国家和地区现代化水平的重要标志。目前，许多国家都在加快信息化建设步伐。抓住世界信息技术革命和信息化发展带来的机遇，大力推进国民经济和社会信息化。发达国家在信息化推进过程中，充分将信息技术应用在社会经济发展的方方面面，涉及关系国计民生的重要基础设施建设、能源资源的更加有效利用和分配以及民生事业建设中。

（二）产出角度

1. 产品和业务流程

产出是指企业生产过程中创造的各种有用的物品或劳务，产出可以具体分为产品和业务流程。"两化"融合后，不仅信息产品和工业产品发生融合，生产信息产品的业务流程与生产工业产品的业务流程也发生了融合。工业企业的产出中属于信息化的产出与总产出之间的比重，就可以表示信息化和工业化的高层次的结合的程度。比重越大，则表明该企业的"两化"融合度越深。某一区域内的所有工业企业属于信息化的产出之和，占该区域总产出之和的比重，即可以表示为某一区域"两化"融合的程度，比重越大，表明此区域"两化"融合程度越深。同理，属于某一产业的所有工业企业属于信息化的产出之和，占该产业总产出之和的比重，即可以表示为某一产业"两化"融合的程度，比重越大，表明该产业"两化"融合程度越深。计算公式可以表示为：

$$con_i = \frac{o_i}{O_i}$$

其中，con_i 表示"两化"融合度，"两化"融合度的取值在 [0，1] 之间，当融合度值为 1 时，表示"两化"完全融合，当融合度值为 0 时，则表示"两化"完全不融合。o_i 表示工业企业的产出中属于信息化的产出，O_i 表示总产出。上述公式中的产出可以具体为产品和业务流程。

产品融合：主要指信息产品、信息技术与工业产品的融合。信息产品与工业产品的融合主要是指将信息相关设备直接加入工业产品中，信息技术与工业产品的融合指将信息技术应用到工业产品中，以此增强工业产品的性能。信息产品和信息技术与工业产品的融合没有非常明确的边界，很多情况下既是产品与产品的融合，也是技术与产品的融合。

业务流程融合：业务流程指企业生产有形产出和无形产出过程中的一系列活动。所谓业务流程的融合主要是指企业在设计、生产、销售和管理等环节应用信息技术或者信息产品和服务。企业同时应用工业化生产和信息化生产，产生了具备工业化和信息化生产特点的新的生产方法，使业务流程能够更加顺畅地运行，使总业务流程和各个子流程之间的合作关系更加紧密，促使企业提高生产效率。

2. 产业视角

"两化"融合是工业化和信息化的融合，根据产业视角，产出涉及三个方面：工业产出、信息产业产出和新产业产出。工业产出为信息产业产出和新产业产出提供物质基础，信息产业产出带动工业产出和新产业产出，工业产出和信息产业产出共同促进了新产业的产出，伴随而生的还有其二者自身结构的优化。

工业产出：工业产出指通过工业的生产过程所生产的各种产品，包括生产资料和生活资料。生产资料用来满足生产的需要，如钢铁、机械、机器、肥料等；

生活资料用来满足人们的生活需要，如食品、服装、家用电器、教育、娱乐等。工业产出中的生产资料为"两化"融合提供物质基础，工业产出中的生活资料为"两化"融合提供核心动力。工业产出中的生产资料可以作为信息产业投入的生产要素，主要是进行生产时所需要的资源或工具，工业生产资料是信息社会进行物质生产必备的物质条件。工业产出的生活资料供给对象是整个社会人口，是整个社会存续的基础。工业产出中的生活资料是工业和信息产业劳动力的必需品，用于满足本行业和信息产业的劳动力的物质和文化生活需要。

传统工业化已经不能满足社会的需求，社会进步本身要求工业产出的技术含量、质量和效率不断提高，这就要求信息技术提高和改善工业技术，实现设计、生产、营销和管理的信息化应用，实现科技含量高、经济效益好、资源消耗低、环境污染少、人力资源优势得到充分发挥的新型工业化。表现在工业产出不仅仅是规模上的增长，而且包括产出结构的优化、产出质量的改善。

信息产业产出：信息产出指与信息相关的、在生产过程中创造的各种有用的物品或劳务，包括有形的产出和无形的产出。有形的信息产出包括通信设备、数字电视、移动电话等有形产出，无形的信息产出包括信息咨询、信息服务和数据处理服务等。

信息化自身的发展要求"两化"融合，具体原因在于：信息化的发展一是源于自身的发展需求，二是源于工业化的发展需求，而信息化的产出在很大程度上是为优化工业产出的规模、质量和结构服务的。"两化"融合的过程中，信息产出和工业产出发生了融合，不仅包括有形产出的融合，也包括无形产出的融合。有形的信息产出为工业产出的业务流程提高了效率，为工业产出的产品提高了质量；无形的信息产出优化工业产出的业务流程，提高工业产出产品的技术含量，为工业产出的方向和规模提供理论支撑，优化工业产出的结构。

新产业形态产出：工业化与信息化互相推动的过程中，工业化和信息化产业边界模糊化，产业关联程度提高，在融合的同时影响着不同产业之间的产业结构，其中对产业结构最具影响力的就是新产业衍生。新产业衍生的本身是由于信息化和工业化融合带来的新的生产和消费的需求。新产业的产出本身替代了消费者和企业原有的需求，同时激发消费者和企业产生新的需求。新兴的融合型产业的衍生必然导致部分原有传统的工业产业或信息产业的转型升级或消亡，促进产业升级和优胜劣汰。

(三) 投入—产出

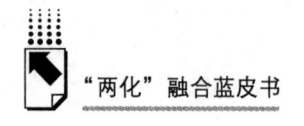

1. "两化"融合的投入产出模型

工业化与信息化融合的最重要目的之一是实现经济增长。根据投入要素的使用量,可以得出生产函数:

$$Q = f(L,K,A,I,N)$$

式中,各变量分别代表产量、投入的劳动、资本、技术、信息和土地,其中土地是固定的,所以简写为:

$$Q = f(L,K,A,I)$$

Cobb-Douglas 生产函数是由数学家柯布 (C. W. Cobb) 和经济学家道格拉斯 (Paul H. Douglas) 于 20 世纪 30 年代提出来的,由于其简单的形式和体现的经济意义而被广泛使用。根据 Cobb-Douglas 生产函数:

$$Y = A(t)L^{\alpha}K^{\beta}\mu$$

式中,Y 表示工业总产值,$A(t)$ 代表不同时期的工业技术水平,L 是投入的劳动力的数量,K 是投入的资本数额,一般指固定资产总值。α 是劳动力产出的弹性系数,β 是资本产出的弹性系数,μ 是随机干扰的影响。从 Cobb-Douglas 生产函数可以看出其认为决定工业总产出的决定因素包括技术、劳动力和资本,但是没有包括经济信息这一重要因素。而且不同时期的技术水平难以测量,考虑将技术投入代替技术水平放入公式中,并将经济信息这一生产要素加入公式中,可以得到包含信息生产要素的生产函数:

$$Y = L^{\alpha}K^{\beta}I^{\gamma}A^{\delta}\mu$$

式中,I 表示工业企业用于生产经济信息的生产要素的投入额 (生产要素视角),或工业部门中的信息产业投入额 (产业视角)。γ 是信息这一生产要素产出的弹性系数,γ 这一弹性系数越大,表示信息对于工业产出的贡献率越大,即工业化与信息化融合程度越高。

加入了信息因素的 Cobb-Douglas 生产函数不仅考虑了与信息相关的投入额,也考虑了与信息相关的产出额;并且此生产函数在考虑了技术、劳动力和资本的贡献率的同时,考察信息的工业产出贡献率,即在技术、劳动力和资本不变的情况下，信息投入对于工业产出的贡献率。这种信息对工业产值的贡献率测算去除了技术、劳动力和资本三种生产要素投入的影响，是相对科学的计量方法。

在实际的测算中，可以将模型转化为：

$$Ln(Y) = Ln(C) + \alpha Ln(K) + \beta Ln(L) + \gamma Ln(I) + \delta Ln(A) + \mu \tag{1}$$

根据上述回归模型，可以应用广义最小二乘法估计出相应的系数，计算出劳动、资本、技术和信息的产出弹性，分析劳动投入、资本投入、技术投入和信息投入在工业产出中的贡献率，分析信息投入与其他生产要素的投资回报率差异。

式（1）发生在"两化"融合的初期，信息化投入已经成为影响工业经济总量的重要因素，并且随着融合的深入，影响程度逐渐增大，模型表现为系数 γ 不断增大。随着"两化"融合不断深入，工业投资对工业经济总量的影响要依赖于信息化投资，这时模型的形式将发生变化：

$$Ln(Y) = Ln(C) + \alpha Ln(K) + \beta Ln(L) + \gamma Ln(I) + \varepsilon Ln(L) \times Ln(I) + \delta Ln(A) + \mu \tag{2}$$

如果 $\varepsilon > 0$，则工业投资对工业经济总量的影响系数为 $\beta + \varepsilon Ln(I)$，升高了 $\varepsilon Ln(I)$；信息化投资对工业经济总量的影响系数为 $\gamma + \varepsilon Ln(L)$，升高了 $\varepsilon Ln(L)$。这表明工业化和信息化融合后产生的效果是相互促进的。

2. 新产业衍生

工业化和信息化融合之后的结果就是出现了新的产业或新的增长点。随着融合不断深入，工业和信息业的产业边界开始模糊，尤其是技术、产品、业务甚至市场的不断融合，便产生了新的技术、新的产品、新的业务和新的市场，即"两化"衍生出了新的产业。新产业既属于工业，又属于信息业，所以衍生出新产业的投入可以成为比较独立的一项加入模型中：

$$\begin{aligned}Ln(Y) =\ & Ln(C) + \alpha Ln(K) + \beta Ln(L) + \gamma Ln(I) + \varepsilon Ln(L) \times Ln(I) \\ & + \theta Ln(I') + \delta Ln(A) + \mu\end{aligned} \tag{3}$$

式（3）中，为"两化"融合后产生的新业务对工业产出的影响系数。新业务的衍生发生时间可能是在"两化"融合的初期，也可能是在"两化"融合的中后期，其产生主要取决于技术基础、市场需求等因素。

B.3
"两化"融合的评估体系

一 指标设定

（一）融合硬度的指标设定

作为"两化"融合中的需求方，融合硬度描述的是工业化发展状况，更多强调区域工业发展的高度及质量水平，并以此探讨工业化对"两化"融合在需求上的支撑作用。融合硬度是"两化"融合体系的一个子系统，由规模、结构和质量三位一体构成。基于此，我们认为融合硬度主要包括工业规模、工业结构和工业效益三个方面。

1. 工业规模

与工业化进程相适应，一个国家或地区工业增长遵循一定的规律。工业规模是一个综合性较强的概念，在本评估体系中工业规模更多强调区域工业发展的层级水平，主要由人均 GDP 和城镇化率来表示；以及工业对国民经济和社会发展的贡献，主要由工业增加值占 GDP 比重和工业就业人口占总就业人口比重体现。

2. 工业结构

调整和优化产业结构是推动工业发展的重要任务，也是衡量区域工业化水平的重要方面。在本体系中，主要从产业结构、资本结构以及拉动结构几方面来衡量，包括高技术产业占比、小企业产值贡献率、私营企业产值贡献率和内需贡献率评估指标。

3. 工业效益

融合硬度是质和量的辩证统一体，而工业发展质量就是在保持合理增长速度的前提下，更加重视工业发展的效益。产业经济学理论揭示，工业结构从重工业化、高加工度化到技术集约化呈现阶段性规律变化趋势。环境和资源是工业发展的"终极约束"，新型工业化道路就是要形成绿色工业生产体系，保证工业与环境的协调发展。因此,产品附加值与科技含量不断增高、坚持绿色低耗发展是工业效益提升的重要标志。

(二) 融合软度的指标设定

作为"两化"融合中的主要供给方,融合软度描述的是信息化发展状况,并以此投射出信息化对工业化在信息基础设施、软件配备和技术服务上的支撑推动作用。融合软度是区域"两化"融合评估体系的一个子系统,由基础设施、产业发展和环境支撑三位一体构成。

1. 基础设施

信息化遵循"梅特卡夫法则",即网络的价值等于网络节点数的平方。网络基础是工业企业信息化、区域信息化普及与应用不断推广和加深的必要前提,缺少完备的网络基础便无法保证信息技术的有效渗透与支撑,工业企业信息基础设施水平、区域通信水平、互联网接入能力等信息化规模奠定了"两化"融合的坚实基础。衡量区域网络基础水平主要包括工业企业局域网拥有率、工业企业门户网站拥有率、工业企业计算机普及率、信息化生产装备普及率、居民家庭平均每百户家用电脑拥有量、移动电话普及率、网民普及率、互联网(宽带)普及率、每万人局用电话交换机容量、每万人移动电话交换机容量等评估指标。

2. 产业发展

信息化是充分利用信息技术,开发利用信息资源,促进信息交流和知识共享,提高经济增长质量,推动经济社会发展转型的历史进程。因此在信息化过程中,信息产业自身的发展壮大是必要的推动条件,同时信息技术的演进及其对工业化的支撑与提升也是信息化作用的重要表现。对于信息产业的评估考量主要从其在国民经济中的比重、自身的产业效益与新兴信息产业的发展等方面入手,具体包括信息产业增加值占比、信息产业从业人数占比、信息产业全员劳动生产率、物联网云计算等新兴信息产业收入占比与工业信息化投资占比等评估指标。

3. 环境支撑

信息化是在全社会范围内推广、深入的概念,因此信息化的推演过程也需要社会整体提供相应的支撑环境,才能更好地培育信息产业、发展信息技术、推动信息化进程。本体系中对于信息化环境的评估主要集中在社会科技环境、信息化消费与投资环境和信息安全环境等方面,具体包括技术市场成交额、国内专利年

授权数量、信息消费系数、人均通信业务收入、平均IP病毒感染量、网络犯罪率等评估指标。

(三) 融合深度的指标设定

作为"两化"融合中供求平衡的交点，融合深度描述的是一体化发展状况，以此探讨一体化对信息化供给与工业化需求渗透作用的效果，重点反映工业行业将信息化装备与手段应用到生产经营管理销售流通各个流程环节，以及政府对此给予的信息化支持，是区域"两化"融合的具体绩效表现。融合深度是区域"两化"融合评估体系的子系统，主要由工业行业的应用数字化、交易电子化和保障平台化三位一体构成。

1. 应用数字化

"两化"融合作用的重点之一便是企业内部流程数字化，其主要工作和直接表现结果毫无疑问涉及企业内部设计、生产、集成、管理、内部流通等各个环节。通过应用这些融信息技术和先进管理理念于一体的信息系统，来整合企业资源、优化业务流程、提高生产效率、节约交易成本，以此实现企业信息化水平和综合竞争能力的有效提升。无论是从我国目前的工业化进程和水平来说，还是从企业信息化过程中的绩效以及暴露出来的各种问题来看，都说明信息化与工业化融合的必要性与紧迫性，而深化应用信息系统是"两化"融合的重要组成部分和直接应用实践。

2. 交易电子化

近年来我国"两化"融合的一体化程度快速提升，出现了一批高水平的应用成果，电子商务的发展从无到有，逐步追赶并缩小与世界发达国家和地区的差距，加速了经济、社会、文化等信息化进程。截至2010年底，我国网络零售交易总额为5131亿元，是2009年的近两倍，较2007年翻了七番，约占2010年社会商品零售总额的3%。因此，"两化"融合表现在电子商务的发展潜力巨大，对国民经济的辐射倍增作用明显增强。本体系对于交易电子化的评估主要包括重点工业企业电子商务交易额占比等评估指标以及重点工业企业电子商务交易额、网商交易额、网商规模、网商密度、网商交易额比率等参考指标。

3. 保障平台化

推进信息化与工业化有效融合，需要社会给予相应的环境支撑以保证工业企业在融合过程中的重点难点问题得到有效解决，同时也反映了政府信息化的实施效果，是"两化"融合绩效的重要评估内容之一。本体系对于保障平台化的评估主要从公共信息服务平台搭建与应用情况，以及在推动"两化"融合方面的电子政务实施情况展开测评，具体包括大中型企业公共服务平台平均拥有量、小型企业公共服务平台平均拥有量和公共服务平台建设资金投入占比等评估指标，以及政府网站上可实现网上提交/申请的业务占比、电子政务业务平均处理周期和电子政务网站交互性及公众满意度等参考指标。

根据以上监测评估体系的设定思路以及各项一级、二级指标的选取说明，"两化"融合评估指标体系包括三个层级：一级指标包括3个大类，分别反映融合硬度、融合软度和融合深度；二级指标包括9个中类，分别在融合硬度、软度、深度基础上各自展开；三级指标共61个，尽可能全面、精练、细致地反映"两化"融合的发展情况（见表1）。

二 具体指标

表1 "两化"融合发展程度评估指标体系

一级指标	二级指标	三级指标	指标类型	数据来源	备注
融合硬度	工业规模	工业增加值占GDP比重	评估指标	统计数据	
		工业就业人口占总就业人口比重	评估指标	统计数据	
		人均GDP	评估指标	统计数据	
		城镇化率	评估指标	统计数据	
	工业结构	高技术产业占比	评估指标	统计数据	
		小企业产值贡献率	评估指标	统计数据	
		私营企业产值贡献率	评估指标	统计数据	
		内需贡献率	评估指标	统计数据	100-出口交货值占销售比重
	工业效益	工业增加值率	评估指标	统计数据	
		工业成本费用利润率	评估指标	统计数据	
		单位主营业务收入上缴税金	评估指标	统计数据	
		全员劳动生产率	评估指标	统计数据	
		工业企业平均工资增速	评估指标	统计数据	
		有科研机构的大中型企业占比	评估指标	统计数据	
		工业企业R&D投入占主营业务收入比重	评估指标	统计数据	
		新产品产值率	评估指标	统计数据	

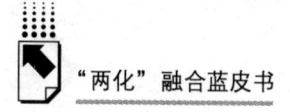

续表

一级指标	二级指标	三级指标	指标类型	数据来源	备注
融合硬度	工业效益	单位工业增加值能耗	评估指标	统计数据	
		单位工业增加值电耗	评估指标	统计数据	
		单位工业增加值用水量	评估指标	统计数据	
		单位工业增加值化学需氧量、二氧化硫排放量	评估指标	统计数据	
		单位工业增加值氨氮、氮氧化物排放量	评估指标	统计数据	
		工业固体废物综合利用率	评估指标	统计数据	
融合软度	基础设施	工业企业局域网拥有率	评估指标	调查数据	
		工业企业门户网站拥有率	评估指标	调查数据	
		工业企业计算机普及率	评估指标	调查数据	
		信息化生产装备普及率	评估指标	调查数据	
		居民家庭平均每百户家用电脑拥有量	评估指标	统计数据	
		移动电话普及率	参考指标	统计数据	
		网民普及率	参考指标	统计数据	
		互联网(宽带)普及率	参考指标	统计数据	
		每万人局用电话交换机容量	参考指标	统计数据	
		每万人移动电话交换机容量	参考指标	统计数据	
	产业发展	信息产业增加值占比	评估指标	统计数据	近似由通信业、软件业、信息产业制造业、广电产业、信息服务业加总
		信息产业从业人数占比	评估指标	统计数据	近似由通信业、软件业、信息产业制造业、广电产业、信息服务业加总
		信息产业全员劳动生产率	评估指标	统计数据	信息产业制造业劳产率
		物联网、云计算等新兴信息产业收入占比	评估指标	统计数据	
		工业信息化投资占比	评估指标	统计数据	
	环境支撑	技术市场成交额	评估指标	统计数据	
		国内专利年授权数量	评估指标	统计数据	
		信息消费系数	评估指标	统计数据	居民消费中通信+教育+文娱
		人均通信业务收入	评估指标	统计数据	
		平均IP病毒感染率	评估指标	统计数据	
		网络犯罪率	评估指标	调查数据	

续表

一级指标	二级指标	三级指标	指标类型	数据来源	备 注
融合深度	应用数字化	工业软件占软件收入比重	评价指标	统计数据	
		主要行业数字化设计工具普及率	评价指标	调查数据	
		主要行业关键工艺流程数控化率	评价指标	调查数据	
		主要行业大中型企业ERP普及率	评价指标	调查数据	
		财务、办公信息化率	评价指标	调查数据	
		CRM、仓储、进存销信息化率	评价指标	调查数据	
	交易电子化	重点工业企业电子商务交易额占比	评价指标	统计数据	
		重点工业企业电子商务交易额	参考指标	调查数据	
		网商交易额	参考指标	统计数据	网商发展规模指数
		网商规模	参考指标	统计数据	
		网商密度	参考指标	统计数据	网商发展经营水平指数
		网商交易额比率	参考指标	统计数据	
	保障平台化	大中型企业公共服务平台平均拥有量	评价指标	调查数据	
		小微型企业公共服务平台平均拥有量	评价指标	调查数据	
		公共服务平台建设资金投入占比	评价指标	调查数据	
		政府网站上可实现网上提交/申请的业务占比	参考指标	调查数据	
		电子政务业务平均处理周期	参考指标	调查数据	
		电子政务网站公众满意度	参考指标	调查数据	

三 评估方法

评估方法力求简明规范、便于操作，以量化分析为主，形成定量和定性相结合的评估结果，客观反映区域"两化"融合水平和发展情况。

（一）赋权方式

由于评估指标较多，且为均衡考虑各项指标对区域"两化"融合效果的作用影响，本体系采用平均赋权方式处理。

（二）数据处理

由于各项指标存在量纲的差别，数值可能相差几个数量级，因此首先要对数

据指标进行无量纲化处理。无量纲化处理有多种方法，为了保证处理以后各指标值的可比性、可加性，我们采用直线型无量纲化处理方法中的归一化法，又叫极值法，其基本原理是：将各指标的原始数值处理后，统一规化为［0，1］之间的数值，该值的大小反映了原指标数值的大小（数量大小、信息差异），公式如下：

$$X'_i = \frac{X_i - \min\{X_i\}}{\max\{X_i\} - \min\{X_i\}}(i = 1,2,\cdots,n)$$

其中，X'_i 是各指标处理后的标准值，$\max\{X_i\}$、$\min\{X_i\}$ 分别是各指标的原始最大值、最小值。这样处理后，各指标的数值均处在［0，1］之间，具有同一性，可以方便地进行加总、计算，得出总分。

此外，考虑到一小部分指标是"逆向指标"，就是指标数值越大越"不好"，例如单位产值能耗、成本等，这就需要首先对其进行"同趋化处理"，使转化后指标数值的大小跟其"好坏"程度成正比，具体方法如下：

$$X'_i = \frac{\max\{X_i\} - X_i}{\max\{X_i\} - \min\{X_i\}}(i = 1,2,\cdots,n)$$

这样处理后，"逆向指标"数值就由"越小越好"变为"越大越好"，且保留了原始值的信息差异；同时，指标数值仍处于［0，1］之间，方便和其他"正向指标"处理后的标准值进行比较、加总、计算，得出所有指标的综合得分。

（三）计量模型

要准确、规范、合理地评估各地区的"两化"融合发展水平，不但要有恰当、科学、可行的指标体系和完备翔实的数据，构建科学、合理的评估模型（评测模型）也至关重要。如果把一个指标评测项目比做人体的话，那么指标体系是骨架，数据是血肉，而评估模型就是贯通整个人体的血管和筋脉——正是评估模型把指标体系和数据连接到了一起，打通了整个报告的"经脉"，使建立在指标体系基础上的数据得以利用和升华，从而得到最有价值和思想的"大脑"部分——评估结果及分析结论和建议。

根据所研究问题的具体特点，并参考相关领域其他课题的评估模型，我们提出了"两化"融合发展程度综合得分指数模型，如下所示：

$$S_{总} = \sum_{i=1}^{n} X_i \times P_i (i = 1,2,3\cdots,n)$$

其中，$S_{总}$ 表示一个地区"两化"融合发展程度的总得分，i 表示指标的个数，对计算总分来说，这里 $n = 3$，二、三级指标的计算也类似；X_i 表示各个具体指标的得分或处理后标准值（对三级指标而言）；P_i 表示各个指标的权重系数，这里为了客观分析、发现影响"两化"融合的"关键指标"，我们采用了平均赋值法，所以各指标的权重系数 = 1/该指标所在层次的指标总数。

（四）计量方法

根据对各指标无量纲化处理的结果——指标标准值，对各省份的各底层指标（三级指标）数据进行加总计算，由三级指标向上逆推，依次计算出各二级指标、一级指标的得分，并以此为依据进行后续评估分析。

（五）数据来源

数据的质量——准确性、可靠性和完整性，在很大程度上决定了最终评测结果的可信度和价值量，只有获得大量准确、可靠、权威、完整的数据资料，并对其进行科学合理的处理和分析，才能保证得出科学、准确、有价值的结论和结论建议。所以，必须要充分重视数据的获取和处理工作，认真严谨，一丝不苟，保质保量，从源头上保证评测工作的准确性、可信性和可靠性。

数据的搜集和筛选是本报告的基础性工作。本报告全部采用客观指标，主要来源于《中国统计年鉴》《中国信息年鉴》《中国信息产业年鉴》《中国电子信息制造业年鉴》《中国电子商务年鉴》《中国科技统计年鉴》《中国环境统计年鉴》和《中国信息安全年鉴》等；部分数据还来自于《中国通信统计年度报告》等年度报告以及国家统计局、工业和信息化部等政府部门的相关统计数据。

区域评估
Regional Evaluation

B.4
北京市

一 区域经济概况

2011年,北京市地区生产总值(GDP)达到16000.4亿元,按可比价格计算,比上年增长8.1%。三次产业结构依次为0.85:23.40:75.75,第三产业占比继续扩大。2011年北京市工业增加值达到3039亿元,并逐步通过创新驱动实现工业转型发展。2011年北京市信息化进程继续向纵深推进,成为北京服务主导、高端引领的产业结构调整中的重要产业。2012年,北京市发布《智慧北京行动纲要》,全面提升经济社会信息化应用水平,推动北京加快迈向信息社会。

二 综合评估分析

2011年北京市"两化"融合综合指数为72.81,位列全国第2,名次较

2010年①下降一位。北京市融合硬度指数为55.54，位列全国第9，名次较上年提升一位；融合软度指数为91.78，位列全国第1，名次与上年持平；融合深度指数为64.40，位列全国第3，名次较上年下降一位。

从雷达图1可以清晰看出，构成融合硬度的"工业规模、工业结构、工业效益"三个细分维度中，工业结构在各省市比较中处于中下游水平，规模、结构、效益呈现小"V"形态势。构成融合软度的"基础设施、产业发展、环境支撑"三个细分维度中，其信息产业发展虽然较另两个维度相对较弱，但仍处于全国领先水平。构成融合深度的"应用数字化、交易电子化、保障平台化"三个细分维度中，应用数字化相对薄弱，而后两个维度均在全国处于领先位置。

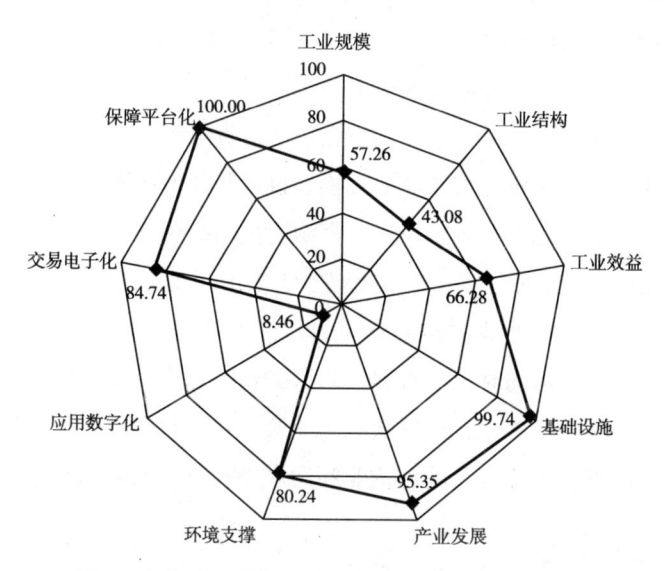

图1 北京"两化"融合进程评估细分维度雷达图

三 三大支柱评述

（一）融合硬度

在融合硬度的推进过程中，2011年北京实现工业增加值3039.0亿元，比上

---

① 基于"两化"融合理论创新和评估指标体系优化，本报告对《中国"两化"融合发展报告（2011）》有关2010年中国区域"两化"融合的评估结果进行了系统调整。特此说明。

年增长7.4%。其中，规模以上工业增加值增长7.3%。[①] 北京已形成由电子信息产业、汽车制造业、通用设备制造业、专用设备制造业、生物医药制造业等五个重点工业行业为支柱的工业体系。2011年规模以上工业企业实现利润总额1119.9亿元，同比上升10.3%；实现税金总额856.5亿元，同比增长10.4%。

工业规模方面，北京在人均GDP及城市化率方面均在各省市中处于领先地位。人均GDP直接反映了北京的区域经济水平，86%[②]的城市化率则在很大程度上说明其工业化建设已发展到较深入水平，是工业活动投影到人口空间分布的直接体现。

工业结构方面，北京在高技术产业占比优势明显，这与近年来北京为应对世界新一轮产业结构加快调整、发达国家"再工业化"等新挑战，采取的推行产业结构深度调整、增强科技创新支撑引领作用等一系列措施关系紧密。但同时也应看到，北京工业结构中私营企业、小企业产值贡献率在各省市中相对较低，这与北京的五大主导行业所要求的产业规模、投入与技术水平直接相关。

工业效益方面，北京在科研投入、资源消耗与绿色环保等方面均在全国各省市中处于上游或中上游水平，在一定程度上反映出北京工业转型效果显现，更加注重高端引领，提升制造业的核心竞争力，突出强调新型工业化发展的创新驱动、绿色发展轨道。但同时也应看到，北京工业的经济效益水平在全国各省市中处于中游甚至中下游水平，突出反映在工业成本费用利润率、单位主营业务收入上缴税金横比较低，这也与目前制造业利润水平相对较低的现实相符。

（二）融合软度

在融合软度的推进过程中，2011年北京移动电话普及率超过131%，互联网（固定）宽带普及率超过27%[③]。2011年北京软件和信息服务业实现营业收入3476亿元，同比增长18%，增加值1420亿元，同比增长17%[④]。北京信息技术创新及其产业化能力不断提升，新一代移动通信技术研发、应用和产业化在区域

---

① 数据来源：《2011年北京市国民经济和社会发展统计公报》。
② 2010年北京市城市化率达到86%，数据来源《中国统计年鉴2011》。
③ 依据工信部年度统计数据与北京第六次人口普查公布数据计算得出。
④ 数据来源：北京市经济和信息化委员会，http://www.beijingit.gov.cn/rjyxxfwy/cyfzsj/201202/t20120227_22800.htm。

内迅速壮大。

基础设施方面，北京在各省市横比中具有较为明显的领先优势，含工业企业门户网站拥有率、各项通信普及率在内的多项指标均在全国领先，基础设施综合服务能力的提升，直接为企业"两化"融合与城市功能提升奠定基础。

产业发展方面，北京信息产业各项规模、效益指标均处于全国上游甚至领先水平。电子信息作为北京发展城市经济的支柱产业之一，同样也是北京服务主导、高端引领的产业结构深度调整的重要支撑，其产业规模不断扩大，2011年完成软件产品收入1107.5亿元，同比增长18.2%；信息系统集成服务收入764.5亿元，同比增长17.2%；信息技术咨询服务收入263.9亿元，同比增长17%[①]。

环境支撑方面，北京信息化消费环境较为优越，在全国处于领先地位，这与其强大的基础设施建设以及区域经济水平较高相关。同时，北京技术市场交易额规模较大，为信息化提供了良好的技术交易平台。但其国内专利年授权量较低，这与北京自身城市规模相关。

（三）融合深度

在融合深度的推进过程中，2011年北京电子商务交易额持续增加，软件产业营业收入达2946亿元。信息技术应用的覆盖面、渗透率明显提高，全方位融入经济运行、社会管理和公共服务各环节，电子商务成为北京的主要经济活动形式。

应用数字化方面，北京作为中国软件与信息服务业之都，工业软件发展势头良好，拥有数码大方、神舟软件、石化盈科等一批龙头企业，工业软件的云服务平台、车联网平台解决方案、装备制造业整体信息化方案等产品和解决方案是建设"智慧北京"的重要保障。其中，2011年北京市嵌入式系统软件收入74.1亿元，同比增长8.7%。

交易电子化方面，北京电子商务活跃程度在全国各省市处于上游水平，特别是在网商密度与活跃度等方面名列前茅。这不仅得益于北京良好的经济基础、商

---

① 数据来源：北京市经济和信息化委员会，http：//www.beijingit.gov.cn/rjyxxfwy/cyfzsj/201202/t20120227_ 22800.htm。

业环境、信息化设施建设，其物流水平也在很大程度上支撑其电子商务发展。

保障平台化方面，北京政府网站绩效水平在全国处于领先水平，其电子政务业务处理效率与公众满意度水平较高。北京着力推进以服务型政府为中心的北京电子政务建设，已建成涵盖经济发展、城市管理、科技文化、社会服务、党政事务等各个领域的政务核心业务信息系统，建立了较为完善的市区两级信息资源共享交换体系，城市管理网络化实现快速发展，同时推动城市实现精细管理。

四 融合推进建议

北京区域经济基础较好，传统工业在经过一系列转型改造后，正逐步迈向现代工业体系。北京信息化基础较好，信息产业规模大、技术强，同时也是我国新一代信息技术发展的领先区域。良好的融合硬度、融合软度基础，加之北京未来大力增强科技创新支撑引领、推动产业高端化发展、提高服务业发展水平的定位，使其"两化"融合更加定位于高端工业的融合转型、助推都市产业升级的融合应用以及中关村示范区的融合创新。

（一）深化信息化和工业化融合，构建现代产业体系

北京工业经过一系列转型变革，已重点聚焦于高端制造业发展。未来需加大中关村示范区"1+6"政策及相关配套措施落实力度，着力推进科技创新和成果产业化，进一步支持新一代移动通信技术研发、应用和产业化、促进物联网创新发展，运用信息技术带动制造业转型，大力支持新能源汽车研发和产业化，加快电动汽车充换电服务网络建设，深入实施生物医药产业跨越发展工程等，以战略性新兴产业重点项目为依托，不断创造新的经济增长点，增强信息化对传统工业和战略性新兴产业的支撑，推动新型工业体系建设。

（二）深化信息服务领域融合，着力打造"北京服务"品牌

北京着力打造全球资源配置的信息枢纽、国家创新驱动的网络引擎、城市运行顺畅的智能典范、文化传承永续的智慧摇篮，实现"数字北京"向"智慧北京"的全面跃升，这便要求信息技术与北京服务业深度融合，加快建设与不断完善现代服务体系。下一步应建成覆盖城乡的高速光纤宽带网络，搭建科技创新

平台，推动信息技术在金融、物流、公共安全、生产性服务业及文化创意产业等重点服务行业的应用，运用移动互联网、物联网、云计算等信息技术和应用，提高服务业管理效率。

（三）加快电子商务创新发展，增强经济网络辐射能力

北京强劲的虚拟消费能力正逐步改变工业社会传统的消费体系。在这种信息社会的机遇下，未来应鼓励企业不断优化和创新电子商务模式，培育服务全国的电子商务服务集群，支持电子商务高端咨询、信息服务、技术研发和外包服务企业的发展，在物流、金融、信用、公共信息、电子商务工程等领域成为辐射全国的服务中心。进一步扩大电子商务应用范围，面向行业的共性需求，打造全程电子商务平台，建立与中国特色世界城市相匹配的新型交易市场，成为全球网络经济交易的重要节点。

B.5
天津市

一 区域经济概况

2011年天津市GDP达到11190.99亿元，按可比价格计算，比上年增长16.4%，增幅继续在全国保持前列。三次产业结构依次为1.4∶52.5∶46.1，第一、二、三产业分别增长3.8%、18.3%、14.6%，第二、三产业占比继续扩大。工业总产值完成21523.32亿元，增长28.7%。规模以上工业总产值20857.72亿元，增长29.2%，其中轻、重工业比为1.7∶8.3，战略性新兴产业开始起步，产业带动和辐射效应不断扩大。

二 综合评估分析

2011年天津市"两化"融合综合指数为59.63，位列全国第6，名次较2010年下降一位。天津市融合硬度指数为66.84，位列全国第1，名次与上年持平；融合软度指数为46.43，位列全国第6，名次与上年持平；融合深度指数为51.81，位列全国第6，名次较上年下降三位。

从雷达图1中可以清晰看出，构成融合硬度的"工业规模、工业结构、工业效益"三个细分维度中，工业结构在各省市比较中处于中下游水平，规模、结构、效益呈现明显"V"形态势。构成融合软度的"基础设施、产业发展、环境支撑"三个细分维度中，其环境支撑发展较另两个维度相对较弱，但仍处于全国中上游水平。构成融合深度的"应用数字化、交易电子化、保障平台化"三个细分维度中，应用数字化位列全国第2，后两个维度相对较弱，在各省市比较中处于中下游水平。

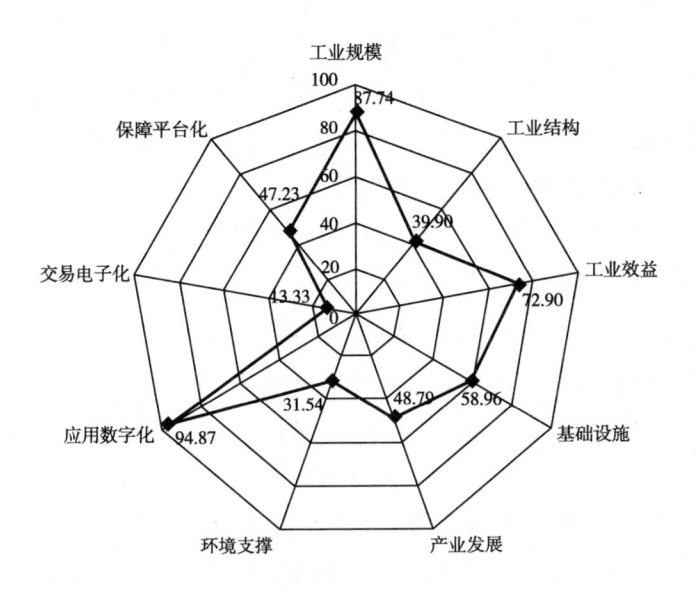

图 1　天津"两化"融合进程评估细分维度雷达图

三　三大支柱评述

（一）融合硬度

在融合硬度的推进过程中，2011年天津实现工业增加值5380.53亿元，比上年增长19.3%。其中，规模以上工业增加值4783亿元，增长29.2%[①]。天津优势产业引领工业较快增长的优势明显，已形成由航空航天、石油化工、装备制造、电子信息、生物医药、新能源新材料、轻纺和国防等八大优势产业为支撑的工业体系，完成工业总产值18881.52亿元，增长29.0%，占全市规模以上工业总产值的比重为90.5%。高新技术产业产值完成6487.93亿元，占规模以上工业的31.1%。

企业效益持续增加。全年规模以上独立核算工业企业完成主营业务收入20711.91亿元，同比增长26.5%；实现利税总额2777.58亿元，增长42.0%，

---

① 数据来源：《2011年天津市国民经济和社会发展统计公报》。

其中，利润1669.26亿元，增长39.5%。

工业规模方面，天津在工业就业人口比重、人均GDP与城市化率方面均在各省市中处于优势地位。人均GDP直接反映了天津的区域经济水平，较高的城市化率在一定程度上说明天津已开展了较为深入的工业化发展。2011年天津工业总产值完成21523.32亿元，增长28.7%。规模以上工业总产值20857.72亿元，增长29.2%，工业发展势头强劲。

工业结构方面，天津市小企业和私营企业产值贡献率较全国各省市偏低，而高技术产业占比全国第4，这与天津政府实施的产业政策有密切关系。天津紧紧围绕构筑高端化、高质化、高新化、现代产业体系，加大结构调整力度，以大项目建设为支撑，以科技创新为动力，努力促进三次产业优化升级，不断提高经济发展的质量和水平，致使天津市产业聚集效应进一步显现。航空航天、石油化工、装备制造、电子信息、生物医药、新能源新材料、轻纺、国防科技等八大优势支柱产业对工业增长的贡献率达到90%，其中新能源、新材料、生物技术与健康、新一代信息技术等战略性新兴产业迅速发展，航空航天、装备制造、石油化工等产业聚集区形成规模，国家级高新技术产业化基地达到19个。

工业效益方面，天津工业效益水平在全国各省市排名中处于领先位置，反映出天津在进行结构升级及发展优势支柱产业的同时，也注重科研投入、资源与绿色环保，由此产生的绿色效益和技术效益，降低了工业成本费用利润率，增加了产品附加值，这也反映出天津产业结构调整效果明显。

（二）融合软度

在融合软度的推进过程中，天津市入选"国家级电子商务示范城市"，2011年全市互联网普及率达55.6%，全市网民达719万人，网络购物人数达432万，网络购物活跃度位居全国前10[①]。

基础设施方面，天津基础设施建设指标在全国处于中上游位置，天津在居民平均电脑拥有量、网民普及率、移动电话普及率等指标方面在上游靠前位置，说明天津在个人信息服务业方面发展良好，相应基础设施建设良好。而工业企业门户网站拥有率却在中下游位置，相对其经济发展，天津企业信息化的应用处于迟

---

① 资料来源：天津津洽会，http：//news.enorth.com.cn/system/2012/05/14/009222769.shtml。

缓状态，在工业的信息基础设施建设方面有待提高。

产业发展方面，天津是全国重要的电子信息产业基地，产业总体水平处于国内前列，排名位列第4。经过多年发展，电子信息产业已经具备了一定规模，形成了通信设备制造、新型元器件、数字视听等优势领域和手机、片式元器件、显示器、数码照相机等重点产品，建设了一批独具特色的产业聚集区，对拉动天津经济持续快速发展起到了重要作用。"十一五"时期，电子信息产业作为天津工业的优势支柱产业保持了平稳发展态势，对增加税收、拉动就业、扩大出口、降低能耗发挥了重要作用。

环境支撑方面，天津市信息化消费环境较为优越，在全国排名第3，这与其强大的基础设施建设以及区域经济水平较高相关。另外，滨海新区已经成为国内外最具活力的投资热点区域，新阶段开发开放步伐的加快，将加速国际国内资本、技术和企业向新区聚集，为天津市电子信息产业营造资金、技术、人才等生产要素高度聚集的产业发展环境。

（三）融合深度

在融合深度的推进过程中，2011年天津市融合深度综合指标位列第5，网络零售总额突破100亿元，比2010年增长5%。据统计，2011年天津市7200多家有经营业绩的外贸企业中已有4732家进入电子商务平台开展业务，2011年外贸企业利用电子商务平台完成出口额近700亿元。信息技术应用的覆盖面、渗透率得到提升，并在软件领域取得重大突破。

应用数字化方面，天津市在全国各省市处于领先水平。天津不断提升软件等信息技术在工业领域、社会生产领域的融合，在嵌入式软件、软件服务外包、数据计算及存储服务、信息安全软件、工业和行业应用软件等领域取得重大突破，并围绕云计算、物联网、社交网络平台等新兴产业，重点发展基于物联网的传感技术服务业务、无线射频识别（RFID）、高效分析优化决策的智慧系统、智能电网、环境智能监测、能源智能管理、移动互联网业务、社交应用等软件。

交易电子化方面，天津电子商务活跃程度在全国各省市处于中下游水平，特别是在网商规模、密度与活跃度等方面都比较落后。从整个数据指标来看，天津在电子商务方面的后发力量不足，需要政府及企业增加相应人力、财力投资，以信息化建设带动天津信息产业及电子商务整体水平跃升。

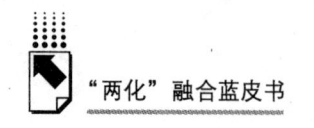

保障平台化方面，天津政府网站绩效水平在全国处于中下游水平，其电子政务业务处理效率与公众满意度水平较低。这与天津市电子政务建设方面的政策环境和管理体制不完善，在电子政务建设资金上投入总量不足、缺乏统一管理，政府网站建设不能满足公众需求，信息资源共建、共享进展缓慢等有直接关系。

四 融合推进建议

（一）以大项目推动产业高端发展，打造特色产业集群

密切关注产业发展趋势，在新一代移动通信、核心元器件、高端通用芯片、光电子、电子基础材料、物联网、信息安全、人工智能等领域，引进一批市场前景广阔的大项目，依托天津高校、科研院所的研发优势突破一批核心技术，推动战略性新兴产业做大做强，提升产业水平。在重点产业聚集区内，规划一批特色产业园区，创新招商模式，承接产业链、产业集群的整体转移，打造在物联网、信息安全、人工智能、航空电子、汽车电子等领域的特色产业集群。

（二）技术创新推动产业发展

在集成电路、软件、新型元器件、汽车电子、物联网、信息安全等重点领域加快建设公共技术服务平台，重点推动技术开发平台、产品验证测试平台、公共服务平台的建设。构建以企业为主体、产学研相结合的技术创新体系，加快引进知名研究院所，推动与企业间的技术转移，引导有实力的大企业组建产业联盟，开展产业共性关键技术的研发，制定产业标准，通过技术创新推动产业发展。

（三）完善产业链条，推进产业持续发展

着眼于未来产业发展和产业整体升级的需要，围绕产业链核心环节，引导产业垂直整合，打造完整产业链，增强产业发展后劲。在半导体材料、汽车电子、高性能计算机服务器等优势领域，做大做强内资企业和企业集团，培育骨干企业，促进产业规模发展。在新一代移动通信、新型元器件、集成电路、软件、物联网等领域，重点引进国际、国内龙头企业，注重产业链向高端延伸，充分发挥其带动和集聚作用，完善产业配套，做大做强产业链。

B.6 河北省

一 区域经济概况

2011年河北省GDP达到24228.2亿元，按可比价格计算，比上年增长11.3%。三次产业结构依次为12.0∶54.1∶33.9，第二产业占比依然最高。2011年规模以上工业增加值达到10509.4亿元，正逐步通过创新驱动实现工业转型发展，信息化进程继续向纵深推进。

二 综合评估分析

2011年河北省"两化"融合综合指数为33.85，位列全国第22，名次较2010年下降五位。河北省融合硬度指数为46.92，位列全国第17，名次较上年提升三位；融合软度指数为16.85，位列全国第26，名次较上年下降九位；融合深度指数为20.92，位列全国第20，名次较上年下降一位。

从雷达图1中可以清晰看出，构成融合硬度的"工业规模、工业结构、工业

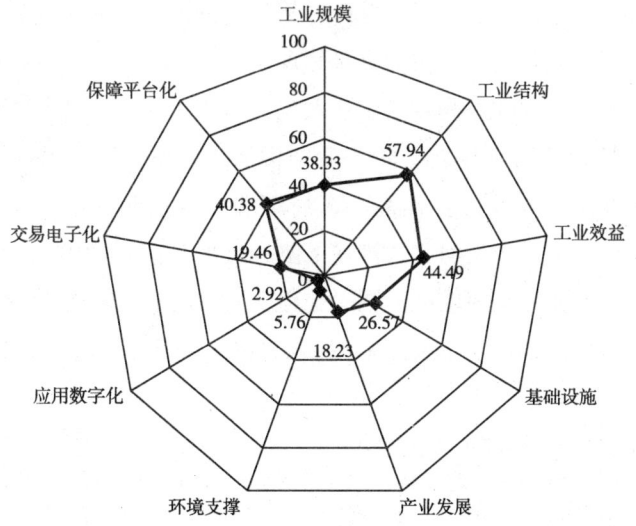

图1 河北"两化"融合进程评估细分维度雷达图

效益"三个细分维度中，工业规模在各省市比较中处于中下游水平，规模、结构、效益呈现明显倒"V"形态势。构成融合软度的"基础设施、产业发展、环境支撑"三个细分维度中，其环境支撑较另两个维度相对较弱，但三个指标都处全国下游水平。构成融合深度的"应用数字化、交易电子化、保障平台化"三个细分维度中，应用数字化处于绝对落后的位置，列全国倒数第5，其他两个维度在全国表现同样欠佳。

三 三大支柱评述

（一）融合硬度

在融合硬度的推进过程中，2011年河北实现工业增加值11741.9亿元，比上年增长14.1%。其中，规模以上工业增加值10509.4亿元，增长16.1%[1]。河北省已形成以装备制造业、钢铁工业、石油化工、医药工业、建材工业、食品工业、纺织服装业等七个重点工业行业为支柱的工业体系。2011年规模以上工业企业实现利润总额2255.5亿元，同比增长34.8%。

工业规模方面，河北省在工业就业人口比重、人均GDP与城市化率方面均在各省市中处于中上游水平。人均GDP直接反映了河北省的区域经济水平，而45%[2]城市化率则在很大程度上说明其工业化建设尚有进一步深化发展的空间，是工业活动投影到人口空间分布的直接体现。

工业结构方面，河北在高技术产业占比方面相对落后，列全国倒数第9，说明河北省应该努力应对世界新一轮产业结构加快调整、发达国家"再工业化"等新挑战，加快推行现代产业体系、布局高端"智造"发展。同时也应看到，在私营企业产值贡献率上，河北省排在上游。河北工业结构中私营企业、小企业产值贡献率在各省市中相对较高，在一定程度上表现了区域经济活跃程度，这与河北的主导行业[3]所要求的产业规模、投入与技术水平直接相关。

---

[1] 数据来源：《2011年河北省国民经济和社会发展统计公报》。
[2] 2010年河北省城市化率达到45%，数据来源《中国统计年鉴2011》。
[3] 河北省七大主导行业：装备制造业、钢铁工业、石油化工、医药工业、建材工业、食品工业、纺织服装业，资料来源：《2011年河北省国民经济和社会发展统计公报》。

工业效益方面，河北科研投入、资源消耗与绿色环保等均在全国各省市中处于中游或下游水平，反映出河北工业转型后续潜力与空间还很大，应更加注重提升制造业的核心竞争力，突出强调新型工业化发展的绿色效益、技术效益。同时也应看到，河北工业的经济效益水平在全国各省市中处于中游甚至中下游水平，突出反映在工业成本费用利润率、单位主营业务收入上缴税金横比较低，这也与目前制造业利润水平相对较低的现实相符。

（二）融合软度

在融合软度的推进过程中，2011年河北移动电话普及率达到70.3%，互联网（固定）宽带普及率为11.7%[①]。2011年河北电子信息产业累计完成主营业务收入超过1030亿元，同比增长18.5%，逐步形成了太阳能光伏、通信与卫星导航、平板显示、半导体照明、应用电子五大产业链。河北信息技术创新及其产业化能力需要不断提升，云计算、物联网等新技术、新应用在区域内有待发展壮大。

基础设施方面，河北在各省市横比中不具有任何优势，含工业企业门户网站拥有率、各项通信普及率在内的多项指标在全国位列下游，基础设施综合服务能力有待提升，这样才能直接为企业"两化"融合与城市功能提升奠定基础。

产业发展方面，河北信息产业各项规模、效益指标均处于全国下游水平。电子信息作为河北发展城市经济、实现经济转型的突破口之一，也是河北以服务经济为主的产业结构调整的重要支撑力量，其产业规模有待不断扩大，产业的技术、资金投入需要升级，才能提升其劳动生产率。

环境支撑方面，河北信息化消费环境不理想，在全国处于中游甚至下游的地位，这与其落后的信息基础设施建设以及区域经济水平较高相关。同时，河北技术市场交易额规模也不大，处于中下游水平，不能为信息化提供良好的技术交易平台，而其信息消费系数更是处于全国倒数的位置，说明河北的信息产业有待大力发展。

（三）融合深度

在融合深度的推进过程中，2011年河北电子商务交易额达5401亿元，软件

---

① 依据工信部年度统计数据与2011年河北省国民经济和社会发展统计公报公布数据计算得出。

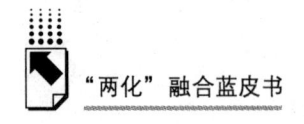

业经营收入超过1700亿元。信息技术应用的覆盖面、渗透率有待提高，需要全方位融入经济运行、社会管理和公共服务各环节，使电子商务逐步成为河北省主要经济活动形式。

应用数字化方面，河北不断提升软件等信息技术在工业领域、社会生产领域的融合，实施"数字交通"工程，构建可视化、数字化、智能化、协同化的综合交通运输网络体系；推进数字化产业园区的建设，实施重点园区信息通信保障工程，推进信息技术在园区基础设施规划、建设、管理和使用中的应用。

交易电子化方面，河北电子商务活跃程度在全国各省市处于中上游水平，特别是网商规模、密度与活跃度等方面，虽然与发达地区相比差距明显，但是在全国范围内都排在前10。这不仅得益于河北良好的经济基础、商业环境、信息化设施建设，另外其较高的物流水平也在很大程度上为电子商务的发展提供了宽松环境。

保障平台化方面，河北政府网站绩效水平在全国处于中下游水平，其电子政务业务处理效率与公众满意度水平尚有进一步提升的空间。河北电子政务起步较晚，直到"十五"期间，河北省政府才将电子政务作为信息化建设重点内容之一，提出《河北省电子政务建设总体规划》。河北着力推进以公众服务为中心的河北电子政务建设，在项目申报、业务审批、政务公开等方面的信息化取得一定效果。

四 融合推进建议

河北地处我国华北地区，区域经济基础较好，传统工业在经过一系列转型改造后，正逐步迈向现代工业体系，但是河北信息化基础有待加强，信息产业规模有待做大、技术有待提升。河北也是我国新一代信息技术发展的重点区域。河北省是传统产业大省，钢铁、石化、建筑、建材、轻工、食品、纺织等都是重点支柱产业，资源消耗性企业多、节能减排任务重，因此，河北工业经济转型升级压力大，形势紧迫。只有进一步优化发展环境，加快信息化发展，完善信息安全保障体系，才有利于推进"两化"融合进程。

（一）三个层面加速"两化"融合进程

河北省正处于工业化中期阶段，资源依赖型的发展特征明显，普遍存在产业结构不合理、资源过度依赖、自主创新能力弱、行业技术水平低、品牌企业少等问题，迫切需要通过"两化"融合的全面推进，推动产业结构调整和转型升级，从企业、行业、区域三个层面加速推进"两化"融合进程。

在企业层面，围绕重点行业，培育"两化"融合重点企业，大力推进信息技术在企业产品研发、生产经营、节能减排、创新发展、产业服务等方面的应用和融合，同时加大对企业"两化"融合项目的资金引导。

在行业层面，做好面向行业发展的信息服务平台建设，重点围绕河北省主导产业和特色产业，培育专业性的行业网站，为行业发展提供政策、市场、技术等全方位的信息服务，对重点行业"两化"融合发展水平评估，为行业、企业"两化"融合提供可参考的发展路径。

在区域层面，抓好唐山暨曹妃甸国家级"两化"融合试验区建设。积极推进产业集群的"两化"融合发展，以推进安平国家级县域经济信息化试点为契机，鼓励利用信息技术改造提升县域特色产业，大力支持生产性服务企业发展壮大，促进产业集群转型升级。

（二）在深度融合上下工夫

在"两化"深度融合上下工夫，重点是推进信息化从单项业务应用向多项业务综合集成转变，从企业信息应用向业务流程优化再造转变，从单一企业应用向产业链上下游协同应用转变。具体来说，一是推进信息化在工业和建筑业领域的应用和融合，促进先进制造业发展。重点推进研发设计数字化、产品装备智能化、生产过程自动化、经营服务网络化和企业管理信息化，通过"两化"深度融合，促进钢铁、装备制造和石油化工等支柱产业高端化，纺织、轻工和建材等传统优势产业品牌化，电子信息、生物医药、新能源、新材料等新兴产业规模化。二是推进信息化在服务业领域的应用和融合，促进现代服务业发展。推进无线射频、全球定位、物联网等技术的综合应用，提高信息服务能力。三是推进信息化在农业、能源、交通等基础行业的应用和融合，促进现代农业和能源交通发展。加快各类基础设施和生产装备智能化改造，建立跨行业信息共享机制。四是大力推进信息化在自主创新、中小企业和城镇化发展等方面的应用和融合，提升构建现代产业体系的驱动力。以信息化支撑企业自主创新和技术进步，增强现代产业体系发展的内生动力，推动智能城市建设。五是推进信息化在节能减排、产

业聚集、政府服务等方面的应用和融合，改善构建现代产业体系的保障支撑条件。

（三）政策保障

在政策保障方面，建立和完善"两化"融合规划发展制度、"两化"融合发展水平评估制度等，逐步形成有利于"两化"融合发展的长效机制。加大政策支持，制定促进"两化"融合的优惠政策，建立健全促进"两化"融合的投融资机制。开展试点示范，引导企业对标赶超。建立支撑体系，从政产学研用联动机制、"两化"融合标准体系、人才培养和激励机制等方面完善支撑体系建设。优化发展环境，加快《河北省信息化条例》立法进程，完善信息安全保障体系，形成有利于"两化"融合的浓厚氛围。

B.7 山西省

一 区域经济概况

2011年山西省GDP达到11100.2亿元,按可比价格计算,比上年增长13%。三次产业结构依次为5.8:59.2:35.0,第二产业仍是支柱产业,占比有所扩大,第一产业与第三产业占比略有下降。2011年规模以上工业完成增加值5944.7亿元,比上年增长17.9%,规模以上工业中轻工业增加值增长速度达到22.5%,高出重工业4.8个百分点,可以看出山西省正逐步调整工业内部结构。2010年8月,工信部、山西省人民政府签署了《关于加快山西省工业转型发展、推进"两化"融合合作框架协议》。支持山西省有条件的地区成为国家级"两化"融合试验区,着力提升煤炭、电力、焦化、冶金、机械制造、化工等重点行业和企业"两化"融合发展水平。

二 综合评估分析

2011年山西省"两化"融合综合指数为31.28,位列全国第23,名次较2010年下降一位。山西省融合硬度指数为38.43,位列全国第23,名次与上年持平;融合软度指数为19.71,位列全国第24,名次较上年下降六位;融合深度指数为18.34,位列全国第21,名次较上年下降八位。

从雷达图1中可以清晰看出,构成融合硬度的"工业规模、工业结构、工业效益"三个细分维度,在各省市比较中均处于中下游水平,规模、结构、效益基本呈现直线形态势,其中工业效益与工业规模基本相当,而工业结构则较为落后。构成融合软度的"基础设施、产业发展、环境支撑"三个细分维度,呈现明显"V"形态势,但三者均处于全国下游水平,其信息产业发展甚至位列全国倒数第一。构成融合深度的"应用数字化、交易电子化、保障平台化"三个细分维度中，前两个维度均在全国处于落后垫底位置，保障平台化则处于中下游水平。

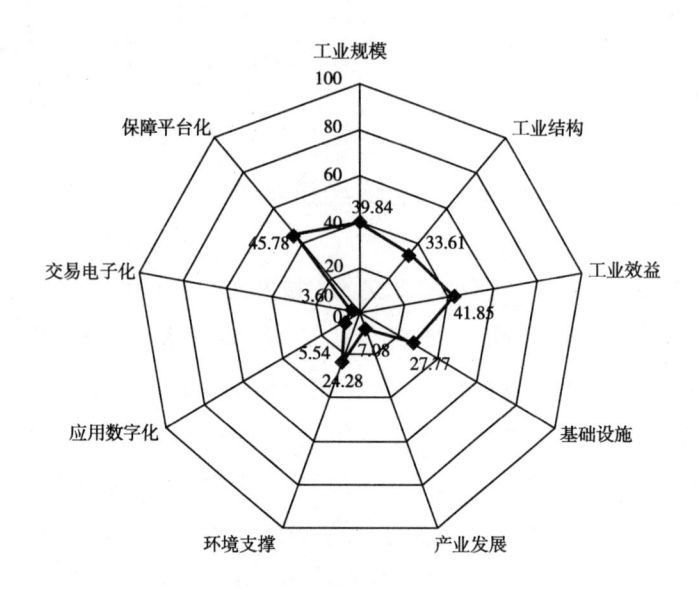

图1 山西"两化"融合进程评估细分维度雷达图

三 三大支柱评述

（一）融合硬度

在融合硬度的推进过程中，2011年山西实现工业增加值6577.8亿元，比上年增长16.5%。其中，规模以上工业增加值5944.7亿元，增长17.9%[①]。山西已形成以煤炭行业为支撑，冶金、焦化行业为重点，电力行业为重要发展行业的工业格局，同时装备制造业、煤化工行业已成为最具发展潜力的新兴产业。2011年规模以上工业实现利税2268.2亿元，增长34.1%；实现利润1200.6亿元，增长40.4%。

工业规模方面，山西在工业增加值占GDP比重和工业就业人口比重方面在

---

① 数据来源：《2011年山西省国民经济和社会发展统计公报》。

各省市中处于中上游位置，但与处于领先地位的上海等城市有较大差距。人均GDP与城市化率方面均在各省市中处于中下游位置。人均GDP直接反映了山西的区域经济水平，较低的人均GDP反映出山西的区域发展水平有待进一步提高。同样落后的城市化率则在很大程度上说明其工业化建设处于起步阶段，需要加大发展力度。

工业结构方面，山西在工业结构方面存在较为明显的劣势，无论是高技术产业占比，还是私营企业产值贡献率、内需贡献率均处于下游水平，小企业产值贡献率劣势明显，这与山西作为能源大省为全国各地提供能源支撑密不可分，因此山西形成了以煤炭、焦炭、冶金和电力工业等重化工行业为主导的工业体系。这些主导产业的主营业务收入占到全省工业主营业务收入的77.4%，这些主导产业主要以国有企业、集体企业为主体，规模以上工业企业中国有企业的利润占到总利润的一半以上。为调整山西工业结构，应对新挑战，山西工业转型跨越已迈出新步伐，并取得了一定成绩，如新兴主导产业发展势头开始超过传统主导产业，工业内部结构弱势向强势转化，处于弱势的产业群体增长步伐明显快于强势产业群体等。

工业效益方面，山西在科研投入、资源消耗与绿色环保等方面均在全国各省市中处于中下游水平，在一定程度上反映出山西工业转型尚处于初级阶段，效果不十分明显。其中，工业企业平均工资增速、新产品产值率全国排名基本处于垫底位置，反映出工业发展对改善民生方面的贡献作用较小，工业企业的技术创新水平相对落后；单位工业增加值用水量、二氧化硫排放量较高，反映出企业生产过程中对水资源的使用效率较低，大气污染较为严重。但同时也应看到，山西全员劳动生产率水平较高，全国排名处于上游位置，这与山西省资源类主导产业特性直接相关。

（二）融合软度

在融合软度的推进过程中，2011年山西移动电话普及率超过68.5%，互联网（固定）宽带普及率超过12.2%[①]。

基础设施方面，山西在各省市横比中处于中间位置，其中网民普及率、互联网普及率及工业企业门户网站拥有率三项指标在全国排名靠前，表明山西网络普

---

① 依据工信部年度统计数据与山西第六次人口普查公布数据计算得出。

及状况良好；每百户家用电脑拥有量及每万人局用电话交换机容量两项指标全国排名较为靠后，表明山西省在人均信息化使用效率上有待提升，应加强基础设施综合服务能力水平的建设，以便为企业"两化"融合与城市功能提升奠定基础。

产业发展方面，山西信息产业各项规模、效益指标均处于全国中游甚至下游位置，其中尤以信息产业全员劳动生产率排名靠后。作为现代城市经济发展的重要推动力量之一，近年来电子信息产业已经得到了山西省政府的高度重视，在稳固传统工业的基础上，加大电子信息等高技术产业的发展力度，逐步培育一批自主创新能力强的优势企业，保证产业规模持续增长。

环境支撑方面，山西省信息化消费环境在全国处于中间地位，这与其以煤炭等重化工业为主的工业格局及信息技术基础设施建设还处在起步发展阶段相关。但处于工业转型关键时期的山西，以强大的传统工业为支撑，信息业发展有着广阔的前景，信息业的发展又反哺传统工业，促进传统工业的转型升级。

（三）融合深度

在融合深度的推进过程中，山西省电子商务得到一定发展，移动电子政务已经成为提高山西省各级政府办公效率、改善社会管理职能、提升公众服务能力、强化政府应急处理能力的重要信息化工具，并建立了全国最大的农村综合信息服务平台、"远程医疗系统"，信息技术应用的覆盖面、渗透率明显提高，全方位融入经济运行、社会管理和公共服务各环节。

应用数字化方面，山西省不断提升软件等信息技术在工业领域、社会生产领域的融合，创建了多个软件园区，并积极推进应用于煤炭、焦化、电力等行业的工业软件，同时服务于金融、贸易、纺织等领域的信息系统和专业软件也得到不断升级。

交易电子化方面，山西省电子商务活跃程度在全国各省市中处于下游水平。这反映出山西省网商普及程度较低，网商发展不够活跃。这是因为山西省的信息化设施建设还处在初级阶段，发展还不够完善，商业环境和经济基础都有待提高。

保障平台化方面，山西政府网站绩效水平在全国处于中游水平，与北京、广东等省市还有较大差距。为了加大电子政务的发展，缩小与其他省市间的差距，山西省在"十二五"规划中明确强调了发展电子政务的重要性，并制定了目标，要求加快电子政务平台、网络建设，提升政府公共服务和管理水平，推动信息化和工业化深度融合，加快经济社会各领域信息化，重点推进城市管理、教育、医疗卫生、社会保障等方面的信息化应用和智能化水平，同时高度重视基础信息网络和重要信息系统安全。

四 融合推进建议

山西省地处我国中部地区，是我国的能源大省，传统工业比重较大，目前处于转型改造的关键时期，正逐步向现代工业体系迈进。山西省信息化基础较弱，信息产业规模较小，处于发展初期。传统工业的转型，新兴工业的发展，迫切需要信息产业的支撑，这就需要在原有相对落后的发展基础上大力提升融合硬度、融合软度，使"两化"融合更快更好地进行，以促进传统工业的融合转型、重点服务行业的融合应用以及新兴产业的融合创新。

（一）完善企业信息化建设，以信息化改造提升山西传统产业

对于山西而言，由于受技术水平的限制，传统产业常伴有低效率、高能耗、高污染的特点，能源综合利用率也不高，达不到世界平均水平。因此，用先进的信息技术对传统产业生产过程进行改造势在必行。必须将信息化广泛应用于企业重组、技术开发、市场开拓和产业调整中，使企业数据通信网络化、经营管理电子化、生产流程自动化、产品设计智能化、信息服务社会化。因此，强化企业决策层对信息化建设的认识，建立以先进、高效、稳定的企业信息网络系统为基本单位的行业信息网络，建立与信息技术发展相适应的机制等举措成为山西信息化改造传统产业的关键。

（二）大力发展信息产业，为山西可持续发展提供支撑

山西省作为能源大省，环境压力较大，需要大力发展循环工业、循环服务业，建设循环型社会，运用信息技术使循环经济成为基本经济形态和产业发展模式。信息技术的发展和应用在降低能耗、节约资源方面大有作为，其高度的创新性和倍增性，能有效推动工艺技术的变革，促进产品更新换代，提升资源使用效率，降低耗能和污染，对山西循环经济建设具有重要意义。

（三）全面提高信息化水平，为山西快速发展提供保障

为进一步推动山西省工业转型，需要加强信息基础设施建设，大力发展电子信息产业，推动电信网、广播电视网、互联网"三网融合"。推进物联网技术的研发与应用，培育发展新型信息技术服务技术和应用。积极拓宽电子商务发展思路，将电子商务作为区域经济发展水平提升的重要支柱。加快电子政务平台、网络建设，提升政府公共服务和管理能力。推动信息化和工业化深度融合，加快经济社会各领域信息化，重点推进城市管理、教育、医疗卫生、社会保障等方面的信息化应用和智能化水平，同时高度重视基础信息网络和重要信息系统安全。

B.8 内蒙古自治区

一 区域经济概况

2011年，内蒙古自治区GDP达到14246.11亿元，按可比价格计算，比上年增长14.3%。三次产业结构依次为9.2∶56.8∶34.0，第二产业占比依然领先于其他产业。2011年规模以上工业增加值达到10509.4亿元，内蒙古自治区正逐步通过创新驱动实现工业转型发展。2011年，内蒙古呼包鄂地区国家级信息化和工业化融合创新试验区通过工信部专家组的验收，并认为其在数字化煤炭生产经营综合管理、火电行业燃料闭环监控、乳制品行业全过程产品质量管理等方面的经验具有较高的推广价值[①]。

二 综合评估分析

2011年内蒙古"两化"融合综合指数为34.40，位列全国第21，名次较2010年下降六位。内蒙古融合硬度指数为44.96，位列全国第19，名次较上年下降八位；融合软度指数为29.46，位列全国第11，名次较上年下降两位；融合深度指数为9.27，位列全国第24，名次较上年上升六位。

从雷达图1中可以清晰看出，构成融合硬度的"工业规模、工业结构、工业效益"三个细分维度中，工业规模在各省市比较中处于中游水平，规模、结构、效益呈现明显倒"V"形态势。构成融合软度的"基础设施、产业发展、环境支撑"三个细分维度中，其环境支撑较另两个维度相对较弱，但三个指标都处于全国中下游水平。构成融合深度的"应用数字化、交易电子化、保障平台化"三个细分维度中，交易电子化处于绝对落后的位置，列全国倒数第4位，而其他两个维度在全国也处于相对落后位置。

---

① 资料来源：内蒙古自治区经济和信息化委员会，http://www.nmgjxw.gov.cn/cms/lhrh/20111220/6445.html。

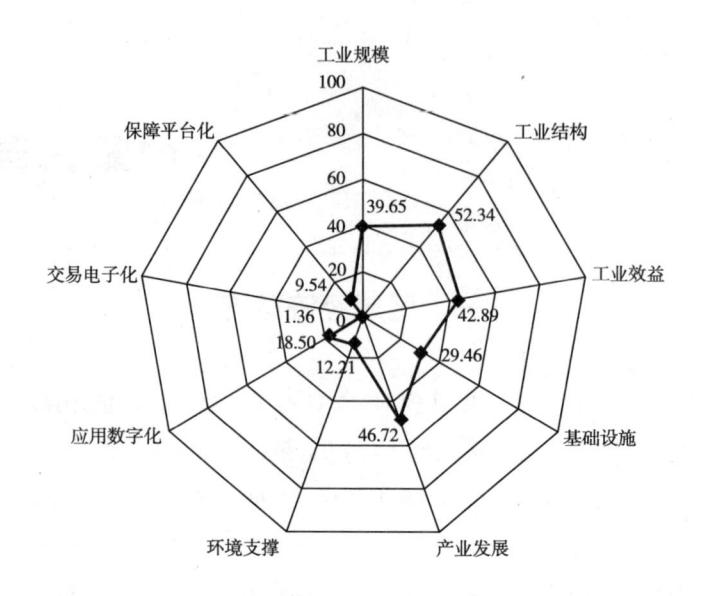

图1 内蒙古"两化"融合进程评估细分维度雷达图

三 三大支柱评述

(一) 融合硬度

在融合硬度的推进过程中，2011年内蒙古实现工业增加值7158.94亿元，比上年增长18.2%。其中，规模以上工业增加值比上年增长19%[①]。内蒙古已形成以能源工业、化学工业、冶金建材工业、农畜产品加工业、装备制造业、战略性新兴产业等六个重点工业行业为支柱的工业体系。2011年规模以上工业企业实现利润总额1835.16亿元，同比增长50.8%。

工业规模方面，内蒙古在工业就业人口比重、人均GDP与城市化率方面均在各省市中处于全国中上游水平。人均GDP直接反映了内蒙古的区域经济水平，而56.6%[②]的城市化率则在很大程度上说明其工业化建设正在加速前行，是工业活动投影到人口空间分布的直接体现。

---

① 数据来源：《2011年内蒙古自治区国民经济和社会发展统计公报》。
② 数据来源：内蒙古统计局网站公告。

工业结构方面，内蒙古在高技术产业占比方面比较落后，位列全国倒数第4，这说明内蒙古自治区应该加快推行现代产业体系、布局高端"智造"等发展方向。但同时也应看到，在内需贡献率上，内蒙古排在上游，内蒙古工业结构中私营企业、小企业产值贡献率在各省市中处于中游水平，这与内蒙古的主导行业①所要求的产业规模、投入与技术水平直接相关。

工业效益方面，内蒙古科研投入、资源消耗与绿色环保等均在全国各省市中处于下游水平，在一定程度上反映出内蒙古工业转型效果不明显。内蒙古应该更加注重提升制造业的核心竞争力，突出强调新型工业化发展的绿色效益、技术效益。同时也应看到，内蒙古工业的经济效益水平在全国各省市中处于中上游水平，突出反映在工业成本费用利润率、工业增加值率比较高，这也与目前内蒙古资源类工业发展的特性相符合。

（二）融合软度

在融合软度的推进过程中，2011年内蒙古移动电话普及率达到93.7%②，互联网宽带普及率为34.6%③。2011年内蒙古规模以上电子信息制造业累计完成主营业务收入超过111.37亿元，同比增长49.8%，信息产业发展较为缓慢，其信息技术创新及其产业化能力需要不断提升，云计算、物联网等新技术、新应用在区域内有待发展壮大。

基础设施方面，内蒙古在各省市横比中不具有明显优势，除移动电话普及率、每万人移动电话交换容量排在前列之外，工业企业门户网站拥有率、居民家庭平均每百户家用电脑拥有量等在内的多项指标在全国位列下游。基础设施综合服务能力有待提升，才能直接为企业"两化"融合与城市功能提升奠定基础。

产业发展方面，内蒙古信息产业从业人数占比和全员劳动生产率指标处于全国上游水平，而其信息产业增加值占比却排在全国下游。电子信息产业作为内蒙古调整经济结构、实现经济转型的突破口之一，同样也是内蒙古发展服务经济的重要支撑力量，其产业规模有待不断扩大，产业的技术、资金投入需要升级，才

---

① 资料来源：《内蒙古自治区国民经济和社会发展"十二五"规划纲要》。
② 数据来源：《2011年全国通信业发展统计公报》。
③ 数据来源：CNNIC第29次《中国互联网发展状况研究报告》。

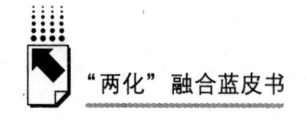

能实现其劳动生产率的不断提升。

环境支撑方面，内蒙古的信息化消费环境不尽理想，在全国处于中游甚至下游位置，这与其落后的信息基础设施建设相关。同时，内蒙古技术市场交易额规模不大，处于中下游水平，尚不能为信息化提供较为强劲的技术交易平台，而其国内专利年授权数量更是处于全国倒数的位置，说明内蒙古信息产业的环境支撑不足，还有待大力发展。

（三）融合深度

在融合深度的推进过程中，2011年内蒙古电子支付交易额达69978亿元。信息技术应用的覆盖面、渗透率有待提高，需要全方位融入经济运行、社会管理和公共服务各环节，使电子商务逐步成为内蒙古的主要经济活动形式。

应用数字化方面，内蒙古不断提升软件等信息技术在工业领域、社会生产领域的融合，初步建成了适应内蒙古交通发展需求的"数字交通"工程；推进数字化产业园区的建设，实施重点园区信息通信保障工程，推进信息技术在园区基础设施规划、建设、管理和使用中的应用；此外，内蒙古正在大力建设国家级大型云计算产业园区，提供数字城市、远程教育、公共医疗等应用服务。

交易电子化方面，内蒙古电子商务活跃程度在全国各省市中处于下游水平，特别是网商规模、密度与活跃度等方面，与发达地区相比差距明显。这与内蒙古的商业环境、信息化设施建设水平有密切关系，其物流水平也在很大程度上限制了电子商务的发展。

保障平台化方面，内蒙古政府网站绩效水平在全国处于下游水平，其电子政务业务处理效率与公众满意度水平较低。内蒙古电子政务覆盖范围较广，需要投入的资金及人才力量较大，这在一定程度上影响了内蒙古的信息化保障平台的建设。

四 融合推进建议

内蒙古自治区地处我国北部边疆，区域经济基础较好，传统工业正在经历转型和改造，逐步向现代工业体系迈进，但是内蒙古信息化基础有待加强，信息产业规模有待做大、技术有待提升。内蒙古自治区也是我国新一代信息技术发展的重点区域。内蒙古自治区资源丰富，过去的发展过度依赖资源的消耗，面临的节能减排任务艰巨,因此,内蒙古工业经济转型升级压力大,形势紧迫。未来应进一步优化发展环境,加快信息化发展,完善信息安全保障体系,以有利于"两化"融合的推进。

(一) 加快信息化工程建设

加快呼包鄂乌国家级"两化"融合创新试验区建设,并努力将发展经验向全区推广。积极推动煤炭、冶金、化工、农畜产品加工等传统产业信息化改造,鼓励和支持新能源、新材料、装备制造等新兴重点行业骨干企业应用信息技术。加强自治区中小企业信息化统一应用平台建设。积极发展农牧业和农村牧区信息化,因地制宜,积极探索基层信息化的发展路子。加快发展基于信息技术的现代物流体系,积极扶持邮政、运输、商储等传统物流企业的信息化改造。开发商贸、流通、旅游等服务业信息资源,改造和提升传统服务业。发挥企业主体作用,深化重点行业和骨干企业电子商务应用。

(二) 积极推动电子政务,提高行政管理和公共服务水平

内蒙古的电子政务发展缓慢,需要逐步整合构建统一的电子政务网络,实施全区电子政务外网升级改造工程。推动跨行业、跨部门信息共享和业务协同。加强政务信息资源开发利用。继续完善各个重点业务系统建设。不断完善各级政府及其部门的门户网站,推动政务公开,推行网上行政审批和电子监察"一站式"行政服务。

(三) 加强综合信息基础设施建设

积极推进"三网融合",整合网络资源,促进资源共享。大力发展宽带通信网、下一代互联网、新一代移动通信网。着力建设覆盖全区的数字电视网络,推进有线电视数字化、双向化升级改造,全面实施数字电视整体转换工程,全面提高网络技术水平和覆盖能力。加强物联网建设并深化其在智能建筑、智能交通、智能家居、智能医疗、现代农业、煤矿安全监控、节能环保、食品药品安全监管等领域的应用。推动云计算中心、互联网数据中心(IDC)、容灾备份中心等数据、存储基地的建设和服务。

B.9 辽宁省

一 区域经济概况

2011年辽宁省GDP达到22025.9亿元,按可比价格计算,比上年增长12.1%。三次产业结构依次为8.7∶55.2∶36.1,第三产业占比继续扩大。2011年规模以上工业增加值达到12150.7亿元,增长14.1%。在较好的经济基础之上,辽宁省正逐渐通过创新带动工业转型发展,采取结构调整与技术创新并举的方针,一手抓产业发展,一手抓信息技术应用;一手抓自主创新,一手抓对外开放,推动经济平稳快速发展。2011年辽宁省沈阳市正式获批,成为第二批国家级"两化"融合试验区。

二 综合评估分析

2011年辽宁省"两化"融合综合指数为46.93,位列全国第8,名次较2010年上升七位。辽宁省融合硬度指数为60.53,位列全国第5,名次较上年提升两位;融合软度指数为34.11,位列全国第8,名次较上年提升一位;融合深度指数为32.78,位列全国第11,名次较上年提升六位。

从雷达图1中可以看出,构成融合硬度的"工业规模、工业结构、工业效益"三个细分维度中,辽宁省的工业规模、工业结构和工业效益在各省市比较中均处于上游或中等偏上水平。构成融合软度的"基础设施、产业发展、环境支撑"三个细分维度,辽宁省发展实力相对较弱,均处于全国中下游水平。构成融合深度的"应用数字化、交易电子化、保障平台化"三个细分维度中,"交易电子化"这一维度与全国其他省市比较发展水平较为落后,导致三个维度呈现明显"V"形态势。

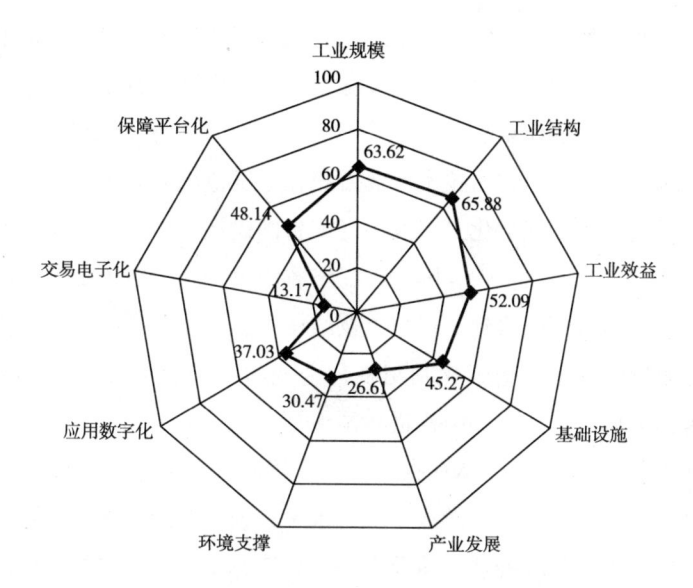

图 1　辽宁"两化"融合进程评估细分维度雷达图

三　三大支柱评述

（一）融合硬度

在融合硬度的推进过程中，2011 年辽宁实现工业增加值 10696.5 亿元，比上年增长 14.3%。其中，规模以上工业增加值按可比价格计算比上年增长 14.9%，在 39 个工业大类行业中，38 个行业增加值保持增长，21 个行业增加值增速超过全省平均水平①。辽宁已形成以装备制造业、冶金工业、石化工业和农副食品加工业等四个重点工业行业为支柱的工业体系。2011 年规模以上工业企业完成出口交货值 3110.8 亿元，比上年增长 14.4%；产品销售率达到 98.2%，与上年持平；实现主营业务收入 44065.9 亿元，比上年增长 28.8%；利税总额 3496.8 亿元，增长 22.4%；实现利润 1862 亿元，增长 28.7%。

工业规模方面，辽宁在工业就业人口比重、人均 GDP 与城市化率方面在各

---

① 数据来源：《2011 年辽宁省国民经济和社会发展统计公报》。

省市中处于中游水平，辽宁省正在步入工业化中后期发展阶段，具备雄厚的工业基础和完备的产业结构，并建立起以装备制造业、冶金、石化和农产品加工业等为支柱产业的国民经济体系。

工业结构方面，辽宁省高技术产业占比在全国范围内处于下游水平，一直以来，科技含量较低的传统重化工行业在辽宁省国民经济中占据重要地位，阻碍了其构建战略性新兴产业的步伐，因此，辽宁省应提升和改造传统工业产业，坚决淘汰落后产能。同时也应看到，辽宁工业结构中私营企业、小企业产值贡献率在各省市中处于领先地位，应强化利用私营企业与小企业灵活性、创新性强的优势，并以此为契机对工业内部结构进行调整。

工业效益方面，辽宁在R&D投入占比、资源消耗以及工业废气排放量等指标上均在全国各省市中处于上游或中上游水平，这在一定程度上反映出辽宁省已经意识到转型发展与循环经济的重要性，开始强调工业化发展的绿色效益、技术效益，并逐步改造和提升传统产业，淘汰落后产能。但同时也应看到，辽宁省在有科研机构的大中型企业占比、新产品产值率、工业固体废物综合利用率等指标上与其他省市相比，排名较为落后，这也反映出辽宁省在科技创新和生态环保等领域还有较大提升空间。

（二）融合软度

在融合软度的推进过程中，2011年辽宁移动电话普及率超过100%，年末移动电话用户3836.5万户，比上年末增长14.8%，固定电话用户总数超过1300万户，位列全国前10，互联网宽带接入用户667.7万户，比上年增长11.6%[①]。2011年辽宁信息产业销售收入达到2000亿元，全省信息产业发展水平及相关基础设施完善程度已取得长足进步。

基础设施方面，辽宁在各省市横比中处于中游偏下水平，在移动电话普及率、网民普及率及互联网普及率等指标上都处于全国中游水平，而在工业企业门户网站拥有率这项指标上表现较差，仅排在全国的倒数第二位。可以说，辽宁省基础设施建设还有待进一步完善，基础设施综合服务能力还需进一步提升，基础设施发展的总体水平距直接为企业"两化"融合与城市功能提升服务的目标还

---

① 数据来源：《2011年辽宁省国民经济和社会发展统计公报》。

有一定差距。

产业发展方面，辽宁省信息产业增加值占比、从业人数占比与全国其他省市相比较为落后，信息产业全员劳动生产率也仅排在全国中游水平。从以上分析可以看出，作为全国重要的重化工业基地，辽宁省信息产业总体发展水平较低，与其在全国的经济地位并不相符，难以对其他行业的发展提供有效的支撑，因此，在信息产业的产业规模、产业技术和资金投入方面还有待于进一步的提升。

环境支撑方面，辽宁信息化消费环境一般，国内专利年授权数量、信息消费系数以及人均通信业务收入都排在全国相对靠后位置，这与辽宁省通信基础设施建设及通信产业发展不无关联。但同时也应看到，辽宁技术市场交易额排在全国中游水平，交易总额相对于其信息产业发展水平较高，这在一定程度上为辽宁省实现信息化提供了较为广阔的技术交易平台，有利于其信息产业的进一步发展。

（三）融合深度

在融合深度的推进过程中，2011年辽宁省全省软件与信息服务业产业规模实现年均35.3%的增长速度，高于全国同期增速7个百分点；在全国所占份额达到6.8%。信息技术在国民经济和社会各领域的普及与应用愈发广泛，电子信息产业的发展与传统产业的改造和提升紧密结合的发展模式正逐渐成为全面振兴辽宁老工业基地新的发展路径。

应用数字化方面，辽宁省不断提升软件等信息技术在工业领域、社会生产领域的融合，"两化"融合支撑下的企业自主创新能力显著提高，生产过程控制的自动化、智能化水平也有进一步的提升。但总体上讲，由于信息产业发展基础薄弱等原因，辽宁省应用数字化还有较大提升空间。

交易电子化方面，辽宁省无论是在体现网商规模的网商交易额，还是在体现网商密度的网商交易额比率上，都处于全国相对落后水平，这与辽宁省通信基础设施整体状况以及以重工业为主导的产业结构密切相关；但也应当看到，辽宁省在推进交易电子化方面正作出努力，特别是在辽宁省传统的优势行业已经取得一定成效，如2011年末东北首家金属交易即辽宁泛亚金属交易所在沈阳开市，实现了金属的电子平台化交易。

保障平台化方面，辽宁政府网站绩效在全国处于中游水平，其电子政务业务处理效率与公众满意度水平也稳定在全国中等水平。辽宁省作为工业大省，其电

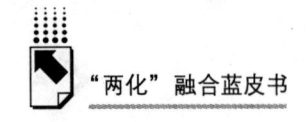

子政务起步较早,近年来也取得了显著成效,省内各级政府办公自动化、政务信息化建设均取得长足进步,但与全国的其他省市,尤其是与其他东部沿海的发达省市相比,辽宁省电子政务总体水平仍然较低,且各地区部门之间发展极不平衡,网络建设和应用水平不一,尚属于电子政务的起步阶段,保障平台化水平有待进一步提高。

四 融合推进建议

辽宁位于中国东北地区南部,是中国东北经济区和环渤海经济区的重要结合部,也是东北地区和内蒙古通向世界、连接欧亚大陆桥的重要门户和前沿地带。总体而言,辽宁省工业基础较好,产业体系完备,2011年辽宁经济保持平稳较快增长,GDP突破2万亿元,经济总量稳居全国第7位;但另一方面,传统的重化工业仍在辽宁国民经济体系中占据主导地位,欠发达的信息化基础与薄弱的信息产业难以为其他行业的发展提供有力支撑,阻碍了辽宁省产业结构的更新、升级以及"两化"融合的顺利进行。

(一)聚焦传统优势行业,以"两化"融合推动工业转型

推动"两化"深度融合是振兴辽宁老工业基地的重要切入点和必由之路。辽宁通过积极推进"两化"融合,突破老工业基地重型产业结构的发展惯性。一方面,把改造提升传统支柱产业作为"两化"融合的首要任务,围绕装备制造、石化、冶金等支柱产业,加强科技创新,以信息化提高工业产业核心竞争力。另一方面,把发展战略性新兴产业作为"两化"融合的重要依托,着重发展电子信息产业、生产性服务业和其他新兴产业,以"两化"融合推动产业结构转型升级。

(二)重视基础设施建设,完善信息化设备保障服务功能

与东部沿海发达省市相比,辽宁省信息产业发展水平较为落后,相关配套基础设施建设严重老化,信息技术难以渗透到工业经济的各个领域,一定程度上阻碍了"两化"融合的推进。因此,在今后的发展过程中,辽宁省应以改造提升传统产业为重点,着力推动信息技术的集成应用,完善相关基础设施,提高信息

技术支持服务功能，用信息技术促进生产性服务业发展，着力提高信息产业支撑融合发展的能力，使"两化"融合达到国内先进水平。

（三）构建现代服务业体系，以信息化促进生产性服务业发展

以重点服务业聚集区为载体，抓好国家现代服务业试点省建设。建立政府引导、全社会广泛参与的协同推进机制，形成覆盖全省主导产业、重点区域的"两化"融合推进格局，提高信息技术在生产性服务业领域中的应用，构建生产性服务业公共服务平台，并以此推动金融、物流、研发、会展、信息咨询等生产性服务业的发展，将其打造为辽宁省的国民经济支柱产业。

B.10
吉林省

一 区域经济概况

2011年吉林省GDP达到10530.71亿元，按可比价格计算，比上年增长13.7%。三次产业结构依次为12.1∶53.2∶34.7，第二产业占比继续扩大。2011年全省规模以上工业增加值达到4531.64亿元，比上年增长18.8%，轻、重工业比约为3∶7，吉林省正逐步加强科技支撑引领作用，加速推进老工业基地振兴和工业转型升级发展。2011年吉林省依托原有信息产业在基础研究、应用技术研究和产品开发等方面的优势，全省信息化程度进一步提升，信息产业增加值占全省生产总值比重达1.47%；同时以信息技术应用为核心，促进信息服务业与其他产业的融合和互动发展。2011年，工业和信息化部与吉林省政府签署战略合作协议，加大"两化"融合工作力度，贯彻落实党中央、国务院关于进一步实施东北地区等老工业基地振兴战略，促进"两化"深度融合。

二 综合评估分析

2011年吉林省"两化"融合综合指数为39.28，位列全国第15，名次较2010年上升四位。吉林省融合硬度指数为51.26，位列全国第14，名次较上年下降一位；融合软度指数为23.63，位列全国第18，名次较上年上升三位；融合深度指数为25.87，位列全国第17，名次较上年有较大提升，提升四位。

从雷达图1中可以清晰看出，构成融合硬度的"工业规模、工业结构、工业效益"三个细分维度中，工业结构处于略高水平，但在各省市比较中仍处于中游水平，规模、结构、效益呈现不太明显的倒"V"形态势。构成融合软度的"基础设施、产业发展、环境支撑"三个细分维度，相比其他省市都较弱，其环境支撑发展水平最低。构成融合深度的"应用数字化、交易电子化、保障平台

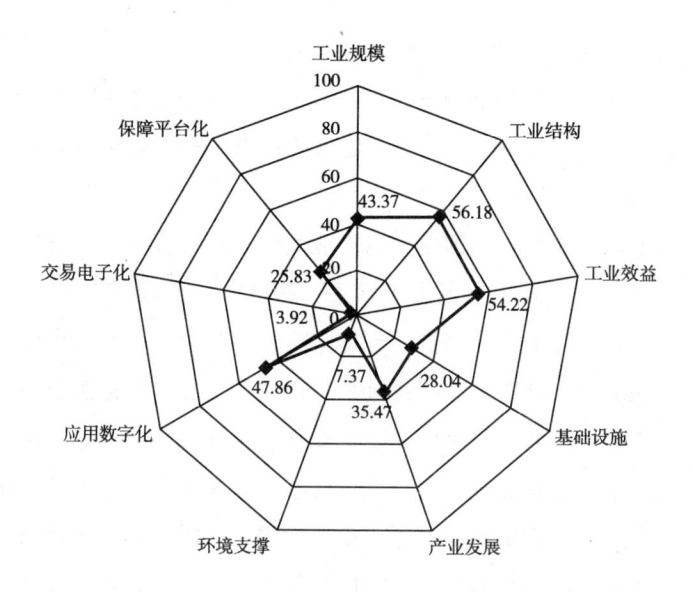

图1 吉林省"两化"融合进程评估细分维度雷达图

化"三个细分维度中,只有应用数字化处于全国中游水平,后两个维度均在全国处于落后位置。

三 三大支柱评述

(一) 融合硬度

在融合硬度的推进过程中,2011年吉林省实现工业增加值4907.7亿元,比上年增长18.5%。其中,规模以上工业增加值4531.64亿元,增长18.8%[1]。吉林省已形成以交通运输设备制造、石油化工、食品、信息、医药、冶金建材、能源、纺织等八个重要产业为支柱[2]的工业体系。2011年规模以上工业企业实现利润总额1121.25亿元,同比增长44.6%;全年规模以上工业经济效益综合指数为320.13%,比上年提高12.6个百分点。

工业规模方面,吉林只有工业增加值占GDP比重处于全国中上游水平,而

---
[1] 数据来源:《2011年吉林省国民经济和社会发展统计公报》。
[2] 吉林八大主导行业,资料来源《2011年吉林省国民经济和社会发展统计公报》。

在工业就业人口比重、人均 GDP 与城市化率方面均在各省市中处于下游地位。吉林省人均 GDP 指数相比上海等一线城市有较明显差距，但排名处于中上位置，而 53.5%[①]的城市化率则说明其工业化建设还有很大的发展空间，城镇化发展速度有待提升。

工业结构方面，吉林省是国家的老工业基地，经过多年的经济结构调整，工业结构优化成果显著，处于全国中等水平。2011 年，围绕实施科技成果转化促进计划，以老工业基地为依托，吉林省加大科技支撑力度，深入实施支柱优势产业约束、战略性新兴产业培育、特色资源产业提升计划，促进工业向高端化、规模化、集群化、品牌化转变，不断增强工业经济整体实力，进一步推进工业转型升级。从细分来看，吉林省高技术产业占比较低，在全国处于下游地位，小企业产值贡献率和私营企业产值贡献率处于中等水平，内需贡献率则处于较高地位。

工业效益方面，吉林省整体处于全国中等水平。在能源消耗和环保方面处于全国前列，说明传统工业产业转型取得成效。企业生产效率提升较快，但工资水平增速太慢，反映出用工成本增幅较小。在科技投入方面，吉林省与上海等发达省市相比差距仍然较大，这与科技投入滞后效应不无关联。吉林工业企业效益基本处于全国中上水平，单位主营业务收入上缴税金较高。

（二）融合软度

在融合软度的推进过程中，2011 年吉林省移动电话普及率超过 73%，互联网（固定）宽带普及率为 11%[②]。吉林省以信息化促进老工业基地改造，加大信息产业支持力度，包括光电子器件、新型电子设备产业化、下一代互联网、三网融合等新资金项目，现代信息技术创新及其产业化能力不断提升。

基础设施方面，吉林省在各省市横比中不具有优势，含工业企业门户网站拥有率、各项通信普及率在内的多项指标在全国位列中下水平，要促进工业生产和社会服务与信息化的深度融合，信息化基础设施建设应加快步伐。

产业发展方面，近几年，吉林省信息产业发展虽呈现出良好的发展态势，基础性、先导性作用日益显现，其信息产业从业人数占比在全国处于上游水平，但

---

① 2009 年吉林省城市化率达到 53.5%，数据来源：中国吉林网。
② 依据工信部年度统计数据与吉林第六次人口普查公布数据计算得出。

信息产业整体发展水平在全国范围内还处于下游地位。表现在信息产业增加值占比还很低，信息产业增长能力不强。随着对信息产业专项资金投入和规模的扩大，全省信息产业劳动率水平上升较快，在全国范围内排名靠前。

环境支撑方面，吉林省信息化基础设施缺乏优势，宽带等信息服务普及率较低，信息化消费刺激不足，在全国处于下游地位。具体表现为信息技术市场成交额、国内专利年授权数量、信息消费系数和人均通信业务收入水平都较低，这一方面是由于信息产业发展滞后，另一方面与吉林省的传统产业结构相关。

（三）融合深度

在融合深度的推进过程中，2011年，吉林省积极开展电子商务试点工作，吉林和长春成为国家电子商务示范城市，电子商务发展势头加快；软件业务收入达到222亿元，同比增长29.1%，其中，信息系统集成服务收入高于软件产品收入[①]。企业和政府信息化应用明显加强，信息化深入发展对汽车、石化、农产品加工三个支柱产业和装备、冶金建材、医药等优势特色产业发展起到重要支撑作用。

应用数字化方面，在加快信息化基础设施建设、扩大产业规模的同时，吉林省也不断提升软件等信息技术在工业领域、社会生产领域的融合，工业软件占软件收入比重位于全国中等水平，智能电网等方面的信息化应用不断加快，行业应用范围得到进一步推广。

交易电子化方面，吉林省电子商务活跃程度在全国各省市中处于下游落后地位，网商交易额、网商规模、密度与活跃度等方面排名都靠后。吉林省电子商务正处于探索起步阶段，随着企业的逐年增加和发展环境的改善，电子商务将会有大幅度的增长。

保障平台化方面，吉林省政府网站绩效水平在全国处于下游水平，相比电子商务水平，电子政务发展水平具有相对优势。2011年，全省电子政务建设全面推进，成为政府履行职责和改进公共服务质量的重要手段，电子政务网络框架基本形成。

---

① 数据来源：工信部网站。

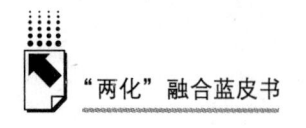

四 融合推进建议

吉林省是我国中部老工业基地,在推进老工业基地振兴的同时,吉林省加大科技投入,产业转型取得一定成效,初步形成具有现代工业产业的产业体系。同时,吉林省信息化基础不足,基础设施普及率不高,信息产业规模小,技术投入效果滞后,在一定程度上影响了"两化"融合发展效果。但随着新一代信息技术的发展,政府支持力度加大,吉林省信息产业发展空间巨大,在未来一段时间,信息化与工业化发展将互相带动,在转型中不断融合。

(一) 发挥工业园区和信息产业园区的融合先导作用

作为我国传统老工业基地,吉林省工业园区转型发展基础雄厚,时机成熟。新一代信息技术的发展促进信息产业龙头企业的发展,产业聚集效应显著。在这一背景下,集合工业与信息产业园区优势,以"政府引导、企业主导"的方式,加快建设一批省级"两化"融合试验区十分必要。引导企业在研发设计、生产制造、节能减排和经营管理等环节开展"两化"融合试点示范,深入推进信息化集成应用和管理创新。提升制造业信息化科技示范应用水平,增强制造业信息化对企业核心竞争力、加速制造业转型升级的支撑作用。

(二) 建立和完善企业信息服务体系

在信息化基础设施建设不完善、信息产业规模不大的情况下,吉林省应建立良好的信息化发展环境,引导企业在信息化应用方面的带动作用,鼓励开展适合中小企业特点的网络基础设施服务,积极发展设备租赁、数据托管、流程外包等服务。重点培育对"两化"融合发展具有先导作用的高技术、高价值企业。同时,积极推动重点企业信息化项目,重点支持与企业产品研发、生产过程控制、节能减排、电子商务和物联网应用相关联的典型企业发展。

(三) 建立和完善信息化与工业化融合评估体系

借鉴"两化"融合试验区成熟经验,做好融合试验区试点和重点项目的规划设计工作。充分发挥咨询服务作用，探索建立具有地域特色的信息化与工业化融合评估指标体系和评估方法，伴随试验区和项目实施的阶段性效果，不断扩大行业评估范围和规模，逐步建立面向整个行业的标准、认证、咨询和培训体系，通过理论与实践结合，提高政府对"两化"融合的把控和指导能力。

B.11
黑龙江省

一 区域经济概况

2011年黑龙江省GDP达到12503.8亿元，按可比价格计算，比上年增长12.2%。三次产业结构依次为13.6∶50.5∶35.9，第一产业和第二产业占比继续扩大。2011年规模以上工业增加值达到4808.6亿元，同比增长13.5%。轻、重工业比约为1.9∶8.1，逐步推进以科技为抓手，撬动老工业基地转型升级。2011年黑龙江省信息化建设步伐加快，"两化"融合力度进一步加强。2011年，黑龙江省积极推进"两化"深度融合，完善工业经济运行调节机制，加快推动省制造业信息化科技工程的实施，多项举措推动工业化和信息化发展。

二 综合评估分析

2011年黑龙江"两化"融合综合指数为38.31，位列全国第16，名次较2010年下降两位。黑龙江融合硬度指数为44.83，位列全国第21，名次较上年下降三位；融合软度指数为21.46，同样位列全国第21，名次比上年下降两位；融合深度指数为27.26，位列全国第15，名次较上年提升一位。

从雷达图1中可以清晰看出，构成融合硬度的"工业规模、工业结构、工业效益"三个细分维度中，工业规模在各省市中处于中下游水平，规模、结构、效益呈现依次上升态势。构成融合软度的"基础设施、产业发展、环境支撑"三个细分维度均排名靠后，环境支撑表现最为不足。构成融合深度的"应用数字化、交易电子化、保障平台化"三个细分维度中，保障化平台和应用数字化在全国处于中下游水平，而交易电子化基本没有发展。

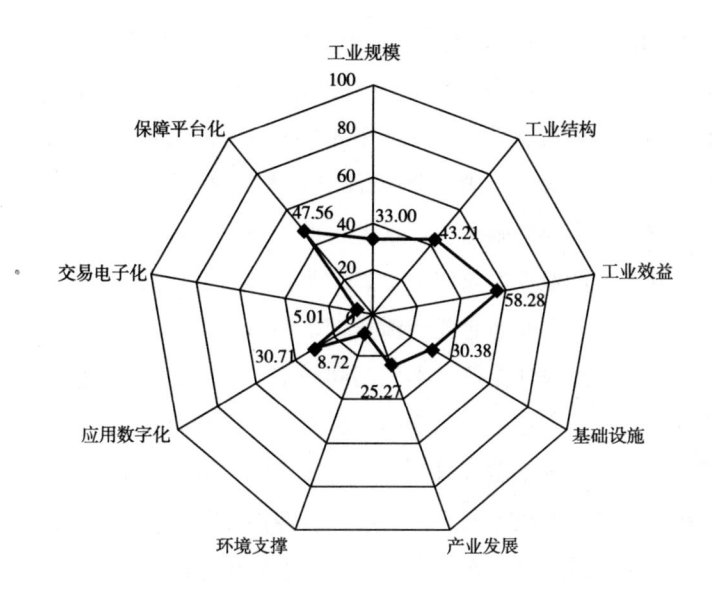

图1 黑龙江省"两化"融合进程评估细分维度雷达图

三 三大支柱评述

(一) 融合硬度

在融合硬度的推进过程中，2011年黑龙江实现工业增加值5583.2亿元，同比增长13.1%。其中，规模以上工业增加值4808.6亿元，同比增长13.5%[①]。黑龙江已形成以新材料产业、生物产业、新能源装备制造产业、新型农机装备制造产业、交通运输装备制造产业、绿色食品产业、矿产钢铁产业、煤化石化产业、林产品加工产业[②]等九大重点工业行业为支柱的工业体系。2011年规模以上工业企业实现利润1270.5亿元，增长23.4%，实现利税总额2564.6亿元，同比增长28.9%。

工业规模方面，黑龙江在工业增加值占GDP比重、工业就业人口比重与人均GDP方面均处于全国下游地位。人均GDP直接反映出黑龙江的区域经济水平还较

---

① 数据来源：《2011年黑龙江省国民经济和社会发展统计公报》。
② 资料来源：新华网，http://news.xinhuanet.com/fortune/2011-01/17/c_12990657.htm。

为落后，加之城镇化水平仍处于攀升过程中，反映其工业化还有很大的发展空间。

工业结构方面，黑龙江省不具有突出优势，与同为老工业基地的吉林省相比，大多数指标排名更为靠后。黑龙江作为我国最为偏北的老工业基地，经历了由"十大军工"、"三大动力"构成的装备产业体系的一枝独秀，到装备、能源、石化、食品四大主导产业的确立，再到十大重点产业的兴起，产业结构逐步走向全面。但由于其工业产业集聚效应不强，产业结构调整步伐缓慢，高技术产业占比、小企业产值贡献率和私营企业产值贡献率都不高。

工业效益方面，黑龙江工业成本费用利润率、单位主营业务收入上缴税金和全员劳动生产率等企业效益指标居全国上游水平，在利润增长较快的情况下，工业企业工资涨幅位于全国上游。科技投入与发达省市持平甚至更高，这反映出黑龙江省在科技引领转型升级上的支持力度。资源消耗与绿色环保等也在全国各省市中处于上游或中上游水平，在一定程度上反映出黑龙江省工业转型已经取得一定效果。

（二）融合软度

在融合软度的推进过程中，2011年黑龙江移动电话普及率超过62%，互联网（固定）宽带普及率超过10%[①]。近年来，黑龙江省积极发展信息产业，信息化对全省经济社会发展的助推作用明显增强，企业信息化、农业农村信息化水平明显提升，电子政务建设进一步完善。与此同时，基于云计算、物联网等新一代信息技术大力发展现代信息服务业，已初步建立了"中国云谷"、"北方智谷"等基地，为黑龙江省探索现代信息服务产业提供了坚实基础。

基础设施方面，黑龙江在各省市横比中不具有明显优势，包括各项通信普及率在内的多项指标在全国排名靠后，信息化基础设施建设力度有待加强。伴随制造业信息化科技工程的启动，全省工业企业信息化初步应用得到较好推广，工业企业门户网站拥有率在全国处于中上游水平，为制造业"两化"融合奠定基础。

产业发展方面，黑龙江信息产业发展基本处于起步阶段，尤其是产业规模远远不足，2011年，全省电子信息产业固定资产投资仅有2.4亿元，与发达地区相差甚远。虽然产业规模不大，信息产业从业人数占比却较高，这与信息产业全

[①] 依据工信部年度统计数据与黑龙江第六次人口普查公布数据计算得出。

员劳动生产率不高的现实相符。

环境支撑方面，黑龙江省信息产业规模、技术市场交易规模发展较为迅速，成交额甚至高于一些产业规模大的省市地区，市场环境较为活跃。但是，市场信息化消费环境严重不足，信息消费系数和人均通信业务收入水平居全国下游水平。

（三）融合深度

在融合深度的推进过程中，黑龙江省政府高度重视电子商务发展，医药、邮政、第三方电子商务交易服务平台和中俄经贸电子商务平台等发展取得可喜成果。各地区、各行业大力发展电子商务，以宝钢在线为基础的营销电子商务平台整合全面启动，2011年哈尔滨被确定为国家电子商务示范城市。各级政府采取多项举措发展软件和服务外包产业，2010年全年收入约130亿元，软件和服务外包产业对全省工业经济的贡献作用正在不断增强。

应用数字化方面，黑龙江不断加大科技投入，加强信息技术在工业领域、生活服务领域的应用。哈尔滨已成为国家动漫出版产业基地和国家"数字城管"试点城市。牡丹江传媒集团动画智能支撑系统软件升级及产业化、核高基重大专项、数据中心外包基地、中俄电子商务平台等项目快速推进。物联网应用与产业化推进工作顺利进行，推动物联网应用在农业、油田、林业、环保和物流等领域推广。软件等高新技术在智能调控体系的应用也取得成效。

交易电子化方面，黑龙江电子商务活跃程度在全国各省市中处于落后水平，在网商交易额、规模、密度与活跃度等方面都排名靠后。这与当地信息化基础设施建设不完善、网络应用普及率不高、信息服务消费环境不足等因素有关。

保障平台化方面，黑龙江电子政务建设进一步完善，省市级电子政务外网已经建立。社会信息化建设全面铺开，社会保障、计划生育、劳动就业、社区服务等领域信息化工作稳步推进。从细分指标来看，政府网站绩效水平在全国处于中游水平，相比信息产业发展，其电子政务业务处理效率与公众满意度水平较高。

四 融合推进建议

黑龙江是我国最为偏北的老工业基地，产业结构仍然不尽合理，发展潜力有待进一步释放。为了优化产业结构，顺应转型升级的历史潮流，黑龙江省扎实推进"八大经济区"和"十大工程"战略部署，加快发展"十大重点产业"。2011年，全省工业投资和生产总量实现历史性突破。与此同时，黑龙江省牢牢把握科学发展主题，以科技为动力，大力发展信息化基础设施建设，推动信息产业规模逐步壮大，推进制造业信息化建设，最大限度发挥比较优势，为"两化"融合奠定基础。

（一）工业企业做大做强，发挥产业集聚效应

黑龙江省工业门类比较齐全，其中装备、能源、石化、食品、医药等几大产业始终占工业经济总量的90%以上，是全省经济发展的主体。但一些支柱产业还停留在资源初加工、粗加工阶段，缺乏具有大规模、高质量的核心产业和龙头企业引领产业发展。要加快工业化步伐，调整优化产业结构，必须要扩大主导产业整体规模，以工业园区建设为出发点，紧密结合产业项目建设，打破行政区域界限，促进特定的企业群、产业群向专业园区集中，拉长产业链条，以集群优势降低经营成本，增强产业竞争力。

（二）加快信息化建设，深化信息技术推广应用

要转变生产方式，刺激新的经济增长点，必须要形成制造业与服务业双向拉动经济的增长方式。以制造业转型升级为契机，加大信息产业发展力度，完善信息基础设施，加快建立集生产、销售和服务为一体的信息产业系统。深化信息技术推广应用，提高企业核心业务应用水平，推进规模以上的工业企业逐步在产品数字化、设计智能化、过程自动化、系统集成化、管理信息化和商务电子化等6个关键环节实现信息化应用。通过重点企业应用转型，带动重点行业信息化应用的提升。

（三）建立"两化"融合评估体系，推进"两化"融合试验区建设

积极借鉴"两化"融合试验区成熟经验，探索进一步扩大"两化"融合示范区范围，发挥核心区域带动和辐射作用。结合当地经济结构特征，制订信息化和工业化融合发展战略规划，根据阶段性目标，确立考核指标和评估体系，通过理论指导实践，科学发展工业企业信息化和重点行业信息化。通过规范"两化"融合发展，改善企业信息化环境和信息技术交易环境，提升企业整体竞争力。

B.12 上海市

一 区域经济概况

2011年上海市GDP达到19195.69亿元,按可比价格计算,比上年增长8.2%。三次产业结构依次为0.65:41.47:57.88,第三产业占比继续扩大。2011年规模以上工业增加值达到6798.28亿元,轻、重工业比约为3:7,上海市正逐步通过创新驱动实现工业转型发展。2011年上海市信息化进程继续向纵深推进,信息产业增加值占全市生产总值比重达9.8%,其中信息服务业占比达5.8%,成为上海以服务经济为主的产业结构调整中的支柱产业。2011年,上海市发布《上海市信息化与工业化深度融合发展"十二五"规划》,明确上海市"两化"深度融合推进方向与措施。

二 综合评估分析

2011年上海市"两化"融合综合指数为73.97,位列全国第1,名次较2010年上升一位。上海市融合硬度指数为65.97,位列全国第2,名次较上年提升一位;融合软度指数为79.67,位列全国第2,名次与上年持平;融合深度指数为62.72,位列全国第4,名次较上年提升一位。

从雷达图1中可以清晰看出,构成融合硬度的"工业规模、工业结构、工业效益"三个细分维度中,工业结构在各省市比较中处于中下游水平,规模、结构、效益呈现明显"V"形态势。构成融合软度的"基础设施、产业发展、环境支撑"三个细分维度中,其信息产业发展较另两个维度相对较弱,但仍处于全国中上游水平。构成融合深度的"应用数字化、交易电子化、保障平台化"三个细分维度中,后两个维度均在全国处于领先位置。

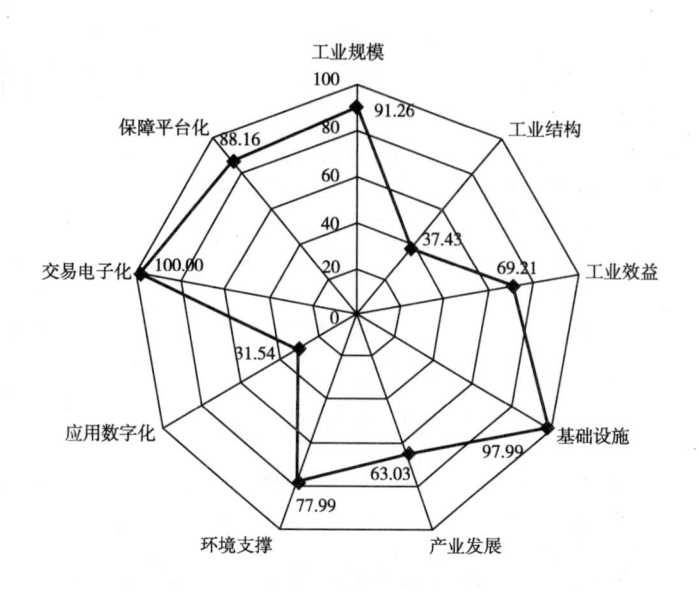

图1 上海"两化"融合进程评估细分维度雷达图

三 三大支柱评述

(一)融合硬度

在融合硬度的推进过程中,2011年上海实现工业增加值7230.57亿元,比上年增长7.5%。其中,规模以上工业增加值6798.28亿元,增长7.4%[①]。上海已形成以电子信息产品制造业、汽车制造业、石油化工及精细化工制造业、精品钢材制造业、成套设备制造业、生物医药制造业等六个重点工业行业为支柱的工业体系。2011年规模以上工业企业实现利润总额2176.13亿元,同比下降1.3%;实现税金总额1508.85亿元,同比增长12.5%。

工业规模方面,上海在工业就业人口比重、人均GDP与城市化率方面均在各省市中处于领先地位。人均GDP直接反映了上海的区域经济水平,而89%[②]城市化率则在很大程度上说明其工业化建设已发展到较深入水平,是工业活动投

---

① 数据来源:《2011年上海市国民经济和社会发展统计公报》。
② 2010年上海市城市化率达到89%,数据来源《中国统计年鉴2011》。

影到人口空间分布的直接体现。

工业结构方面,上海高技术产业占比优势明显,这与近年来上海为应对世界新一轮产业结构加快调整、发达国家"再工业化"等新挑战,采取的推行现代产业体系、布局高端"智造"等一系列措施关系紧密。但同时也应看到,上海工业结构中私营企业、小企业产值贡献在各省市中相对较低,这与上海的六大主导行业[①]所要求的产业规模、投入与技术水平直接相关。

工业效益方面,上海在科研投入、资源消耗与绿色环保等方面均在全国各省市中处于上游或中上游水平,在一定程度上反映出上海工业转型效果显著,更加注重提升制造业的核心竞争力,突出强调新型工业化发展的绿色效益、技术效益。但也应看到,上海工业的经济效益水平在全国各省市中处于中游甚至中下游水平,反映在工业成本费用利润率、单位主营业务收入上缴税金横比较低,这也与目前制造业利润水平相对较低的现实相符。

(二)融合软度

在融合软度的推进过程中,2011年上海移动电话普及率超过113%,互联网(固定)宽带普及率超过23%[②]。2011年上海信息产业增加值超过1880亿元,信息产业服务业经营收入超过3000亿元[③]。上海信息技术创新及其产业化能力不断提升,云计算、物联网等新技术、新应用在区域内迅速壮大。

基础设施方面,上海在各省市横比中具有较为明显的领先优势,含工业企业门户网站拥有率、各项通信普及率在内的多项指标在全国位列前茅。基础设施综合服务能力的提升,直接为企业"两化"融合与城市功能提升奠定基础。

产业发展方面,上海信息产业各项规模、效益指标均处于全国上游甚至领先水平。电子信息产业作为上海发展城市经济的支柱产业之一,同样也是上海以服务经济为主的产业结构调整的重要支撑力量,其产业规模不断扩大,产业的技

---

① 上海六大主导行业:电子信息产品制造业、汽车制造业、石油化工及精细化工制造业、精品钢材制造业、成套设备制造业、生物医药制造业。资料来源:《2011年上海市国民经济和社会发展统计公报》。
② 依据工信部年度统计数据与上海第六次人口普查公布数据计算得出。
③ 数据来源:上海市发展和改革委员会,http://www.shdrc.gov.cn/main?main_colid=362&top_id=316&main_artid=20234。

术、资金投入日渐升级，使其劳动生产率也有了明显提升，2010年上海信息产业劳动生产率同比提升7%①。

环境支撑方面，上海信息化消费环境较为优越，在全国处于领先地位，这与其强大的基础设施建设以及区域经济水平较高相关。同时，上海技术市场交易额规模较大，为信息化提供了良好的技术交易平台。但其国内专利年授权量较低，这与上海自身城市规模相关。

（三）融合深度

在融合深度的推进过程中，2011年上海电子商务交易额达5401亿元，软件业经营收入超过1700亿元。信息技术应用的覆盖面、渗透率明显提高，全方位融入经济运行、社会管理和公共服务各环节，电子商务成为上海的主要经济活动形式。

应用数字化方面，上海不断提升软件等信息技术在工业领域、社会生产领域的融合，并在用于轨道交通、智能电网等的工业软件，以及服务金融、贸易、航运等领域的信息系统和专业软件平台等方面不断推向高端。

交易电子化方面，上海电子商务活跃程度在全国各省市中处于领先水平，特别是在网商规模、密度与活跃度等方面都名列前茅。这不仅得益于上海良好的经济基础、商业环境、信息化设施建设，另外其物流水平也在很大程度上支撑其电子商务发展。

保障平台化方面，上海政府网站绩效在全国处于上游水平，其电子政务业务处理效率与公众满意度水平较高。上海电子政务起步较早，20世纪90年代起上海市政府就将电子政务作为信息化建设重点内容之一。上海着力推进以公众服务为中心的上海电子政务建设，在项目申报、业务审批、政务公开等方面的信息化取得明显成效。

四 融合推进建议

上海地处我国东部沿海发达地区，区域经济基础较好，传统工业在经过一系

---

① 依据统计数据计算而得，资料来源：《中国信息产业年鉴》。

列转型改造后，正逐步迈向现代工业体系。上海信息化基础较好，信息产业规模大、技术强，同时也是我国新一代信息技术发展的领先区域。良好的融合硬度、融合软度基础，加之上海未来大力发展服务经济的定位，使其"两化"融合更加定位于高端工业的融合转型、重点服务行业的融合应用以及新兴产业的融合创新。

（一）聚焦关键技术融合，推动高端制造业发展

上海工业经过一系列转型变革，已重点聚焦于高端制造业发展。未来需进一步运用信息技术带动制造业转型，以飞机制造、钢铁、汽车等重点产业为切入点，加快嵌入式软件系统等技术的应用，带动工业产品的智能化升级，提升生产过程的自动化和工艺集成水平，推进消费品产业向高端化、品牌化发展，从工业设计水平和产品创新能力方向建设，带动上海工业核心竞争力的进一步提高。

（二）强化服务领域融合，助力服务经济为主的产业结构调整

上海定位于发展国际经济中心、国际金融中心、国际航运中心与国际贸易中心，这便要求信息技术与上海服务业深度融合，加快建设与不断完善现代服务体系。下一步应继续推动信息技术在金融、物流及生产性服务业等重点服务行业的应用，运用移动互联网、物联网、云计算等信息技术和提高服务业管理效率。

（三）凭借高技术产业基础，推进战略性新兴产业创新

以上海高技术产业为基础，带动下一代信息技术等战略性新兴产业的创新与产业化。推动集成电路和电子信息产业发展，开发高性能集成电路；加快工业软件的研发和应用，大力发展汽车电子、交通电子、智能终端等领域的核心嵌入式软件平台；加快下一代移动通信网络增值业务、云计算技术和应用服务系统的开发。推进物联网在设备远程监控及检修、产品质量追溯、智能电网等方面的应用，加快物联网技术产业化。

B.13 江苏省

一 区域经济概况

2011年江苏省GDP达到48604.3亿元，按可比价格计算，比上年增长11%。三次产业结构依次为6.3∶51.5∶42.2，产业结构持续优化。2011年规模以上工业增加值达到24152.9亿元，其中高新技术产业快速发展，全年实现高新技术产业产值38377.8亿元，增长26.4%，占规模以上工业总产值比重达35.3%。2011年江苏省信息化进程继续向纵深推进，产业结构不断优化升级，形成了集成电路、新型显示、计算机、现代通信、数字视听等优势产品集群，约占总产业的70%。2011年工业和信息化部与江苏省人民政府在南京市举行《关于共同推进江苏省信息化发展战略合作框架协议》，是全面提高江苏省经济社会信息化水平，助力江苏省率先发展、科学发展、和谐发展，建设美好江苏的一项重要举措[①]。

二 综合评估分析

2011年江苏省"两化"融合综合指数为61.25，位列全国第4，名次与2010年持平。江苏融合硬度指数为64.63，位列全国第3，名次较上年下降一位；融合软度指数为59.34，位列全国第4，名次与上年持平；融合深度指数为73.13，位列全国第2，名次较上年提升四位。

从雷达图1中可以清晰看出，构成融合硬度的"工业规模、工业结构、工业效益"三个细分维度在各省市比较中均处于上游或中上游水平，规模、结构、效益排名依次降低。构成融合软度的"基础设施、产业发展、环境支撑"三个

---

① 资料来源：《工业和信息化部与江苏省签署战略合作框架协议》，http://www.miit.gov.cn/n11293472/n11293832/n11293907/n11368223/14155631.html。

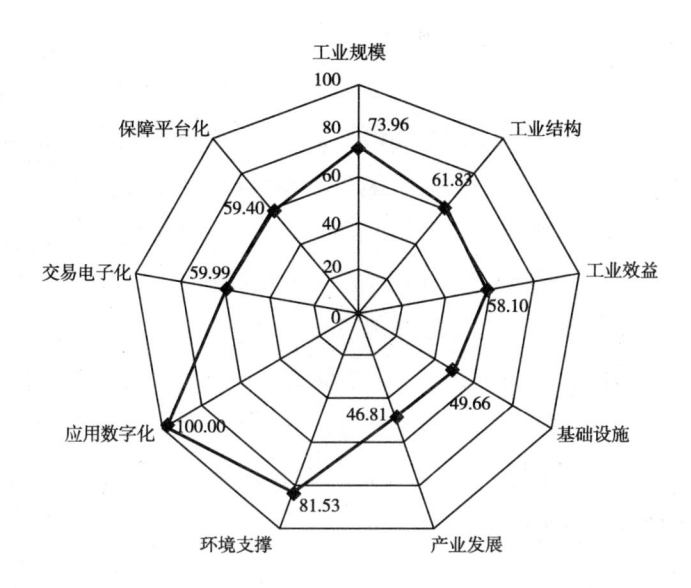

图1 江苏省"两化"融合进程评估细分维度雷达图

细分维度均处于全国各省市领先位置,其中"环境支撑"指标更是排名第1。构成融合深度的"应用数字化、交易电子化、保障平台化"三个细分维度均处于全国上游水平,"应用数字化"排名全国第1。

三 三大支柱评述

(一)融合硬度

在融合硬度的推进过程中,2011年江苏实现工业增加值25023.8亿元,比上年增长11.7%。其中,规模以上工业增加值24152.9亿元,增长13.8%[①]。技术含量较高的机械、汽车、电子、化工已经成为江苏省新的四大支柱。2011年,规模以上工业企业实现主营业务收入106816.1亿元,比上年增长24.1%;利税10622.4亿元,增长24.8%;实现利润6850.4亿元,增长24.3%。

工业规模方面,江苏在工业增加值占比、工业就业人口比重与人均GDP均

---

① 数据来源:《2011年江苏省国民经济和社会发展统计公报》。

在各省市排名中名列前茅，城市化率达到了60.6%，处于上游地位。排名第一的工业增加值占比在很大程度上反映了目前江苏省的产业结构，表明其已经进入工业化中后期阶段，需要集中力量优化工业结构，提高产品附加值。调整好轻重工业比例，限制一般加工工业的发展速度，严格淘汰耗能大、污染重、技术难以提升的不符合省情的工业企业，积极发展深加工、高附加值的加工制造业，大力发展高新技术产业，不断延伸产业链条。同时较高的人均GDP水平反映了江苏的区域经济发展水平较高，这直接体现了长三角经济区的支撑带动作用。

工业结构方面，江苏在高技术产业占比方面存在比较优势，这与近年来江苏为提升产业层次，着力发展高新技术产业、新兴产业等先进制造业密切相关。高新技术产业投资年均增幅高于全部工业20个百分点左右，新能源、新材料、生物技术和医药等六大新兴产业实现销售收入26090.3亿元，比上年增长26.4%，为推动产业升级作出巨大贡献。同时也应看到，江苏工业结构中内需贡献率在各省市中相对较低，这与江苏工业产品主要面向出口直接相关。

工业效益方面，江苏在科研投入、资源消耗与绿色环保等方面均在全国各省市中处于上游或中上游水平，在一定程度上反映出江苏工业转型效果显著，更加注重提升制造业的核心竞争力，突出强调新型工业化发展的绿色效益、技术效益。但同时也应看到，江苏工业的经济效益水平在全国各省市中处于中游甚至中下游水平，突出反映在工业成本费用利润率、单位主营业务收入上缴税金、工业企业平均工资增速横比较低，这也与目前制造业利润水平相对较低的现实相符。

（二）融合软度

在融合软度的推进过程中，2011年江苏移动电话普及率约为85%，互联网（固定）宽带普及率超过15.5%[①]。江苏电子信息产业的规模在稳步扩大的同时，产业结构不断优化升级，下一代信息网络、电子核心基础产品、高端芯片、物联网等新一代信息技术产业也呈现出快速发展的良好态势。

基础设施方面，江苏在各省市横比中基本处于上游或中上游位置，各项通信普及率指标在全国位置靠前，基础设施综合服务能力的提升，直接为企业"两

---

① 依据工信部年度统计数据与江苏第六次人口普查公布数据计算得出。

化"融合与城市功能提升奠定了基础。但同时可以看到，工业企业门户网站拥有率排名十分靠后，为全国倒数第三，说明网站建设相对落后，整体基础设施建设还有待进一步提高。

产业发展方面，江苏信息产业规模、生产率水平指标均处于全国中游或上游水平。但信息产业从业人数相对较少，全国横比排名仅略强于新疆，位列倒数第二。为抢抓发展机遇，加快推动江苏省电子信息产业跨越发展，江苏省电子信息产业"十二五"规划指出，需要加快电子信息产业转型、增强核心竞争力、提升发展质量和效益，实现由大到强转变，并将于规划期间实施以"百企示范、千企试点、万企行动"为内涵的"两化"深度融合"百千万"工程。

环境支撑方面，江苏信息化消费环境非常优越，在全国处于领先地位，这与其强大的基础设施建设以及区域经济水平较高相关。同时，江苏技术市场交易额规模较大，为信息化提供了良好的技术交易平台。

（三）融合深度

在融合深度的推进过程中，江苏省企业"两化"融合"百企示范、千企试点、万企行动"工作稳步推进，15条重要产业链的重点项目进展良好，示范引导作用十分明显，企业核心竞争力显著增强，对促进江苏经济发展方式转变和工业转型升级发挥了重要作用[1]。

应用数字化方面，江苏在全国各省市排名中雄踞首位，依托强有力的经济基础与较为完善的信息基础设施，不断提升软件等信息技术在工业领域、社会生产领域的融合，同时将应用于金融、贸易、航运等领域的信息系统和专业软件平台等不断推向高端。

交易电子化方面，江苏电子商务活跃程度在全国各省市中处于上游水平，在网商规模、密度与活跃度等方面都有较大优势，表明江苏网商普及程度较高，网商发展较为活跃。这不仅得益于江苏良好的经济基础、商业环境、信息化设施建设，另外其物流水平也在很大程度上支撑其电子商务发展。

保障平台化方面，江苏政府网站绩效水平在全国处于上游水平，其电子政务业务处理效率与公众满意度水平较高。为进一步加强电子政务建设，"整合性应

---

[1] 资料来源：江苏省装备制造业企业"两化"深度融合工作推进会。

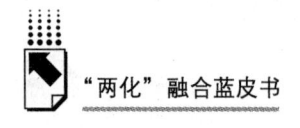

用"将成为江苏省今后电子政务应用发展的主旋律,"十二五"期间江苏省电子政务应用将呈现出注重深化应用、协同办公、信息安全等发展趋势。

四 融合推进建议

江苏地处我国东部沿海发达地区,区域经济基础较好,传统工业在经过一系列转型改造后,正逐步迈向现代工业体系。江苏信息化基础较好,信息产业规模大、技术强,同时也是我国新一代信息技术发展的领先区域。良好的融合硬度、融合软度基础,加之江苏正在大力发展高新技术产业,使其"两化"融合更加定位于高端工业的融合转型、重点技术行业、服务行业的融合应用以及新兴产业的融合创新。

(一) 提高企业信息化水平,加大融合力度

"十二五"时期,江苏总体进入工业化后期,也是信息化与工业化高度叠加、融合发展的重要时期。促进信息化与工业化深度融合,全面推进经济社会各领域信息化,已成为江苏又好又快推进"两个率先"的战略选择。未来一段时间内,需要围绕实现设计数字化、装备智能化、生产自动化、产品数字化、管理网络化、商务电子化,深入推进企业产品研发设计、资源计划管理、供应链管理等全部业务管理的信息化系统建设,促进信息技术在企业的集成创新与协同应用,推进信息技术与产品和装备设计、制造的融合,大幅度提高产品、装备的信息技术含量和附加值,提高企业的竞争力。

(二) 加强信息服务载体建设,服务工业发展

江苏属于长三角经济圈,经济的迅猛发展需要强大的信息基础设施支撑,为进一步提高信息化水平,使其更好地服务于工业、服务业等,要求江苏加快推进各级"两化"融合示范、试验区建设,积极支持有条件的地区申报国家级"两化"融合示范、试验区。积极打造数字化产业集聚区,完善工业园区信息基础设施,加快建设综合管理和公共服务平台,推动各类工业园区向现代产业集群发展。每年培育和扶持多个有条件的产业集聚区成为省级信息化示范、试验区。加强信息安全建设,提高企业信息系统安全运行保障能力。

（三）大力发展高技术产业，带动新兴产业创新

依托较为完善的信息基础设施，江苏高新技术产业发展迅速，战略性新兴产业蓬勃发展，工业结构持续优化。为进一步扩大优势，未来可以以人才国际化、技术高端化、产业规模化、发展集约化为方向，深入实施新兴产业倍增计划，促进新能源、新材料、生物技术和新医药、节能环保、物联网和云计算、新一代信息技术和软件、高端装备制造、新能源汽车、智能电网、海洋工程装备等十大战略性新兴产业跨越发展，形成江苏省工业经济新的支柱产业和重要增长点。

B.14
浙江省

一 区域经济概况

2011年浙江省GDP达到32000亿元，按可比价格计算，比上年增长9.0%。三次产业结构依次为4.9∶51.3∶43.8，第三产业占比继续扩大。2011年规模以上工业增加值达到10878亿元，比上年增长9.6%，新产品产值和高新技术产业持续增长。2011年浙江省信息化进程实现新突破，信息产业优势逐步形成，龙头企业引导作用明显，全省电子信息产业规模以上企业完成工业增加值1014.4亿元，突破千亿元大关，同比增长13.2%[①]，占GDP比重达3.1%。信息服务业发展迅速，成为改造提升传统产业、培育发展新兴产业的战略重点之一。2011年，浙江省成立企业信息化促进会，搭建服务平台，推动"两化"融合。

二 综合评估分析

2011年浙江省"两化"融合综合指数为59.86，位列全国第5，名次较2010年上升一位。浙江省融合硬度指数为61.36，位列全国第4，名次较上年提升一位；融合软度指数为51.20，位列全国第5，名次与上年持平；融合深度指数为53.78，位列全国第5，名次较上年下降一位。

从雷达图1中可以清晰看出，构成融合硬度的"工业规模、工业结构、工业效益"三个细分维度在各省市比较中均处于中上游水平，规模、结构、效益呈现"一"字形态势。构成融合软度的"基础设施、产业发展、环境支撑"三个细分维度呈现明显倒"V"形态势，基础设施和环境支撑两个维度处全国中上游水平，产业发展有待大力提升。构成融合深度的"应用数字化、交易电子化、

---

① 资料来源：http://www.askci.com/news/201202/03/164632_80.shtml。

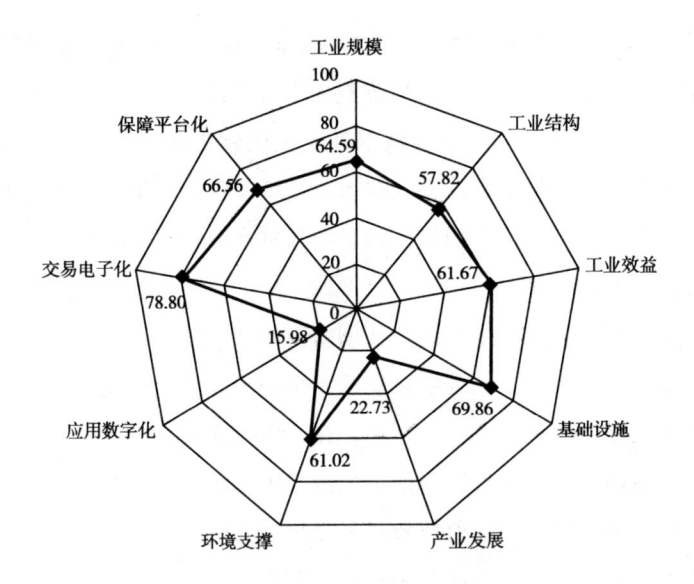

图1 浙江"两化"融合进程评估细分维度雷达图

保障平台化"三个细分维度中，数字化应用处在初级阶段，其他两个维度均在全国处于上游位置。

三 三大支柱评述

(一) 融合硬度

在融合硬度的推进过程中，2011年浙江省实现规模以上工业增加值10878亿元，比上年增长10.9%。浙江省已经形成以电子信息产业、纺织工业、轻工工业、汽车制造业、船舶制造业、高端装备制造业、医药化工和先进临港工业等行业为支柱的工业体系。全年规模以上工业企业实现利润3080亿元，同比增长9.9%。

工业规模方面，浙江在工业增加值占GDP比重、工业就业人口比重、人均GDP与城市化率方面均在各省市中处于上游水平。人均GDP反映了浙江省的区域经济水平雄厚，到2011年底，城市化率为62.3%[①]，工业化进程顺利推进，工业主导全省经济发展作用显著。

---

① 数据来源：http://news.66wz.com/system/2012/05/29/103191382.shtml。

工业结构方面，浙江省加快产业结构调整，在转变传统产业发展方式的同时，大力发展高新技术产业，尤其是改善中小企业发展环境。在细分指标中，小企业产值贡献率和私营企业产值贡献率处于全国领先水平，2011年中小企业虽然面临很多困难，但增长正常。高新技术产业增长迅速，但由于传统产业比重过高，高技术产业占比优势还不明显。随着浙江省产业调整和新兴产业的发展，这一指标将有很大上升空间。

工业效益方面，浙江高度重视科技创新引领产业转型，将科技作为推进实体经济转型升级的核心要素。细分指标显示，全省工业企业科技投入效果明显，有科研机构的大中型企业占比在全国领先，在科研投入、新产品生产、资源消耗与绿色环保等方面均在全国各省市中处于上游或中上游水平，在一定程度上反映出浙江工业转型效果突出，产业科技效益和绿色效益同时得到提升。但由于生产成本和人力成本的上涨，工业企业利润较低，工业成本费用利润率、单位主营业务收入上缴税金横比较低。

（二）融合软度

在融合软度的推进过程中，2011年浙江移动电话普及率超过105%，互联网（固定）宽带普及率接近20%[①]。2011年电子信息产业规模以上企业完成工业增加值1014.4亿元，同比增长13.2%[②]。软件和信息服务业加快发展，云计算、物联网、软件外包和电子商务等各种新业务新业态体系逐渐发展壮大。

基础设施方面，浙江大部分指标在各省市横比中处于上游水平，各项通信普及率指标排名较为靠前。但由于中小企业工业比重过大，工业企业门户网站拥有率较低，应合理利用宽带设施资源，加大在中小工业企业方面的信息化建设。

产业发展方面，浙江信息产业各项规模、效益指标均处于全国下游水平，这与传统工业产业比重过大有关。信息产业发展迅速，成为全省经济的先导产业、基础产业和支柱产业，但产业规模不够大，产业发展不均衡，省内只有杭州和宁波信息化水平相对较高，其他市区信息产业发展水平偏低。

环境支撑方面，浙江信息化消费环境较为优越，信息消费系数名列前茅，这

[①] 依据工信部年度统计数据与浙江第六次人口普查公布数据计算得出。
[②] 资料来源：http://www.askci.com/news/201202/03/164632_80.shtml。

与其雄厚的经济基础和高普及率的基础设施建设相关。全省重视科技创新作用，鼓励实施重大科技项目，专利授权数量居上游地位。高数量的专利授权与信息消费系数为开拓技术市场交易提供了良好的基础，随着信息产业规模的不断扩大、信息技术与其他产业的融合，信息技术市场交易将更加活跃。

（三）融合深度

在融合深度的推进过程中，浙江省电子商务服务业的发展在全国独占鳌头。目前，全省已经形成了千余家电子商务平台网站，占全国的21%，全国行业电子商务网站100强中浙江占54席（2009年）。凭借较强的金融实力，浙江金融证券软件发展迅速，中国证券业中40%、基金中80%的IT系统设计都聚集在杭州。企业信息化也全面展开，信息技术不断向传统产业渗透，在企业生产经营各主要环节应用成效明显。

应用数字化方面，浙江正逐步打造数字化、网络化、智能化的"智慧浙江"。较快的工业化进程，为信息技术的广泛应用奠定了良好基础，浙江发挥其产业应用优势，金融、通信、交通、电力、财税、工业控制、医疗卫生、纺织印染、安防监控等行业应用软件都有较高的市场占有率和品牌知名度。

交易电子化方面，浙江电子商务发展早，也最为出色，活跃程度在全国各省市中处于领先水平，特别是在网商规模、密度与活跃度等方面都名列前茅。这不仅得益于浙江良好的经济基础、商业环境、信息化设施建设，还与其私营、中小企业数量众多、市场活跃程度高相关。

保障平台化方面，浙江政府网站绩效在全国处于中上游水平，其电子政务业务处理效率与公众满意度水平较高。浙江电子政务起步较早，从2004年开始，经历了网络规范、安全管理、业务开展等阶段，以业务需求为导向，有计划地建立了电子政务系统，积累了大量的电子政务外网的建设经验。

四 融合推进建议

浙江地处我国东部沿海发达地区，是典型的制造业大省，区域经济基础较好，传统工业比重较高。但通过技术创新体系的不断完善，传统工业转型升级顺利实施，汽车、新能源、高端装备制造业等新兴产业体系也逐步形成。浙江信息化基础较好,基础设施普及率较高,信息技术消费环境优越,信息服务产业在全国处于领先地位。随着信息产业规模不断扩大,信息化与工业化融合将不断深化,工业化水平的提升也促进信息化应用的深入,信息化应用对社会经济的推动作用日益显著。

(一) 以信息技术为助推力,推进传统产业转型升级

浙江是工业大省,工业转型升级是未来全省经济发展的重要内容。推动重点产业转型升级,必须以信息技术为主要引擎,促进产业结构优化。以装备制造、轻工、纺织、化工、汽车、船舶等十大传统工业行业为着力点,根据工业园区发展需要,制订"两化"融合计划,推进工业企业从单向业务应用向多项集成应用转变,从基础应用向高端应用转变,实现信息技术在传统制造业的全面渗透、综合集成。从生产控制、流程管理等方面提高企业生产的集约化水平,提高传统工业产品附加值,打造集数字化、网络化、自动化和智能化为一体的工业信息化系统,提升产业竞争力。

(二) 发挥信息产业集聚效应,保障现代产业和服务体系构建

浙江信息服务业发展较早,以互联网增值服务、电子商务、动漫游戏等为代表的新兴信息服务业发展迅速,在国内具有重要影响力。信息产业集聚效应明显,杭州和宁波的信息化水平远远高于其他地区。促进"两化"深度融合,构建现代产业体系,必须借助信息化发达地区的产业集聚效应,广泛辐射其周边地区,合理规划,建设多项重点项目。通过示范先导应用,在全省范围内构建物联网、云计算和信息安全产业体系,发展高端制造、金融、信息系统集成服务、数字内容服务等新兴产业。以发达地区为核心,构建信息服务系统,加强与周边地区在金融、交通、商贸、房地产、农产品销售、旅游、餐饮、文化娱乐等领域上的互通。

(三) 实施软件产业振兴工程,切实推进"两化"深度融合

"两化"融合的实质是工业信息化。作为工业大省,工业软件的开发和应用是浙江"两化"融合的重要切入点。浙江省应依托现有信息产业基础,加快推进基础软件、工业软化和行业应用软件的研发和产业化,开展重点软件项目,支持软件开发企业,充分发挥浙江省嵌入式软件的基础优势,提升传统产业和高新产业的嵌入式软件开发应用水平,为"两化"深度融合提供保障。

B.15
安徽省

一 区域经济概况

2011年安徽省GDP达到15110.3亿元，按可比价格计算，比上年增长13.5%。三次产业比例由上年的14：52.1：33.9变化为13.4：54.4：32.2，其中工业增加值占GDP的比重为46.2%，比上年提高2.4个百分点。2011年安徽省规模以上工业增加值7061.7亿元，比上年增长21.1%，其中轻、重工业分别增长27.2%和18.6%，轻、重工业增加值比例由上年的29.7：70.3变化为30.8：69.2[①]，安徽省经济实现快速发展，正逐渐进入转型通道。2011年安徽省电信业务总量334.2亿元，增长22.7%，年末基础电信运营企业计算机互联网宽带接入用户457.4万户，增加115.3万户。2011年安徽省继续从电子政务、企业信息化等层次全面推进省内"两化"融合工作，信息化有效推动了安徽省传统产业技术改造和自主创新。钢铁、化工、汽车、船舶等行业大中型企业数字化设计工具普及率超过67%，关键工序数（自）控化率超过58%。大型骨干企业的信息管理和业务系统进入应用集成阶段，中小企业信息化服务体系开始建立。

二 综合评估分析

2011年安徽省"两化"融合综合指数为40.53，位列全国第14，名次较2010年上升四位。安徽省融合硬度指数为52.72，位列全国第11，名次较2010年提升八位；融合软度指数为22.53，位列全国第19，名次与2010年相比提升五位；融合深度指数为22.85，位列全国第19位，名次较2010年稍降一位。

从雷达图1中可以清晰看出，构成融合硬度的"工业规模、工业结构、工业

---

① 数据来源：《2011年安徽省国民经济和社会发展统计公报》。

效益"三个细分维度中，工业规模在各省市比较中处于中下游水平，工业结构和工业效益相对表现良好。构成融合软度的"基础设施、产业发展、环境支撑"三个细分维度中，其基础设施较其他省市尤其是发达省市而言仍然较为薄弱，与当前安徽省信息产业发展势头不相配。构成融合深度的"应用数字化、交易电子化、保障平台化"三个细分维度中，应用数字化、交易电子化水平仍然偏低，较为突出的是保障平台化水平，在全国居中上水平，安徽省电子政务水平表现较为优异。

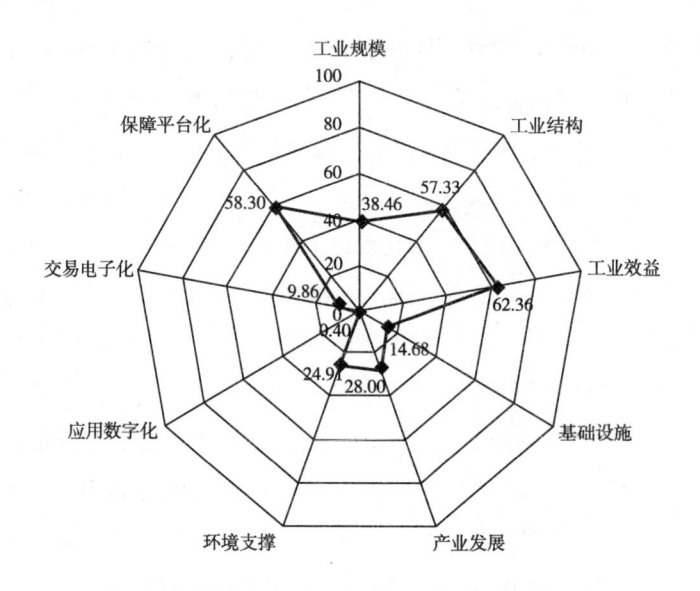

图1 安徽"两化"融合进程评估细分维度雷达图

三 三大支柱评述

（一）融合硬度

在融合硬度的推进过程中，2011年安徽省规模以上工业增加值7061.7亿元，比上年增长21.1%，工业发展迅速①。安徽省已经形成由煤炭开采和洗选业、

---

① 数据来源：《2011年安徽省国民经济和社会发展统计公报》。

烟草制品业、电气机械及器材制造业、非金属矿物制品业、交通运输设备制造业五大支柱产业构成的工业体系，支柱产业总体仍以传统工业为主。2011年前11个月，安徽省规模以上工业实现主营业务收入突破2万亿元，同比增长44.2%，实现利润突破1000亿元，同比增长48.4%，37个行业中有35个利润保持增长。

工业规模方面，安徽在工业增加值占GDP比重指标上在全国各省市中处于领先地位，工业就业人口占总就业人口比重、人均GDP与城市化率方面却居全国中下游水平。由此可看出，安徽当前处于工业化快速发展时期，工业产值增长迅速，但城市化进程较为缓慢，发展过程中仍然存在质量不高问题。工业规模维度发展受限直接导致融合硬度发展受限，未来存在进一步限制"两化"深度融合的可能。

工业结构方面，安徽省中小企业发展较为活跃，小企业对当地产业的贡献较为突出，私营企业发展势头良好，为安徽省进一步发展工业提供了较强的后劲动力。但同时应该注意安徽省工业转型升级成效不显著，高技术产业匮乏，其工业仍主要集中在传统工业，工业产品技术含量有待提升。另外安徽内需贡献率仍然较低，位列全国较低水平，这在一定程度上与安徽省人均GDP较低、产业结构以及产品结构有关，未来应在国家扩大内需指导下，进一步开拓内需渠道。

工业效益方面，安徽省工业效益水平在全国处于中上游水平，在2011年全国工业效益整体趋弱的背景下，仍然保持了稳定增长，绝大部分行业实现了良好利润，工业成本费用利润率指标表现良好。另外，安徽省工业上游产业仍然为主导产业，占比较高，因此其工业增加值率较高，在全国居领先位置。在全国工业转型升级的浪潮下，安徽省科研投入类相关指标也稳步提升，但目前科研技术产业化能力仍有待提升。节能减排仍然属于安徽省的劣势，安徽省重工业、原材料类产业仍然偏高，成为其能耗指标偏高的重要因素。

（二）融合软度

在融合软度的推进过程中，2011年安徽移动电话用户数达到3259.4万户，比上年净增460.7万户，互联网接入用户数达到457.4万户，比上年净增115.5万户，通信用户数上升很快，普及率显著提升。2011年安徽省电信增加值、信息产业增加值增速为7%，信息产业增值服务业发展态势良好。同时安徽省技术创新及其产业化能力不断提升，云计算、物联网等新技术、新应用在省内不断发展。

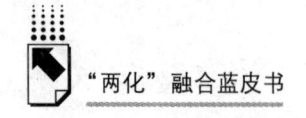

基础设施方面，安徽总体处于全国中下游水平，优势不明显。基础设施硬件建设水平相对较低，每万人移动电话交换机容量等硬件指标低于全国平均水平；从通信普及率看，移动电话普及率、互联网普及率、网民普及率均较低。基础设施综合服务能力较低，在一定程度上限制了省内"两化"融合深度的不断提升。

产业发展方面，安徽省信息产业各项规模、效益指标均处于全国中等水平。信息产业并非安徽省的支柱产业，加之信息产业目前在推动安徽省工业化发展方面的作用有待进一步加强，下游对信息产业发展的需求不足，上游信息产业发展基础不够完善，供给和需求共同限制了安徽省信息产业发展。但从信息产业的全员劳动生产率来看，安徽省具有一定的效率优势，未来信息产业将吸引更多资源投入，从而加快安徽省信息产业发展。

环境支撑方面，安徽省作为农业和传统工业大省，虽然近年对技术改造、技术创新方面的重视程度和投入不断提升，但相比东部发达省市而言，其技术水平仍然较低，技术和专利相关指标表现不突出。但信息消费系数指标表现出较为良好的发展势头，在极大程度上为安徽省未来信息技术、信息产业的发展奠定了基础。

（三）融合深度

在融合深度的推进过程中，2011年安徽省电子商务交易额迅速增长，软件业实现新跨越。2011年1~11月份安徽省软件业营业收入16.92亿元，增长41.1%；利润总额1.37亿元，增长242.3%。信息技术应用的覆盖面、渗透率明显提高，在安徽省经济转型中的作用不断提高。

应用数字化方面，安徽省软件业的快速发展得益于省内农业、工业经济转型过程中对软件的极大需求。2011年在"两化"融合示范企业的带动下，工业企业在生产数字化等方面取得较大进展，工业软件占软件收入的比重有所提高，但该指标在全国仍然处于中下游水平。

交易电子化方面，安徽省处于全国中等水平。与北京、上海以及江浙等发达省市相比，安徽省网商规模、网商密度等指标都较为落后。但在中西部省市中，安徽省属于发展较好的省份。一方面，安徽省自身产业特征限制了其交易电子化的发展；另一方面，近两年安徽省对"两化"融合的大力支持又促进了交易电子化的较快发展。

保障平台化方面，相对应用数字化、交易电子化而言，保障平台化是安徽省的优势指标（从安徽"两化"融合进程评估细分维度雷达图可清晰看出）。安徽省通过精心调研、总结经验，电子政务水平居全国中上游，目前省市县网站群建设取得积极进展，已拥有省、市、县三级政府网站超过170个，县以上政府网站全面建立；"乡乡有网站"工程取得积极进展，80%以上的乡镇建立政府网站。省、市、县级办公自动化系统得到广泛使用。

四 融合推进建议

安徽省是我国重要的农业大省，目前正逐渐向工业大省迈进。近年来工业化进程加速推进，电子信息、汽车和装备制造等主导产业加速发展，为"两化"融合创造了基础条件。另外，安徽省多年通信产业的快速发展，使信息基础设施有了一定保障，形成了一套信息化推进机制，为信息化全面推进奠定了良好基础。但目前省内通信基础设施建设仍需进一步推进、信息技术产业化能力仍然落后、"融合深度"方面与发达省市存在较大差距等问题限制了安徽省"两化"融合的发展。当前是安徽省工业化和信息化不断深化推进的关键时期。

（一）完善基础设施建设，提升技术产业化能力

完善省内信息基础设施体系。通过共建共享等方式，不断完善省内通信基础设施体系，同时抓住国家网络技术升级换代的机遇，加快推广应用3G技术，推进IPv4向IPv6的过渡，积极建设宽带无线接入网络。

加快新兴信息技术产业化能力。抓住云计算、物联网等信息技术潮流，推动云技术、物联网产业化发展。推动云计算的发展，鼓励电信服务商和软件企业向社会提供专业化、产业化的信息服务，鼓励企业提供高端增值业务和各种创新应用业务。支持物联网创新应用，在农业生产、环境监测、智能楼宇、智能交通、远程医疗、工业控制等领域推动物联网产业化应用。

（二）加快传统产业升级改造，提升"两化"融合深度

利用信息技术改造和提升传统产业。以汽车、钢铁、纺织、石化、煤炭、装备制造等省内重点传统行业为重点，加快产品研发、生产、营销、管理等重要环

节的信息技术改造。推动汽车电子发展，提高车载电子产品在整车中的比例；发展钢铁行业信息化服务，提升大型钢铁冶金企业自控管理水平；在纺织行业实现服装设计和制造的数字化；推进煤炭和非煤矿山信息化，实现生产安全控制与管理。

（三）推进电子商务应用，促进"两化"深度融合

加快省内物流体系建设。物流体系是电子商务的重要基础，应加快发展基于信息技术的现代物流体系，打造现代化物流中心，为交易电子化的进一步深化打好基础。积极推进电子商务应用。促进重点行业和骨干企业电子商务应用，培育面向不同行业、区域和消费者的电子商务服务；引导中小企业利用电子商务手段开拓国际市场。大力支持网上商店、网上银行及第三方电子商务服务等新兴服务业发展。

B.16 福建省

一 区域经济概况

2011年福建省GDP达到17410.21亿元[1]，按可比价格计算，比上年增长12.2%。三次产业结构依次为9.25∶52.66∶38.09，第二产业占福建省总产值比重超过50%。2011年，全省规模以上工业增加值7552.39亿元，比上年增长17.5%，增速高于全国平均水平，工业占GDP总量比重为43.38%，工业为省内主导产业。福建信息产业总体规模持续保持全国前列，2011年福建省信息产业增加值1925亿元，同比增长24.2%，占全省GDP比重达到11%[2]；其中，信息产品制造业累计完成工业总产值3432亿元，比上年同期增长19%；软件产业销售收入807亿，同比增长40.1%左右。2011年福建省"两化"融合不断推出新举措，启动平潭智慧岛建设，推动10万家"智慧企业"建设[3]，以物联网和三网融合为重点领域，加快"数字福建"建设进程。

二 综合评估分析

2011年福建省"两化"融合综合指数为51.27，位列全国第7，名次与上年持平。福建省融合硬度指数为52.41，位列全国第12，名次较2010年提升三位；融合软度指数为44.91，位列全国第7，名次与2010年持平，融合软度指数有明显提升；融合深度指数为47.26，位列全国第7，名次较上年提升一位。

从雷达图1中可以清晰看出，构成融合硬度的"工业规模、工业结构、工业

---

[1] 数据来源：福建省统计局网站。
[2] 数据来源：福建省信息化局网站。
[3] 资料来源：《解放思想，先行先试，推动福建信息产业科学发展跨越发展》，在2012年福建省信息产业工作会议上的报告。

效益"三个细分维度基本实现均衡发展，为进一步推进"两化"融合奠定了良好硬件基础。构成融合软度的"基础设施、产业发展、环境支撑"三个细分维度中，基础设施具有绝对优势，这与福建省信息产品制造业比较发达有关，支撑了省内基础设施建设，产业发展和环境支撑相对较弱，但仍处于全国中上游水平。构成融合深度的"应用数字化、交易电子化、保障平台化"三个细分维度中，保障平台化具有绝对优势，电子政务、公共服务平台发展较为完善，后两个维度相对上海等地仍需进一步发展。

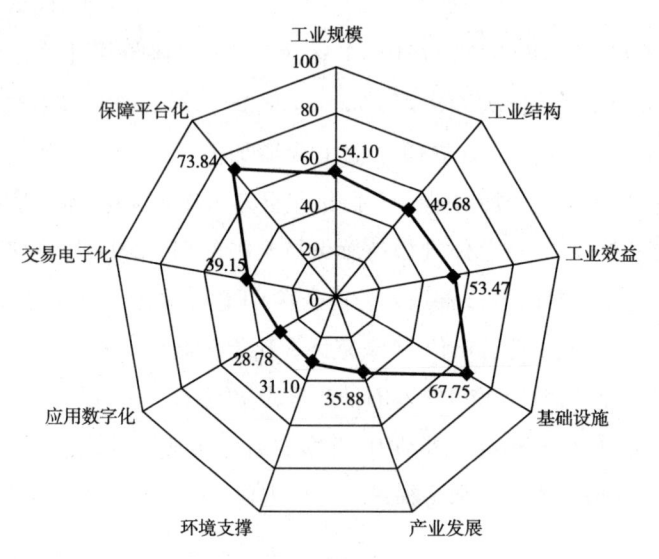

图1 福建省"两化"融合进程评估细分维度雷达图

三 三大支柱评述

（一）融合硬度

在融合硬度的推进过程中，2011年福建省规模以上工业增加值7552.39亿元，比上年增长17.5%[①]。福建已形成以石油石化、电子信息、机械装备三大重点工业行业为支柱的工业体系。2011年三大主导产业完成工业增加值2715.22

---

① 数据来源：《2011年福建省国民经济运行简况》。

亿元，增长17.3%，其中，石油化工增长14.3%，电子信息增长22.6%，机械装备增长16.4%。2011年规模以上工业企业实现产销率97.56%，比上年有所降低，下降0.28个百分点。

工业规模方面，福建所有指标均处于全国中上游水平，工业发展基础良好。工业增加值占GDP比重、工业就业人口比重反映地区工业发展水平，近几年福建工业的快速发展为该类指标的良好表现奠定了基础；人均GDP与城市化率反映地区城市化程度，相对北京、天津以及沿海城市虽然有一定差距，但良好的工业基础使其城镇化率仍居全国相对领先地位。

工业结构方面，工业规模反映工业发展基础，工业结构则反映2011年地区工业结构调整成果。福建电子信息制造业、机械制造等行业为主要产业，这些产业技术含量较高，且规模效益低于传统原材料行业，因此福建省高技术产业占比指标具有相对优势，中小企业较为活跃，市场化环境较好。但同时内需贡献率指标表现较差，主要源于福建处于东部沿海地区，对外贸易活跃，省内产品外销量较高。总体来说，福建工业结构较为合理。

工业效益方面，福建基本以制造业为主，因此工业增加值率相对偏低，工业成本费用利润率、单位主营业务收入上缴税金、全员劳动生产率也较低。金融危机以来，福建作为东部沿海地区，其用工成本上升加快，工业企业平均工资增速处于全国中上水平。从研发能力指标来看，近年福建省工业技术改造、转型升级效果较为显著，有科研机构的大中型企业占比、工业企业R&D投入占主营业务收入比重、新产品产值率指标高于中西部地区。从节能减排类指标来看，福建省工业能耗仍然较高，节能减排工作仍然需要进一步完善。

（二）融合软度

在融合软度的推进过程中，2011年全省信息产业完成销售总收入5085亿元，同比增长23%，六大信息产业集群发展良好，2011年福建省新型产业集群实现产值1200亿元，计算机及网络产值950亿元，软件业产值807亿元，物联网、移动通信以及LED和太阳能光伏产值都在300亿元以上[①]。信息产业各项指

---

① 数据来源：《解放思想，先行先试，推动福建信息产业科学发展跨越发展》，在2012年福建省信息产业工作会议上的报告。

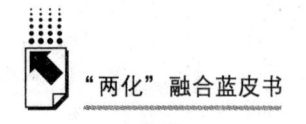

标居全国前列。

基础设施方面，福建省在各省市横比中具有较为明显的领先优势，含工业企业门户网站拥有率、单位人口拥有的通信设备量、各项通信普及率在内的多项指标在全国位列前茅，良好的基础设施为省内发展信息产业、推进新技术新业务产业化转化以及"两化"融合工作奠定了基础。

产业发展方面，福建信息产业各项规模、效益指标均处于全国上游水平，尤其是信息产业全员劳动生产率指标表现良好，这与福建省多年来电子信息制造业的快速发展有关。信息产业从业人数占比指标相对较差一些，这表明如何发挥信息产业对省内生产总值、就业等带动作用是福建省下一步的重点。

环境支撑方面，福建省信息产业基本仍然以信息产品加工制造为主，在相关信息产品的自主创新方面仍然较差，这也是东部多数地区的发展瓶颈之一，因此福建省技术市场成交额、国内专利年授权数量指标表现并不突出。但福建省具有优越的信息产品消费环境，在全国处于上游地位，这与其较为完善的基础设施建设、良好的信息市场环境以及较好的经济发展水平相关。

（三）融合深度

在融合深度的推进过程中，2011年福建电子商务取得一定发展，软件业产值超过800亿元。福建省明确信息技术在经济发展中的作用，信息技术应用的覆盖面、渗透率明显提高，尤其是电子政务、公共服务平台建设取得可观成绩。

应用数字化方面，2011年福建软件产业产值增速超过40%，软件产业迅速成长，厦门、福州软件城建设取得良好进展。一方面，良好的信息制造业环境孕育了软件产业成长的基础，而另一方面，工业转型升级、生产数字化孕育了良好的市场需求环境，从而促进软件产业的迅速增长。因此工业软件占软件收入比重指标表现较好，处于中上游水平。

交易电子化方面，从网商规模、网商密度来看，福建省电子商务发展已初具规模，尤其是厦门、福州等城市，软件业较为发达，且被列为国家首批电子商务示范城市，电子商务发展更为成熟，厦门2011年电子商务营业额超过20亿元[①]。良好的信息化环境和物流体系为其电子商务发展提供了基础。

---

① 数据来源：福建省发展和改革委网站。

保障平台化方面，在融合深度指标中，保障平台化是福建省的优势指标，其政府网站绩效在全国处于上游水平，其电子政务业务处理效率与公众满意度水平较高。福建省首先全面完成省电子政务顶层设计工作，然后研究设计了省电子政务技术总体框架，以在技术上指导各地市、各部门更好地推进电子政务深化应用，之后确立信息共享工作机制，为业务协同提供政策保障和方向指引。

四 融合推进建议

福建地处我国东部沿海发达地区，区域经济基础较好，且信息产业发展较为良好，良好的工业和信息产业基础为"两化"进一步深度融合提供了契机。目前福建省软件和信息服务业占全行业的比重仍然较低、自主创新能力不足、信息产业带动能力有待增强是其发展中遇到的关键问题，在一定程度上阻碍了福建省工业化和信息化的进一步深度融合。

（一）大力发展软件及信息技术服务产业

福建省信息产品制造业已经初具优势，但软件产业是信息产业的核心和灵魂，当前软件和信息服务业占比偏低，应重点发展应用软件产业、集成电路设计产业、动漫游戏产业和软件出口及服务外包产业。同时加快新技术、新业务应用，发展"三网融合"创新业务应用，带动产业发展，深化"云计算"应用，积极开发基于"物联网"的行业应用软件，培育物联网千亿产业集群。

（二）增强自主创新能力，完善技术创新体系

培育以企业为主体的信息产业自主创新体系。培育一批具有自主知识产权和核心竞争力的龙头企业，形成以大企业为中心、中小企业协作的创新机制，推动信息产业联盟创新活动。鼓励建立"核高基""新一代宽带无线移动通信网"等核心技术的产业联盟，促进新技术研发和产业化能力。加快建设一批创新和公共服务平台。在省内建设围绕物联网、LED、光伏等新兴产业领域公共服务平台。加强技术标准体系建设。重点推进通信、光电等福建省优势行业领域的标准体系建设，推进专利标准化和标准产业化。

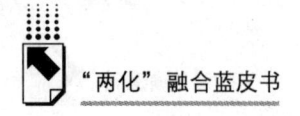

（三）重点发展工业软件，促进"两化"深度融合

工业软件发展是促进生产应用数字化的重要基础，而生产数字化不仅是"两化"深度融合的重要方面，而且是工业转型升级的重要方面。福建具有良好的工业和信息产业基础，在大力发展软件和信息服务业的同时，重点支持工业软件开发和行业应用解决方案，积极发展 SaaS 和 IT 咨询，能够更好地带动省内"两化"深度融合和工业转型升级。支持具有行业特色的工业软件研发，加强工业软件在石化、建材、轻工、冶金、船舶、汽车、纺织服装、装备制造等传统产业改造升级、节能减排、安全生产等领域的研发和应用，推动工业企业实现研发设计数字化、装备制造智能化、生产过程自动化和经营管理信息化。

B.17 江西省

一 区域经济概况

2011年，江西省GDP达到11583.8亿元，GDP总量实现历史性跨越，突破万亿元大关；按可比价格计算，比上年增长12.5%，从2003年起连续9年保持了12%以上的增长水平。三次产业结构依次为12.01∶56.91∶31.08，工业化程度不断提高。2011年江西省规模以上工业增加值达3910.88亿元，同比增长19.1%，其中规模以上轻工业同比增长20.2%，重工业增长18.6%，轻工业增长迅速；重工业占比为68.3%[①]，较上年有所提高，重工业化特征仍然明显。2011年江西省电子信息产品制造业完成工业增加值213.23亿元，同比增长38.51%。江西省一手抓信息化软件系统开发，一手抓产业信息化应用工程，制造业信息化取得良好进展，电子政务工程取得良好成效。

二 综合评估分析

2011年江西省"两化"融合综合指数35.16，位列全国第19，名次较2010年上升两位。江西省融合硬度指数为54.30，位列全国第10，名次较上年提升两位；融合软度指数为13.61，位列全国第30，名次与上年相比降低两位；融合深度指数为26.00，位列全国第16，名次较上年降低四位。

从雷达图1中可以清晰看出，融合硬度相比融合软度、融合深度具有明显优势。构成融合硬度的"工业规模、工业结构、工业效益"三个细分维度中，工业结构是优势指标，处于全国中上游水平，工业规模和工业效益指标也表现良好，规模、结构、效益呈现明显倒"V"形态势。构成融合软度的"基础设施、

---

① 江西省统计局：《江西工业开局之年展翼疾飞》。

产业发展、环境支撑"三个细分维度均处于全国下游水平，江西省信息产业发展较为薄弱。构成融合深度的"应用数字化、交易电子化、保障平台化"三个细分维度中，保障平台化相比前两个细分维度具有明显优势，尤其是江西省交易电子化发展基本处于萌芽阶段。

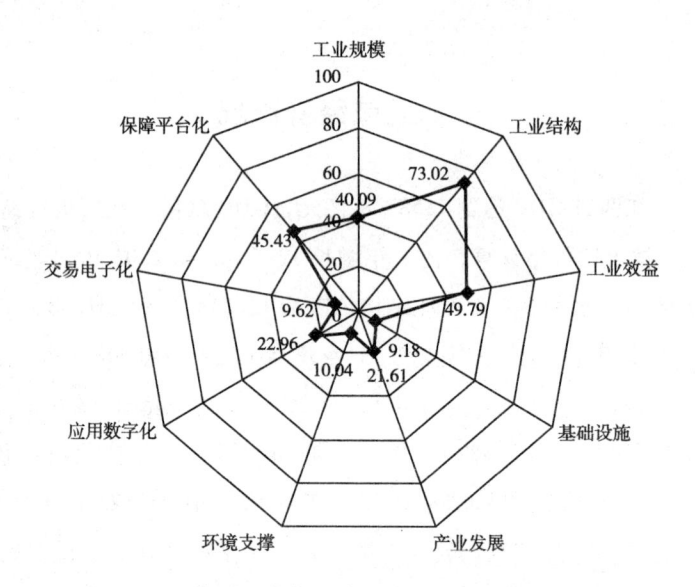

图1 江西省"两化"融合进程评估细分维度雷达图

三 三大支柱评述

（一）融合硬度

在融合硬度的推进过程中，2011年江西省规模以上工业增加值达3910.88亿元，同比增长19.1%，工业增速显著高于全国平均水平①。江西已形成以有色金属、钢铁、汽车、船舶、石化、轻工、纺织、装备制造、建材等工业行业为重点的工业体系。2011年，江西省规模以上工业企业利润突破千亿元大关，达1113.86亿元，增长44.5%，增速列全国第二位②，实现主营业务收入利润率

---

① 江西省统计局：《江西工业开局之年展翼疾飞》。
② 江西省统计局：《江西工业开局之年展翼疾飞》。

6.0%，同比提高0.1个百分点。

工业规模方面，江西省工业增加值占GDP比重较高，且有不断提高的趋势，该指标处于全国上游水平。相对而言，工业就业人口比重、人均GDP与城市化率指标均处于全国平均水平以下，但江西省城镇化步伐有加快趋势，未来此指标将进一步快速提高，2011年新增城镇人口80万，城镇化率提高1.64个百分点，达到45.7%[①]。

工业结构方面，江西省高技术产业占比、小企业产值贡献率、私营企业产值贡献率、内需贡献率指标均表现良好，处于全国中上游水平。这充分反映了江西省近年工业结构调整的良好成效，2011年江西省高新技术产业增加值占生产总值的比重由7.8%提高到8.6%[②]，高新技术产业发展迅速；民间投资的不断上升也支撑了中小企业的发展，2011年江西省民间投资增长35.8%，对投资增长的贡献率达到87.9%，占全社会固定资产投资的比重由66.4%提高到72.2%。

工业效益方面，江西省科研投入、资源消耗与绿色环保等均在全国各省市中处于中上游水平，这与其工业结构指标表现良好有紧密关系。2011年，全省规模以上工业能源消费总量4426.14万吨标准煤，同比增长10.9%，低于增加值增速8.2个百分点。全省单位工业增加值能耗较2010年同比下降6.9%（当量值）[③]。但江西省利润指标表现相对较差，反映在工业成本费用利润率、单位主营业务收入上缴税金指标上，表明江西省制造业利润水平相对较低，制造业仍需进一步转型，提升其技术含量。

（二）融合软度

在融合软度的推进过程中，2011年江西省移动电话普及率超过52%，互联网宽带接入用户普及率超过7%[④]，电信增加值增长18.1%。2011年江西省纳入

[①] 数据来源：《关于江西省2011年国民经济和社会发展计划执行情况与2012年国民经济和社会发展计划草案的报告》。
[②] 数据来源：《关于江西省2011年国民经济和社会发展计划执行情况与2012年国民经济和社会发展计划草案的报告》。
[③] 江西省统计局：《江西工业开局之年展翼疾飞》。
[④] 依据工信部年度统计数据与江西省2010年人口数据计算得出。

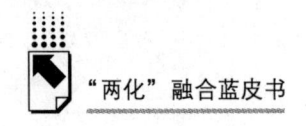

统计口径的规模以上电子信息制造企业110户,完成主营业务收入976.75亿元,同比增长34.16%;实现利润总额64.02亿元,同比下降5.53%[①]。江西省信息产业不断发展提升,云计算、物联网等新技术、新应用在省内尝试应用。

基础设施方面,江西省在人均通信设施拥有量、通信普及率、工业企业门户网站拥有率上均处于全国下游水平,通信基础设施落后、人均GDP偏低等限制了省内通信普及率的提升,就移动电话普及率而言,江西省距离上海、北京等发达省市相差甚远。但随着省内不断有效整合、充分利用各种自然资源和地理空间基础设施,江西省基础设施综合服务能力将不断提升。

产业发展方面,江西省信息产业各项规模、效益指标均处于全国中下游水平。电子信息产业近年虽然发展较快,但由于起步较晚,在规模等各方面仍然发展较为滞后。江西省电子信息产业发展速度较快,2011年增速超过30%,但受电子信息产业整体利润水平偏低的影响,甚至出现利润负增长情况,未来应采取适当政策支持以提高该行业的赢利能力,保护行业发展积极性。信息相关产业一般劳产率相对较高,但与其他省市横向对比,其信息产业劳产率仍需进一步提高。

环境支撑方面,江西省信息产业发展环境较为落后。从信息产业生产供给角度看,江西技术创新、应用情况不佳,技术市场交易额、国内专利年授权数量指标均较为落后;从信息产品市场需求情况看,较低的信息消费系数以及人均通信业务收入在需求上限制了信息产业市场的发展壮大。

(三)融合深度

在融合深度的推进过程中,江西省软件产业总量快速扩大,基础更加稳固,2010年实现主营业务收入64亿元。特色产业基地初具规模,南昌高新区金庐软件园、浙大科技园、南大科技园集聚了全省90%以上的软件企业,金庐软件园在国内外具有较大影响力和一定的竞争优势。软件产业的快速发展为江西省实现工业生产数字化、交易电子化、保障平台化提供了坚实的基础。

应用数字化方面,江西省重点推行省内制造业的信息化水平提升工程,应用数字化成效显著,目前,省内机械、电子、汽车、航空和船舶等制造业CAD技

[①] 数据来源:江西省工业和信息化委员会。

术应用普及率达80%以上。但就工业软件占软件收入的比重指标而言，该指标处于全国中下游水平，工业全面应用数字化仍需进一步加强。

交易电子化方面，从江西省网商规模、密度和活跃度等指标来看，其电子商务仍处于全国中下游水平。交易电子化的大规模推进，一方面，需要有良好的信息化基础设施平台，另一方面，需要有强大的经济基础、商业环境、城市规模、物流水平，同时需要形成网上交易的消费习惯。而这些的形成均与较为发达的经济和社会形态有关，当前江西仍然处于传统制造业经济形态的转型期，且信息基础设施不够完备，直接限制了交易电子化的发展。

保障平台化方面，与行业、企业信息化以及交易信息化相比，江西省电子政务发展水平相对较高。江西省政府网站、电子政务业务处理效率与公众满意度水平均较高，在全国各省市处于中上游水平。这与中央以及地方政府对电子政务的重视程度和投入程度有直接关系，未来保障平台化将进一步关注政府电子政务发展与政府信息公开、事务处理效率之间的关系。

四　融合推进建议

江西省虽然距一线发达省市有一定差距，但良好的工业发展基础以及较高的信息产业发展速度，使得其"两化"融合综合指数实现较快的提升。但从细分维度分析看出，当前省内信息基础设施不够完善，软件行业规模仍需进一步扩大，工业化和信息化深度应用融合程度较低等成为限制江西省"两化"融合水平进一步提高的关键因素。

（一）加强省内通信基础设施建设，提高"两化"融合软度

加快整合省内信息基础设施，推进省内信息网络共建共享工作，加快推进电信网、广播电视网和互联网"三网"融合，有效提升省内信息基础设施的利用效率。大力推进光纤入户，部署光纤宽带网络建设，推进宽带信息网"最后一公里"和宽带互联网建设，加快有线电视广播网络数字化整体转换和双向化改造。加快建设新一代移动通信网、下一代互联网和数字广播电视网，形成超高速、大容量、高智能国家干线传输网络。

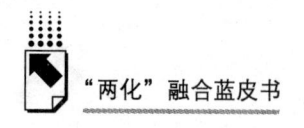

（二）提高信息化应用水平，提升省"两化"融合深度

江西省"两化"融合评估现状表明，当前省内"两化"融合深度应用水平仍然偏低，应重点提高信息化应用水平，省内"保障平台化"相对发展较好，因此，应主要提升省内"应用数字化"和"交易电子化"水平。"应用数字化"方面，加大信息技术在工业行业的应用水平，推动生产装备智能化和生产过程自动化，加快柔性制造生产方式的普及，推动面向产业链协同的信息化集成应用；加大信息技术在企业管理的应用水平，推进以质量、计划、财务、设备、生产、营销、供应链、人力资源、安全等环节为重点的企业管理信息化，加强系统整合与业务协同。"交易电子化"方面，积极推进电子商务基础平台及服务系统建设，建立"信用江西"企业及个人信用认证系统，加强数字认证系统应用，保障电子商务安全，完善网上一体化支付平台，畅通交易渠道。

（三）重点发展软件产业，夯实"两化"融合基础

就江西省当前发展阶段而言，软件产业发展成为支撑其"两化"深度融合的重要基础，重点突破软件产业发展是"两化"融合的方向。继续发展系统集成，重点推动软件产品向平台化、构件化方向延伸；完善江西省软件行业产业链，逐步扩大软件产品、软件技术服务、嵌入式软件的比重，打造形成软件产品—软件技术服务—系统集成—嵌入式软件的软件产业链，形成行业应用软件、中间件软件、嵌入式软件、系统集成、软件服务外包、数字内容加工处理与服务并重的产业发展格局。

B.18 山东省

一 区域经济概况

2011年，山东省GDP达到45429.2亿元，按可比价格计算，比上年增长10.9%。产业整体发展趋势良好，结构调整效果明显，三次产业结构依次为8.8∶52.9∶38.3，第三产业占比继续扩大。规模以上工业实现增加值比上年提高14.0%，制造业增加值比上年增长14.9%，高新技术产业产值增长27.1%。该省努力打造以战略性新兴产业和高技术产业为先导的现代产业体系。2011年，山东省规模以上电子信息产业实现主营业务收入3690.9亿元，增长19.7%；利润194.9亿元，增长30.9%。在"两化"融合过程中，山东注重发挥信息化在工业转型升级中的引擎作用，完善信息化推进机制，推动信息技术深度应用，不断提高工业信息化水平。

二 综合评估分析

2011年，山东省"两化"融合指数为45.75，位列全国第9，名次和上年持平。山东省融合硬度指数为56.34，位列全国第8，名次较上年下降四位；融合软度指数为32.06，位列全国第10，名次较上年下降两位；融合深度指数为27.84，位列全国第14，名次较上年上升一位。

从雷达图1可以看出，构成融合硬度的"工业规模、工业结构、工业效益"三个细分维度中，工业结构和工业效益在各省市比较中均处于上游水平；构成融合软度的"基础设施、产业发展、环境支撑"三个细分维度中，其信息产业发展较另两个维度强，处于全国中游水平，三者关系呈现明显的"V"形态势；构成融合深度的"应用数字化、交易电子化、保障平台化"三个细分维度中，相对较好的应用数字化也仅处于全国中游水平，而保障平台化水平在全国范围内则明显落后。

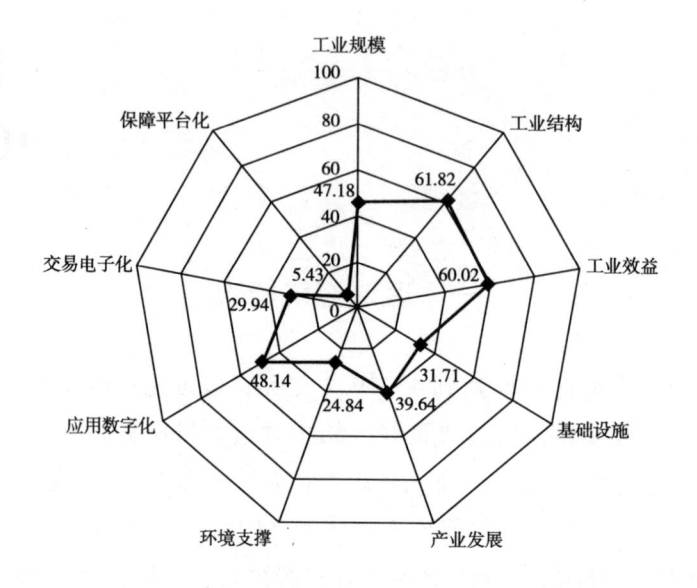

图1 山东省"两化"融合进程评估细分维度雷达图

三 三大支柱评述

(一) 融合硬度

在融合硬度的推进过程中，2011年山东省工业生产平稳增长，规模以上工业实现增加值比上年增长14.0%；山东省正逐步加大结构调整力度，加快培育结构优化、布局合理、技术先进、清洁安全、产业链完善、吸纳就业能力强的现代产业体系；工业企业利润总额持续较高，规模以上工业赢利6998.3亿元，较上年提高27.2%，利税额突破万亿元，达到11136.2亿元，增长25.3%。

工业规模方面，山东省在工业就业人口比重、人均GDP方面在全国范围内处于中上游水平，而城市化率却相对不高。工业就业人口比重反映了工业发展对劳动力的吸纳程度，人均GDP直接反映了山东的区域经济水平，城镇化率是工业化过程对城镇化过程影响程度的衡量指标，而50.9%的城镇化率则表明其工业化进程还处于逐步深入阶段，相对于其他省市而言，还有较大的提高空间。

工业结构方面，山东省在高技术产业占比方面处于全国中上游水平，与山东省近年来大力优化产业结构、推进科技教育人才支撑作用和加大自主创新能力建设的措施是分不开的；在私营企业、小企业产值贡献率上，山东省在各省市中位置靠前，这与山东引导中小企业做精做专的思路，并对中小企业实施财税和融资扶持措施直接相关；在内需贡献率方面，山东位置靠后，部分源于其较为浓厚的农业传统观念。

工业效益方面，山东省在科研投入、能源利用和环境保护等方面均处于全国前列，在一定程度上反映了山东省工业转型升级效果明显，更加注重科学技术和循环经济在推动产业发展、降低能耗中的作用，更强调企业发展的集约模式；但同时也应看到，山东的工业经济效益水平处于全国的下游位置，除了工业企业平均工资增速位置靠前外，单位主营业务收入上缴税金和全员劳动生产率等指标皆较为落后，这和当前制造业利润空间相对较低的现状一致。

（二）融合软度

在融合软度的推进过程中，2011年山东省信息产业平稳增长，产业规模不断提高，创新能力和产业化水平逐步增强，企业核心竞争力大幅提高。规模以上电子信息产业主营业务收入达3690.9亿元，涨幅19.7%，实现利润194.9亿元，提高30.9%；电话普及率达到每百人94.4部，移动电话用户7118.0万户，增长15.0%，光缆线路总长度51.0万公里，提高了19.2%。

基础设施方面，山东省整体在各省市中处于中上游水平，除百户家庭电脑拥有量的指标位置靠前外，其他如万人移动电话交换机容量和互联网宽带普及率等指标均处于中上游，表明山东在基础设施完善方面有较大提高空间，而现有的较好基础也直接推动了"两化"融合的深入开展。

产业发展方面，山东信息产业的多项规模和效益等指标均处于全国上游位置。信息产业作为山东经济社会发展的先导产业，同时也是推动当地产业结构优化升级的主要动力，其产业规模的逐步扩大，技术和效益的不断提高，带动了行业劳动生产率水平的明显上升。

环境支撑方面，山东省信息化消费环境较为优越，处于全国中上游水平，这与其较高的基础设施水平、较好的产业发展状况紧密相关；在国内专利年授权数量和技术市场成交额方面，指标数值较高，表明其在技术研发和转化方面的优势地位，这为信息产业的深入发展打下坚实基础，而在信息消费系数和人

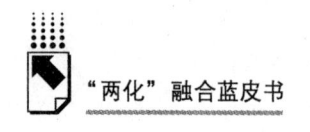

均通信业务收入方面处于中上游,表明其在信息资源的产业化和普及率方面还有待提高。

(三) 融合深度

在融合深度的推进过程中,2011年山东省继续深入推动信息化和工业化的融合过程,加快信息技术在各领域的深度应用,服务业信息化、电子商务和电子政务取得长足发展。软件业实现业务收入1329.1亿元,较上年增长45.7%;入围全国重点软件(百强)企业7家,软件产业园13个;企业电子商务交易额占经济流通总量的40%以上,并新建成一批规模较大和影响较广的电子商务平台。

应用数字化方面,山东省重点支持研究开发软件中间件、数据库、嵌入式软件、网络安全软件、重点行业应用软件、工业自动化软件、企业信息化应用软件等,推行软件开发过程管理、项目管理、人力资源管理,重视标准化建设和质量体系建设,推广应用软件构件和复用技术,提高企业工程化管理能力,实现软件工业化生产。

交易电子化方面,山东的电子商务发展程度位于全国上游,特别是在网商规模、密度与活跃度等方面都名列前茅,其电子商务交易程度相对较高,这既与其良好的经济基础、贸易环境和信息化建设工程密切关联,也直接得益于其发达的物流条件。

保障平台化方面,山东电子政务外网主体工程已经建设完成,省、市、县三级政府门户网站全部上线,电子政务应用水平明显提高;重点行业积极利用信息技术优化业务流程,规模和应用水平都处于全国前列,系统建设为"两化"融合过程提供了有力保障。

四 融合推进建议

山东位于我国东部沿海发达地区,经济环境较好,综合经济实力稳步增长;产业基础较强,产业结构调整和优化升级有序开展。信息领域基础设施和普及程度较高,服务能力提高较快,信息技术在社会各方面得到了深度应用。较高的融合硬度、融合软度和融合深度指标表明,其在"两化"融合过程中所取得的显著成绩和后续发展具有坚实的基础。

（一）通过信息技术改变工业发展方式，推动产业结构优化升级

未来山东应坚持产用结合，在现有工业发展基础上更加注重采用信息技术，在产品研发设计、生产过程、企业管理、市场营销、人力资源开发、新型业态培育和企业技术改造等环节推广信息技术的应用；以冶金、电力、建材等高耗能行业为重点，推广信息技术在节能减排中的应用，推进生产设备与生产过程的数字化和智能化，促进企业能源系统优化与合理利用，强化企业间基础信息共享和业务协同程度；加大对工业发展重点信息技术的投资力度，提高工业发展的信息技术含量，推动产业结构优化升级。

（二）完善并升级信息基础设施，为信息化发展提供良好条件

未来山东应着力建设新一代移动通信网，按照有关政策规定和技术规范积极建设并优化3G网络；加快推动三网融合；积极发展基于嵌入式操作的核心软件和基础软件等产品，统筹建设并推广应用云计算公共服务平台；从技术研发、服务平台构建、测试评估和应用普及等方面稳步推进物联网发展；加强网络与信息安全，增强安全保障能力，大力发展网络增值业务和应用服务体系。

（三）优化发展环境，加快"两化"融合过程

山东应加强信息化工作机制和投资力度，提高自主创新与对外合作能力，完善信息化服务支撑能力和发展环境；重点推进轻工、纺织、石化、机械、建材、冶金、煤炭、电力、医药和现代物流等十大行业的"两化"融合；优先抓好信息技术与农业生产、质检和销售领域的融合，建设并共享农村基础信息数据库；大力推进信息技术与第三产业融合，整体提升生产性服务业、金融行业和交通运输行业的信息化水平，加快电子商务和电子政务的发展和应用，实现产业结构、发展方式、消费模式的融合提升。

B.19 河南省

一 区域经济概况

2011年河南省GDP达到27232.04亿元，按可比价格计算，比上年增长11.6%，三次产业结构依次为12.9∶58.3∶28.8，第二、三产业占比均略有提高；2011年全部工业增加值达到14401.70亿元，较上年增长16.1%，同比增长0.7个百分点，规模以上工业增加值增长19.6%，轻、重工业比约为30.6∶69.4。河南省正逐步提高创新能力以实现工业优化升级；2011年河南省继续调整并深化信息化进程，电信产业增长翻倍，全年电信产业固定资产投资额为31.91亿元，成为全省六大高成长性产业之一；河南坚持健全信息化协调推进和绩效考核机制、完善政策和标准规范以及创新投融资机制，从而推动"两化"融合过程实现阶段性发展。

二 综合评估分析

2011年河南省"两化"融合综合指数为34.51，位列全国第20，名次较上年持平；河南省融合硬度指数为48.76，位列全国第16，名次较上年下降两位；融合软度指数为16.17，位列全国第28，名次较上年下降八位；融合深度指数为16.92，位列全国第22，名次与上年持平。

从雷达图1中可以清晰看出，构成融合硬度的"工业规模、工业结构、工业效益"三个细分维度中，工业结构在各省市比较中处于前列，规模、结构、效益呈现明显倒"V"形态势；构成融合软度的"基础设施、产业发展、环境支撑"三个细分维度中，其信息产业发展较另两个维度相对较强，但仍处于全国中游水平，三者呈现倒"V"形态势；构成融合深度的"应用数字化、交易电子化、保障平台化"三个细分维度中，前两个维度均在全国处于下游水平，相对较强的保障平台化指标也仅处于中游水平。

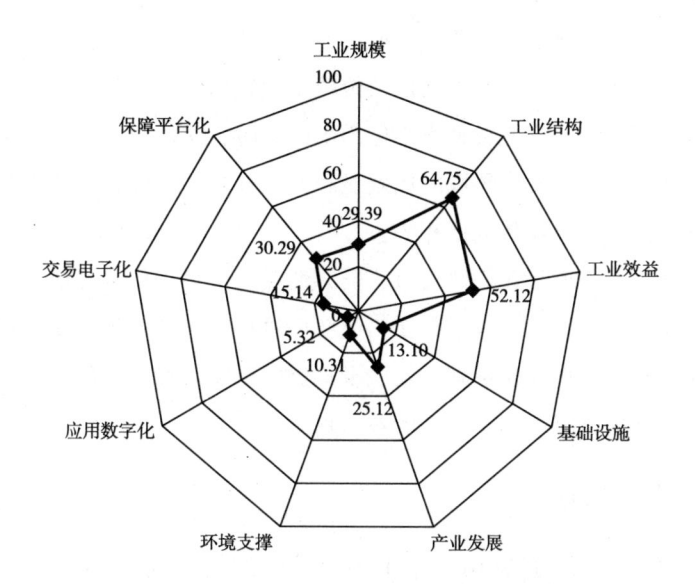

图1 河南"两化"融合进程评估细分维度雷达图

三 三大支柱评述

(一) 融合硬度

在融合硬度的推进过程中，2011年河南实现全部工业增加值14401.70亿元，比上年增长16.1%，规模以上工业增加值增长19.6%，其中，轻工业增长20.4%，重工业增长19.2%；规模以上工业企业实现利润总额4066.13亿元，增长32.8%，回落3.1个百分点。河南把推进新型工业化、构建现代产业体系作为协调科学发展的核心，强化产业集聚区载体功能，加快培育优势产业集群和品牌，做强做大战略支撑产业，积极发展战略新兴产业，努力构建结构优化、技术先进、清洁安全、附加值高、吸纳就业能力强的现代产业体系。

工业规模方面，河南在工业增加值占比、工业就业人口比重、人均GDP等方面均在全国各省市中处于中游位置。此三项指标直接反映了河南的工业发展程度和区域经济水平；对比工业发展水平，40.57%的城镇化率表明其工业化进程存在进一步深化的空间。

工业结构方面，河南的高技术产业占比位于全国中游，这在很大程度上源于其作为中部内陆地区开放程度不高以及传统工业较落后的现状；同时，其小企业产值贡献率和私营企业产值贡献率均位于全国上游，这反映了河南近年来加大招商引资力度、优化企业发展环境的成效显著，而较高的内需贡献率则与较快的产业发展以及较大的人口基数直接相关。

工业效益方面，河南在科研投入、资源消耗与绿色环保等方面在全国处于中游水平，这在一定程度上反映了其在工业转型过程中对技术的研发和转化力度不够，工业发展的效益水准还不高，发展模式仍旧更多依赖于粗放型增长，因而技术创新和节能环保就成了未来发展的着力点。

（二）融合软度

在融合软度的推进过程中，2011年河南电信业务收入532.99亿元，增长19.5%，电话普及率为68.10部/百人，增长9.8%；年末互联网用户3879.84万户，增长27.5%；河南把信息化产业列为本省战略基础产业，并提升到与交通、能源、水利、环保同等重要的战略地位优先发展。基础设施趋于完善，网络与信息安全水平稳步提升。

基础设施方面，河南的通信普及率在各省市横比中处于中游水平，个别指标排名落后，这和其信息化环境不完善，政策、机制和资金投入不足相关。基础设施薄弱的现状直接制约了产业间的"两化"融合过程和城市功能的提升。

产业发展方面，河南信息产业各项规模、效益指标均处于全国中游位置。河南把信息产业列为推动区域经济发展的基础产业和高成长性产业，并作为产业结构调整和优化升级的重要动力，纵向比较而言，其产业规模和技术水平以及资金数额正逐渐扩大，从而也带动了劳动生产率的明显提升。

环境支撑方面，河南在国内专利年授权数量指标比较中处于中上游位置，全年申请专利34076件，授权专利19259件，分别增长35.5%和16.4%；而在技术市场成交额、信息消费和收入方面则处于中下游，其技术合同成交金额仅38.76亿元，表明河南在技术的普及使用和产业推广方面还有待提高。

（三）融合深度

在融合深度的推进过程中，2011年河南信息产业保持平稳较快发展，信息产业园区快速发展，软件企业数量增幅较大，产业产值明显提高，电子商务和电子政务的建设与应用取得明显成效，社会领域信息化应用逐步普及，"两化"融合取得阶段性成果。

应用数字化方面，河南在工业软件占软件收入比重等方面处于全国中下游水平。交通、教育、科技、社保、卫生等领域信息化建设稳步推进，信息技术在企业管理、产品研发、生产、营销等领域的应用不断深化，中小企业综合服务平台体系基本形成，"数字城市"和社区信息化建设取得阶段性成果，点状效应逐步显现。

交易电子化方面，河南电子商务活跃程度和交易规模在全国处于中上游水平，这不仅与其巨大的市场购买力、良好的贸易环境、坚实的信息化设施直接相关，还和便利的位置优势和发达的物流状况关系紧密。

保障平台化方面，河南政府网站绩效在全国处于中游水平，其电子政务处理效率和公众满意度也较好。近年来，河南加快信息化基础设施建设，普及电子政务的建设和应用取得明显成效，全省电子政务网络架构基本形成，统一的广域骨干网和省直城域网得到较好应用，而纵向业务网和基础资源库建设取得明显效果，业务应用不断深化，高标准完成国家基于互联网电子政务信息安全保障试点工作，试点经验和成果在全省推广。

四　融合推进建议

河南地处我国中部内陆地区，区域经济基础较强，工业体系较全，河南坚持走新型工业化道路，着力发展成全国重要的先进制造业基地；信息产业基础较好，发展速度较快，信息产业被列为高成长性产业和基础产业重点培育；"两化"融合过程开展较早，成绩较高，信息化在社会各领域得到了广泛和深入应用，"两化"融合取得阶段性发展。

（一）增强产业竞争力，推动工业优化升级

河南应在现有的工业基础上，着眼于增强产业和企业的竞争力，注重提高政策引导、技术创新和融资扶持，着力发展信息技术在壮大装备制造等高成长性产业、改造化工等传统优势产业和培育节能环保等战略性新兴产业中的积极作用，

支持行业领头企业和高校、科研院所组建行业信息化创新联盟，开发并推广行业关键信息技术标准和产品，加快高信息技术含量的重大项目建设和重点技术研发，推动工业向高端化、智能化、网络化和信息化方向发展；按照高端、高质、高效方向，抢占未来制高点与增强产业竞争力。

（二）优化发展环境，加快信息技术的产业化发展和普及化应用

健全信息化协调、推进和考核机制，完善信息化投融资机制和政策法规标准，着力发展电子元器件和光电产业等信息产业链和产业基地，建设宽带、泛在、融合、安全的新一代信息化基础设施；加快建设信息网络设施建设工程和重大应用网络平台工程等重点工程，完善信息网络设施，加强信息支撑能力，强化信息安保能力。

（三）注重实用高效，推动工业化和信息化深度融合

积极引导"两化"融合良性发展，加大信息化引导性资金投入，推进信息化与企业生产、经营、管理各个环节的融合；积极推进国家信息化与工业化融合试验区建设，深入开展省级"两化"融合试点工作；建设并推广云计算综合服务平台，鼓励企业研发并完善具有针对性和稳定性的生产经营管理软件，建立信息技术企业和工业企业的对接平台，加快电子商务和电子政务的发展；重点建设中小企业信息化和现代物流信息化等"两化"深度融合工程。

ß.20 湖北省

一 区域经济概况

2011年湖北省GDP达到19594.19亿元，比上年增长13.8%，三次产业结构依次为13.1∶50.1∶36.8，第二产业占比有所增加，第三产业略有下降；2011年规模以上工业增加值达到8565.56亿元，较上年提高20.5%，工业完成销售产值26239.30亿元，增长36.4%；湖北省正逐步加快科技创新步伐以实现工业转型发展，2011年湖北省信息化进程继续向纵深推进，信息产业被列为重点发展领域予以培育；在"两化"融合措施方面，湖北围绕企业、行业和区域层面的试点探索各行业信息化改造和优化升级的关键技术和整体解决方案。

二 综合评估分析

2011年湖北省"两化"融合综合指数为41.61，位列全国第13，名次较2010年上升一位。湖北省融合硬度指数为50.88，位列全国第15，名次较上年提升两位；融合软度指数为24.84，位列全国第16，名次较上年下降三位；融合深度指数为29.92，位列全国第13，名次较上年下降一位。

从雷达图1中可以看出，构成融合硬度的"工业规模、工业结构、工业效益"三个细分维度中，工业规模在各省市比较中处于中游，而工业效益则处于上游水平，规模、结构、效益呈现明显上升折线形态势；构成融合软度的"基础设施、产业发展、环境支撑"三个细分维度中，其信息产业发展较另两个维度相对较强，但仅处于全国中上游水平，三者呈现明显的"V"形态势；构成融合深度的"应用数字化、交易电子化、保障平台化"三个细分维度中，交易电子化处于下游水平，而其他两个指标则处于中游水平。

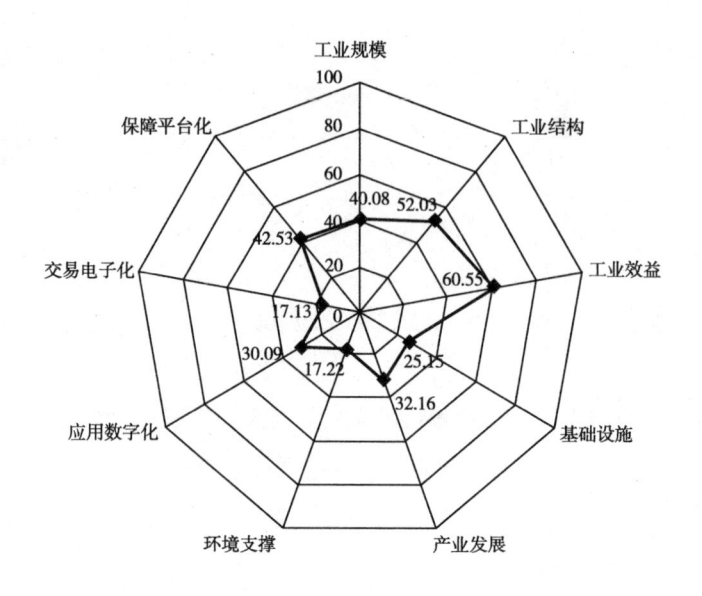

图1 湖北"两化"融合进程评估细分维度雷达图

三 三大支柱评述

(一) 融合硬度

在融合硬度的推进过程中，2011年湖北实现工业增加值8565.56亿元，其中轻工业增加值为2722.03亿元，涨幅25.5%，重工业增加值为5843.53亿元，涨幅18.3%；全年工业企业利润总额为1497.41亿元，涨幅29.3%，其中国有控股工业利润总额为595.65亿元，涨幅1.9%。以科技含量高、经济效益好、资源消耗低、环境污染少、人力资源优势得到充分发挥为特征的新型工业化正逐步成为湖北经济快速协调发展的主导力量，同时制造业和服务业得到共同发展，高新技术产业和战略性新兴产业竞相发展。

工业规模方面，湖北工业增加值占GDP比重处于全国上游水平，而工业就业人口比重、人均GDP与城市化率均处于中游地位。较高的工业增加值比重反映了湖北的经济发展更多依赖工业发展，而51.8%的城市化率超过了全国平均水平，说明工业化建设已取得明显成效。

工业结构方面，湖北坚持做大做实做强工业和高新技术产业，加快优势主导产业和战略性新兴产业发展步伐，工业主导地位得到进一步强化。另一方面，湖北中小企业产值贡献率、高技术产业占比指标在各省市中处于中游位置，在很大程度上源于其开放程度与区域经济活跃程度一般。

工业效益方面，湖北在科研投入和绿色环保方面处于全国各省市的上游水平，而资源消耗处于中上游水平，这反映了湖北工业转型升级效果明显，工业化过程中更加强调技术创新和环境友好，更加注重行业核心竞争力的提高；但同时也应看到，湖北的工业生产效益和生产率处于各省市的中下游水平，突出反映在工业成本费用利润率、全员劳动生产率和工业企业平均工资增速较低，这是其工业转型过程深度不足的表现。

（二）融合软度

在融合软度的推进过程中，2011年湖北通信业完成电信增加值219亿元，增长5.9%，移动电话用户达到3953.7万户，互联网宽带接入用户592.3万。信息产业发展快速，技术实力居全国领先地位。

基础设施方面，近年来，湖北在信息领域方面的基础设施建设发展较快，但其在电话和宽带普及率等多项指标的比较中仍处于全国各省市的中下游水平，这反映了其基础设施较为薄弱，从而限制了企业"两化"融合与城市功能的提升。

产业发展方面，湖北信息产业各项规模、效益指标均处于全国中上游水平。信息产业既是湖北经济发展的支柱产业之一，也是湖北产业结构优化调整的重要动力，较高的工业增加值和较少的劳动力占比，以及资金和技术的升级，直接提高了行业的劳动生产率水平。

环境支撑方面，湖北在技术市场成交额和国内专利年授权数量等指标方面处于全国各省市的上游，其中技术合同成交额119亿元，较上年增长31%，而信息消费系数和信息收入则位于下游。这反映了湖北具有较好的技术基础，而在信息技术的产业化方面有一定的提升空间。

（三）融合深度

在融合深度的推进过程中，2011年湖北在持续加快工业和信息业发展的基

础上，稳步推动"两化"深度融合，广化信息技术在社会经济各领域的应用，服务业信息化、电子商务和电子政务得到明显提高。

应用数字化方面，其工业软件占软件收入比重等指标较高。湖北逐步深化宽带和通讯等信息技术在社会经济各领域的融合，扩大受众范围，并不断把服务制造业、金融业和贸易等领域的数字化水平推向前列。

交易电子化方面，湖北电子商务发展程度在全国各省市中处于中上游水平。这得益于湖北较好的经济基础、物流状况和信息化设施建设，同时也为"两化"融合的深入发展作出了铺垫。

保障平台化方面，湖北政府网站绩效水平在全国处于中下游位置，其电子政务业务处理效率与公众满意度水平较高。初步形成了全省统一的电子政务外网体系，基本实现省市县三级网络全覆盖，技术支撑能力明显提高，集中建设近70个省级重点应用系统，基本形成了基础性和战略性政务信息库，初步实现了信息集中和共享，普遍建立了电子政务信息安全保障系统。

四　融合推进建议

湖北地处我国中部内陆地区，区域经济基础较强，"两圈一带"战略正不断建设和发展完善，产业体系较全，以制造业为代表的传统工业正经过技术转型升级而逐步迈向现代工业体系；信息化程度较强，基础设施较好，普及程度较高，服务能力提高显著，信息化在社会各领域得到广泛应用。较高的融合硬度、融合软度和融合深度指标，既是其在"两化"融合过程中正确方向和得力措施的直接体现，也为后续发展打下了坚实基础。

（一）加快技术创新，构建多层次软件产业体系

湖北应通过引进战略投资者和提高自主创新能力，推进信息技术与主导优势产业融合，在技术改造中加强信息技术应用，提升主导支柱产业发展；重点支持汽车、石化、钢铁、装备制造、食品、纺织等支柱产业应用信息技术、产品和装备，集中力量发展高信息技术含量的数控装备及系统等高端装备制造产业，加快实现制造业技术自主化、制造柔性化、设备成套化、服务网络化；重点支持电子新材料和节能环保等领域的技术以及产业的发展，抓紧关键技术的研发和国家级

质量检验检测中心的建设，提升传统产业经济的信息技术水平；加快推进"支柱产业倍增计划"和先进制造业振兴工程。

（二）强化资源配置，壮大信息领域主导优势产业

未来湖北应充分调动并配置各类资源要素向主导产业、园区集聚，壮大产业规模，提高竞争能力。通过资金扶持、财政激励和技术创新等途径优化产业发展环境，扶持壮大骨干企业，强化产业载体建设，健全产权投资机制；加快培育和发展新一代信息技术产业，重点做大做强工业应用软件、地理信息软件、信息安全软件和信息技术服务等四大优势特色产业，着力发展数字内容加工处理和新兴信息技术服务两大高成长性产业；重点发展光电子信息和集成电路等产业，创新"三网联合"和物联网发展的核心技术。

（三）深化企业核心竞争力，加快"两化"融合进程

完善申报、认定、扶持和监管等制度体系建设，为"两化"融合提供良好的外部环境；围绕企业、行业、区域层面选择试点，广化信息技术在社会经济各领域的应用，为各行业信息化改造和优化升级提供关键技术和整体解决方案；钢铁、石化、医药等流程性行业，以制造执行系统、在线监测和分析系统为重点，加快实施专项改造，努力使重点行业和骨干企业信息化应用达到先进水平；推进工业技术研发信息化和产品数字化、生产流通过程自动化、企业管理信息化，提升产品的科技含量和附加值，切实提高企业核心竞争力。

B.21
湖南省

一 区域经济概况

2011年湖南省GDP达到19635.19亿元，比上年增长12.8%。三次产业结构依次为13.9:47.5:38.6，第三产业占比继续扩大。2011年全省工业增加值达到8083.15亿元，同比增长18.2%，其中规模以上工业增加值增长20.1%，轻、重工业比约为3:7，湖南省正逐步通过新型工业化带动农业现代化和新型城镇化。2011年湖南省信息化进程快速向前推进，全省电子信息制造业工业增加值增幅达49.1%，居全省各行业首位，成为加快"数字湖南"建设及产业结构调整的重要支柱。2011年，湖南长株潭城市群获批第二批国家级"两化"融合试验区，全省又确定了岳阳经济技术开发区等13个工业园区开展省级"两化"融合试点，力争到2013年率先进入深度融合发展阶段。

二 综合评估分析

2011年湖南省"两化"融合综合指数为42.30，位列全国第12，名次较2010年下降四位。湖南省融合硬度指数为57.64，位列全国第7，名次较上年提升一位；融合软度指数为18.55，位列全国第25，名次与上年持平；融合深度指数为34.80，位列全国第10，名次较上年下降三位。

从雷达图1中可以看出，构成融合硬度的"工业规模、工业结构、工业效益"三个细分维度中，工业结构在各省市处于领先水平，规模、结构、效益呈现明显倒"V"形态势。构成融合软度的"基础设施、产业发展、环境支撑"三个细分维度中，其信息基础设施较另两个维度相对较弱，总体处于全国中下游水平。构成融合深度的"应用数字化、交易电子化、保障平台化"三个细分维度中，前两个维度在全国处于中游水平，保障平台化处于上游位置。

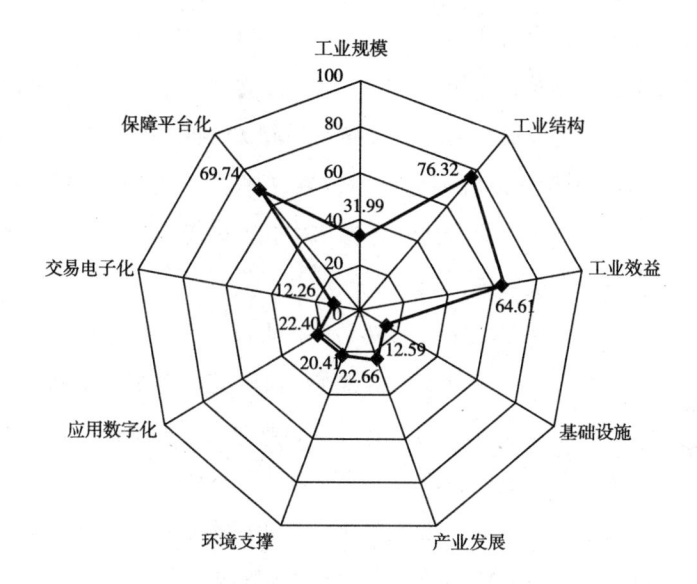

图1 湖南"两化"融合进程评估细分维度雷达图

三 三大支柱评述

(一) 融合硬度

在融合硬度的推进过程中，2011年湖南实现工业增加值8083.15亿元，比上年增长18.2%。其中，规模以上工业增加值增长20.1%[①]。湖南已形成以机械、石化、食品、有色、轻工、冶金、建材及信息产业等八大千亿产值产业为主的工业体系。2011年规模以上工业企业实现利润总额1252.23亿元，同比增长43.9%；实现税金总额2756.67亿元，同比增长40.6%。

工业规模方面，湖南省的工业增加值占比在各省市中处于中上游，在中部地区处于前列。而工业就业人口比重、人均GDP与城镇化率方面均在各省市中处于中下游位置，这主要是由于湖南外出务工人员较多，相对较低的人均GDP也反映了湖南整体区域经济水平一般，其工业化建设尚未全面深入开展。

---

① 数据来源：《2011年湖南省国民经济和社会发展统计公报》。

"两化"融合蓝皮书

工业结构方面，湖南省小企业、私营企业产值贡献率及内需贡献率优势明显，这与湖南中小企业及私营企业较多，加之近年来湖南为应对产业结构调整，各地采取的支持中小企业成长的政策措施密切相关，例如株洲市搭建的中小企业公共服务平台仅2011年9月就为会员单位累计提供了1.5亿元贷款担保。但同时也应看到，湖南高技术产业占比在各省市中相对较低，这与湖南的工业发展体系仍以传统产业为主直接相关。

工业效益方面，湖南在工业增加值率、科研投入、资源消耗与绿色环保等方面均在全国各省市中处于上游或中上游水平，在一定程度上反映出湖南省重视工业的转型升级，更加注重提升传统工业的核心竞争力，突出强调新型工业化发展的绿色效益及技术效益。但同时也应看到，湖南工业的经济效益水平在全国各省市中处于中游甚至中下游水平，突出反映在工业成本费用利润率、工业企业平均工资增速比较低，这也与目前制造业利润水平相对较低的现实相符。

（二）融合软度

在融合软度的推进过程中，2011年湖南移动电话普及率超过57%，互联网（固定）宽带普及率超过8%[①]。2011年湖南省电子信息制造业实现主营业务收入1170.87亿元，同比增长65.9%[②]，信息产业也成为湖南第8个千亿产业。湖南利用信息技术改造提升传统产业，已经成为转方式、调结构和节能减排的有效举措，而物联网、云计算等新一代信息技术在生产、交通物流、电子商务和智慧城市建设等领域的广泛应用，有望破解湖南经济发展中资源能源紧缺和环境容量不足等瓶颈。

基础设施方面，湖南在各省市横比中具有明显劣势，工业企业门户网站拥有率、各项通信普及率等多项指标在全国排位靠后。基础设施综合服务能力的落后，直接影响了企业"两化"融合与城市功能的提升。

产业发展方面，湖南信息产业各项规模、效益指标均处于全国中下游甚至下游水平。电子信息制造业作为湖南发展工业经济的新兴支柱产业之一，虽然发展

---

① 依据工信部年度统计数据与湖南第六次人口普查公布数据计算得出。
② 数据来源：湖南省经济和信息化委员会，http://www.hnjxw.gov.cn/eca/view.do?id=8a888089351e52f4013588badfec5f5b。

势头迅猛,但起步较晚,发展时间相对较短,作为未来"数字湖南"建设及产业结构调整的重要支撑力量,其产业规模在不断扩大,产业的技术、资金投入日渐升级,使其劳动生产率也有了一定的提升。

环境支撑方面,湖南信息化消费环境相对落后,在全国处于中下游水平,这与其相对欠缺的信息基础设施建设以及区域经济水平较低相关。同时也应看到,湖南技术市场交易额及信息消费指数在中部省份位置靠前,为信息化提供了良好的技术交易平台,未来成长空间巨大。

(三) 融合深度

在融合深度的推进过程中,2011年湖南电子商务交易额持续增加,其中手机支付平台注册用户达8000万,年访问量达5000万人次,实现交易额121亿元。信息技术应用的覆盖面、渗透率明显提高,全方位融入经济运行、社会管理和公共服务各环节,移动电子商务成为湖南重要的经济活动形式。

应用数字化方面,湖南不断提升软件等信息技术与装备制造业的融合发展,例如通过传统电气技术与信息技术对接融合,打造核心技术;软件服务正逐步增强区域产品售后服务的核心竞争力,努力实现由"生产型制造"向"服务型制造"转变。

交易电子化方面,湖南省作为首批移动电子商务的区域性试点,其活跃程度在全国各省中处于领先水平,其用户规模和月交易额在全国名列前茅。作为全国电子商务示范城市的长沙,其电子商务已全面进入一、二、三产业的生产、展示、销售和服务各个层面,2011年前三季度,长沙市重点联系电子商务企业相关交易额为262亿元,同比增长36.4%[①]。

保障平台化方面,湖南政府网站绩效在全国处于上游水平,其电子政务业务处理效率与公众满意度水平较高。湖南各级政府及其各部门和信息化企业围绕进一步深化电子政务应用、推进信息资源共享和业务协同、建立健全信息安全保障体系等重点工作,加强业务合作与交流,形成合力,推动湖南电子政务建设的稳步前进。

---

① 数据来源:湖南省经济和信息化委员会,http://www.hnjxw.gov.cn/eca/view.do?id=8a88808932a4d5a30132fad1f85923d7。

四 融合推进建议

湖南地处我国中部地区，在中部各省份中经济基础相对较好，传统工业正在经过一系列转型改造，努力迈向现代工业体系。湖南信息化基础相对薄弱，近年来信息产业规模不断扩大，2011年已经跨过千亿元台阶，成为全省第8个千亿元规模工业行业，是湖南的新兴支柱产业。良好的融合硬度基础，加之湖南未来建设"四化两型社会"的定位，使其"两化"融合更加定位于传统工业的融合转型、重点服务行业的融合应用以及民生领域的融合创新，率先成为中部崛起的重要增长极。

（一）利用信息技术改造提升传统产业，培育战略性新兴产业

在生产性领域，要着力推进信息化与新型工业化的融合发展。利用信息技术改造提升传统产业，深化信息技术在企业研发设计、工艺流程、生产装备、过程控制及物料管理等各环节的广泛应用和全面渗透，建设"数字企业"。利用信息技术改造提升煤矿、非煤矿山、危险化学品和烟花爆竹等高危行业企业安全生产条件，促进安全生产。利用信息技术与新技术、新材料、新产品、新工艺的融合创新，培育发展战略性新兴产业，提高产业竞争力和影响力。

（二）流通服务领域，加快发展电子商务和网络经济

推动网上采购、营销、交易、支付、物流配送集成发展，实现采购、生产、销售等环节物流业务的有序外包，提高物流业专业化、社会化水平；通过电子标签、自动识别、自动分拣、可视服务等技术在大宗工业品物流、工业园区和物流企业中的推广应用，提高物品管理的精准化水平，流通方式的转变促进在线检测、实时监控、远程诊断、在线维护、位置服务等新业态出现。

（三）公共服务领域，以信息技术促进民生服务的信息化

加速信息化在社会事业和公共服务各领域的广泛应用，切实方便百姓生活与工作需求。推进医疗保健卡、电子健康档案和电子病历逐步覆盖城乡居民。通过加快地理空间框架建设，推进空间、人口、法人、自然资源、宏观经济基础信息资源库和资源管理中心建设，努力构建覆盖全省统一的电子政务网络和办公服务平台。

B.22
广东省

一 区域经济概况

2011年广东省GDP达到52673.59亿元,比上年增长10%。三次产业结构依次为5.05∶49.75∶45.20,第三产业占比继续扩大。2011年规模以上工业增加值达到21630.06亿元,轻、重工业比约为4∶6,广东省正逐步通过自主创新能力和产业竞争力"双提升"来促进工业转型发展。2011年广东省信息化进程继续向纵深推进,信息产业增加值占全省生产总值比重达8.7%,成为广东产业结构调整中的三大新兴支柱产业之一。2011年广东省启动"两化"融合牵手工程,发布《广东省无线城市发展"十二五"规划》,积极开展创建广东省电子商务示范企业工作,推进"两化"深度融合。

二 综合评估分析

2011年广东省"两化"融合综合指数为64.56,位列全国第3,名次与2010年持平。广东省融合硬度指数为58.86,位列全国第6,名次与上年持平;融合软度指数为65.85,位列全国第3,名次与上年持平;融合深度指数为74.95,位列全国第1,名次与上年持平。

从雷达图1中可以看出,构成融合硬度的"工业规模、工业结构、工业效益"三个细分维度中,工业结构在各省市处于中下游,规模、结构、效益呈现小"V"形态势。构成融合软度的"基础设施、产业发展、环境支撑"三个细分维度中,其信息产业发展较另两个维度相对较弱,但仍处于全国上游水平。构成融合深度的"应用数字化、交易电子化、保障平台化"三个细分维度中,后两个维度均在全国处于领先或上游位置。

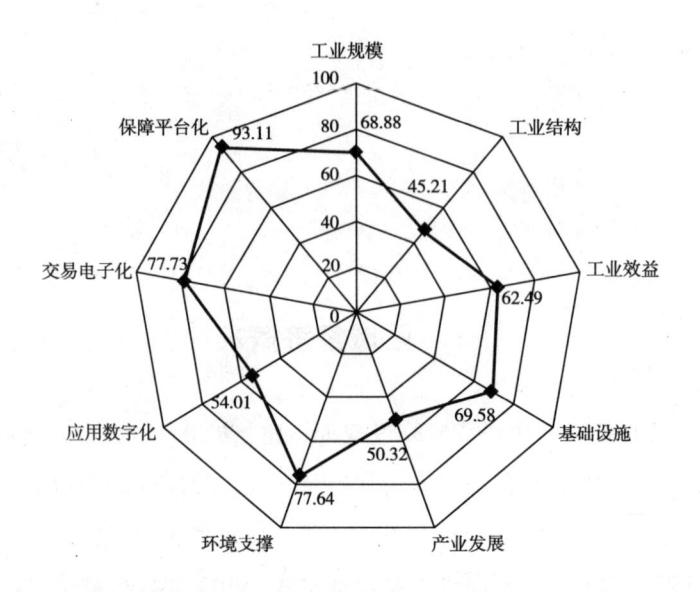

图1 广东"两化"融合进程评估细分维度雷达图

三 三大支柱评述

(一) 融合硬度

在融合硬度的推进过程中，2011年广东实现工业增加值24408.13亿元，比上年增长11.6%。其中，规模以上工业增加值21630.06亿元，增幅同比回落4.2个百分点①。广东已形成由纺织服装、食品饮料、建筑材料构成的三大传统支柱产业，由电子信息业、电气机械及专业设备、石油及化学构成的三大新兴支柱产业，由森工造纸、医药、汽车及摩托车构成的三大潜力产业的九大产业工业体系。2011年规模以上工业企业实现利润总额4609.33亿元，同比增长2.4%。

工业规模方面，广东工业就业人口比重在各省市处于领先地位，工业增加值占比、人均GDP与城镇化率方面优势同样比较明显。工业就业人口占比等指标作为工业化的衡量指标，间接反映了广东省的区域工业化水平较高，其工业化建

---

① 数据来源：《2011年广东省国民经济和社会发展统计公报》。

设已开展到较深入水平，广东省已处于工业化后期后半阶段。

工业结构方面，广东高技术产业占比优势极为明显，这与广东充分利用国际金融危机和国内经济政策调整所形成的倒逼机制，及时制定和实施促进提高自主创新能力、促进传统产业转型升级、促进建立现代产业体系，保持经济平稳较快发展的"三促进一保持"部署紧密相关。同时也应看到，广东工业结构中内需贡献率在各省市中相对较低，这与广东省的外向型经济发展模式直接相关。

工业效益方面，广东在工业企业工资增速、科研投入、新产品产值率、资源消耗与绿色环保等方面均在全国各省市中处于上游或领先水平，在一定程度上反映出广东工业转型升级成效显著，产业高级化步伐加快，自主创新能力得到提升，绿色发展战略稳步推进，从而保证了广东省的工业效益水平在全国各省市中处于上游水平。而工业成本费用利润率、单位主营业务收入上缴税金、劳产率横比较低，这也与目前制造业利润水平相对较低的现实相符。

（二）融合软度

在融合软度的推进过程中，2011年广东移动电话普及率超过103%。2011年广东高端新型电子信息产业总产值约5990亿元，软件业完成业务收入3502.5亿元，规模总量居全国第一[①]。广东信息技术创新及其产业化能力不断提升，并组建云计算、集成电路设计、工业软件等三大产业联盟，以应用带动云计算发展创新。

基础设施方面，广东在各省市横比中具有较为明显的领先优势，每百户家用电脑拥有量及多项通信普及率指标在全国排位靠前，基础设施普及率高、综合服务能力强，为企业"两化"融合与城市功能提升奠定了基础。

产业发展方面，广东信息产业增加值占比位列全国第一，说明电子信息作为广东工业转型发展的新兴支柱产业之一，同样也是广东以服务经济为主的产业结构调整的重要支撑力量，其产业规模不断扩大，2011年广东高端新型电子信息产业总产值增长约23%，软件业累计增速达24.3%[②]，均实现了高速增长。而信息产业从业人员占比较低则是由于广东省工业整体就业人口偏多造成的。

[①] 数据来源：广东省经济和信息化委员会，http：//www.gdei.gov.cn/zwgk/jmzk/gdjm/201202/201203/t20120314_106983.html。

[②] 数据来源：广东省经济和信息化委员会，http：//www.gdei.gov.cn/zwgk/jmzk/gdjm/201202/2012 03/t20120314_106983.html。

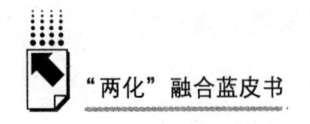

环境支撑方面，广东信息化消费环境较为优越，在全国处于领先地位，这与其强大的基础设施建设以及较高的区域经济水平相关。同时，广东技术市场交易额规模较大，国内专利年授权数量较多，为信息化提供了良好的技术交易平台及技术成果。

（三）融合深度

在融合深度的推进过程中，2011年广东省电子商务交易额超过8000亿元，占全国电商市场交易额的1/6左右，软件业完成业务收入达3502.5亿元。完善的网络通信技术基础、强大的制造业发展优势及良好的社会氛围，使得信息技术全方位融入经济运行、社会管理和公共服务各环节，电子商务成为广东省的主要经济活动形式，市场发展前景广阔。

应用数字化方面，截至2010年，广东省拥有华为、中兴等14家全国软件百强企业和49家国家规划布局内重点软件企业，其软件收入占比在全国各省中处于前列，基于此优势，软件产业正以其特有的渗透力广泛服务于广东的工业化发展，融入工业自动化以及工业产品研发、设计、生产、流通等产品生命周期及各个环节的管理领域。

交易电子化方面，广东省电子商务活跃程度在全国各省中处于上游水平，特别是网商规模、网商交易额均名列前茅。优越的信息基础设施及物流条件支撑广东电子商务的繁荣，其发展的极大优势还在于广东是全国乃至全球最大的制造业基地，其中小企业的数量占全国的1/3，全省形成规模的产业集群就达到123个，这是支撑电子商务巨头发展会员客户的最大根基。

保障平台化方面，广东省政府网站绩效在全国处于领先水平，其电子政务业务处理效率与公众满意度水平很高。网上审批、便民服务进一步完善，网络问政、网络民意已经成为政府决策和施政的重要参考，信息资源共享和开发利用的深入提高了政府联合监管和协同办公水平，电子政务已经成为广东省构建服务型政府的有效手段。

四 融合推进建议

广东省地处我国东南部沿海发达地区，区域经济基础较好，近年来围绕

"加快转型升级、建设幸福广东"这个核心，快速发展先进制造业，装备制造业形成规模化、高级化发展格局，传统产业转型升级步伐加快，正逐步迈向现代工业体系。广东信息化基础较好，信息产业及信息服务业的发展水平居全国前列，也是我国新一代信息技术发展的领先区域。良好的融合硬度、融合软度基础，加之广东省未来建设全球重要的现代产业基地的定位，使其"两化"融合更加定位于传统产业、高端装备制造业、生产服务业及新兴产业的信息技术改造的深度提高，实现由制造大省向创造大省的转变。

（一）全面运用信息技术改造传统产业，提升传统产业竞争力

依托广东省发达的信息产业，推进产品开发、设计与创新的信息化，深化信息技术在机床、汽车、船舶、重型机械设备、家电等产品上的渗透融合，提高产品信息技术含量和附加值。推进生产装备与过程的信息化和自动化。推广综合集成制造、敏捷制造、柔性制造、精密制造等先进制造技术，推进现代装备制造业高端化发展。以信息技术提高企业的生产能力和物流效率，推进企业管理信息化，提高企业的业务管理能力和参与国际市场竞争的能力。

（二）大力发展战略性新兴产业，促进产业结构优化升级

大力发展汽车电子、医疗电子、机床电子、娱乐玩具电子、轮船电子等新型产业。实施发展高端新型电子信息产业行动计划，着力发展新型平板显示、新一代通信、物联网和云计算等新兴行业，加快广州、深圳、佛山、汕尾等地的重大新型平板显示项目建设，推进新一代宽带无线移动通信和下一代互联网关键技术攻关与产品开发，打造世界级电子信息产业基地。

（三）深化信息技术在现代服务业中的应用，促进工业化发展

加快信息化与生产、消费服务的融合，重点提升金融保险、现代物流、工业设计和管理咨询等现代服务业发展水平，以现代服务业促进工业化发展。大力发展涵盖信息传输服务、数字内容服务和信息技术服务的现代信息服务业。推进电子自动识别、无线通信技术在生产制造、物流与供应链管理领域的应用，推进商贸流通领域的信息化。大力发展电子商务，促进企业经营模式创新，提高企业对市场的反应速度和能力，增强企业市场竞争力。

B.23
广西壮族自治区

一 区域经济概况

2011年广西壮族自治区GDP达到11714.35亿元,比上年增长12.3%,继续保持平稳快速增长。其中,第一、二、三产业增加值分别为2047.30亿元、5736.78亿元、3930.27亿元;第一、二、三产业增加值占地区生产总值的比重分别为17.5%、49.0%、33.5%,第二产业占比继续扩大,产值和增加值的规模取得双突破。规模以上工业总产值12720亿元,增长37.9%;工业增加值总量达到4091亿元,增长20.8%,综合经济实力迈上新台阶。2011年,广西柳州和桂林正式成为国家级"两化"融合试验区,给广西"两化"融合带来新的契机。

二 综合评估分析

2011年广西"两化"融合综合指数为29.45,位列全国第25,名次与2010年相比下降一位。广西融合硬度指数为41.00,位列全国第22,名次与上年持平;融合软度指数为15.24,位列全国第29,名次较上年下降六位;融合深度指数为6.46,位列全国第26,名次较上年下降一位。

从雷达图1中可以看出,构成融合硬度的"工业规模、工业结构、工业效益"三个细分维度中,即使是表现最好的工业结构在各省市比较中全国排名为13,仍处于中下游水平,规模、结构、效益呈现明显的倒"V"形态势。构成融合软度的"基础设施、产业发展、环境支撑"三个细分维度,以及构成融合深度的"应用数字化、交易电子化、保障平台化"三个细分维度均处于全国中下游水平。整体来看,广西"两化"融合发展进程相对落后。

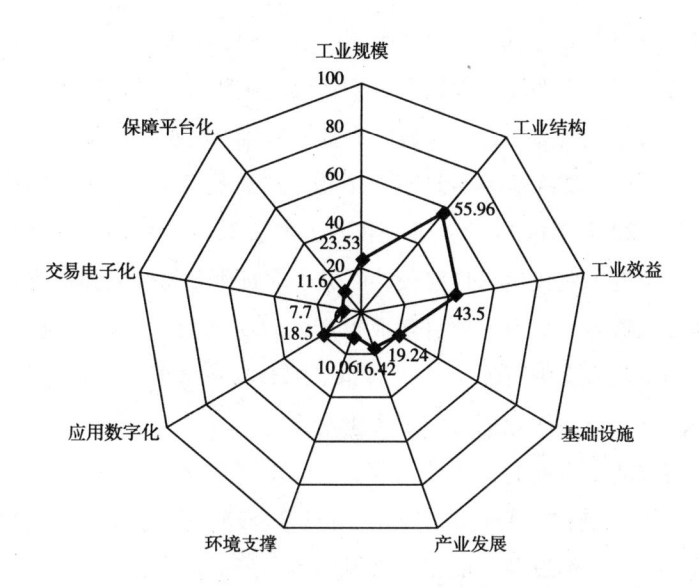

图1 广西"两化"融合进程评估细分维度雷达图

三 三大支柱评述

（一）融合硬度

在融合硬度的推进过程中，2011年广西实现工业增加值4091亿元，增长20.8%。其中，规模以上工业总产值12720亿元，增长37.9%[①]。继食品、汽车和冶金之后，新增石化、机械两个千亿元产业，广西千亿元产业已达到5个。全年规模以上工业中，增长较快的是石油加工、炼焦及核燃料加工业，增长150.9%，电气机械及器材制造业增长34.7%，专用设备制造业增长21.0%。

工业规模方面，广西在工业就业人口比重、人均GDP与城市化率方面均处于相对劣势地位。广西的工业底子薄弱，通过不断改革和政策支持，广西工业规模连年攀升，发展速度很快，取得可喜的成绩。2011年广西生产总值11714.35亿元，按可比价格计算，比上年增长12.3%；规模以上工业总产值12720亿元，

---

① 数据来源：《2011年广西壮族自治区国民经济和社会发展统计公报》。

增长37.9%；工业增加值总量达到4091亿元，增长20.8%。

工业结构方面，广西着力加快发展千亿元产业和战略性新兴产业，重点抓好食品、汽车、石化、电力、有色金属、冶金、机械、建材、造纸与木材加工、电子信息、医药制造、纺织服装与皮革、生物、修造船及海洋工程装备等14个千亿元产业建设，2011年这14个产业销售收入增长36%。另外，广西不断加强企业技术攻关，推进工业化信息化建设，引进了中石化北海炼油异地改造、柳工提升装载机核心制造等一批重大项目建成投产，启动了上汽通用五菱轿车新基地、东风柳汽乘用车基地、中石油含硫原油加工配套等一批项目。新能源、新材料、生物医药等战略性新兴产业也得到了快速发展。

工业效益方面，广西的工业效益水平在2011年的全国各省市排名中处于第22的位置，由此反映出广西现有工业结构不尽合理，需要利用新技术改造传统工业，注重环保和节约资源，增加产品附加值，降低成本，增强工业的竞争力。广西在大力引进项目优化产业结构时，要同时注重加大技术的投入，并审查项目的质量。

（二）融合软度

在融合软度的推进过程中，2011年广西的网民数为1353万人，互联网普及率为29.4%，较上年增长10.4%，相对于全国平均38.3%的普及率、12.2%的增幅而言①，广西的互联网发展状况较落后，处于全国各省市排名的下游地位。

基础设施方面，广西基础设施建设指标在全国处于下游位置，除了居民平均每百户家庭电脑拥有量排名第7，处于靠前位置外，网民普及率、移动电话普及率等多个指标均在下游，整体说明广西基础设施建设薄弱，信息技术在工业应用和个人信息服务基础设施方面均有待大大提高。

产业发展方面，广西的信息产业发展滞后，在信息产业增加值占比、技术市场成交额等多方面处于落后地位，信息化水平与经济社会发展要求不相适应。为改变这种被动局面，广西需进一步构建覆盖城乡的信息基础设施网络，布局建设新一代移动通信、下一代互联网、数字电视等网络设施及宽带无线城市、农村宽带网络，着力推动信息化和国民经济的深度融合，用信息化改造、提升传统产

---

① 数据来源：国家统计局。

业，培养新型业态。

环境支撑方面，广西的信息环境落后，不容乐观。根据广西"十二五"规划，广西将加强对重大信息化项目的方案设计和科学论证，建立信息化项目评估机制，强化信息化项目管理。制定和完善信息安全等级保护措施，加强信息网络监督、管控能力和无线电频谱监管设施建设，确保信息网络系统安全。加大信息社会化宣传力度，扩大信息化基础培训和应用知识培训范围，加快信息技术人员培养和信息知识普及教育，完善信息化人才培养体系。拓宽信息化市场需求，提高信息化发展和使用能力，努力为信息化全面发展创造良好的市场环境。

（三）融合深度

在融合深度的推进过程中，电子商务近年来在广西发展迅速，2011年11月，南宁入选全国首批21个"国家电子商务示范城市"，并重点引进了商务部推荐的第三方电子商务平台；2012年4月，南宁高新区入选首批"国家电子商务示范基地"，广西电子商务发展迎来发展契机。但软件业、电子商务等产业仍是广西"两化"融合的弱项。广西在扩大工业规模、建设产业园区的同时，应加大对工业企业的研发投入，提高工业企业的信息化水平。

应用数字化方面，广西先后批准设立了南宁、桂林、北海三个软件园，南宁、桂林、柳州三个城市被批准列入国家信息化试点城市，组织成立了广西软件行业协会、广西软件管理中心、广西软件评测中心等机构，积极开展了软件企业认定和软件产品登记工作，为软件业的发展构架了技术管理和服务支撑体系。但由于产业起步较晚，产业发展基础薄弱，广西软件在全国各省市处于下游水平。

交易电子化方面，广西电子商务活跃程度在全国各省市中处于劣势水平，网商交易额、网商规模、网商交易密度等一系列指标均与信息化发达地区差距较大。作为一个新兴行业，广西电子商务在短时间内取得了一定发展，据不完全统计，2011年广西企业通过各类电子商务平台完成的出口额约为7.63亿美元，占出口总额的6.4%[1]。但从整个指标来看，广西电子商务发展仍很落后，需要加大人力、财力投入，为电子商务和政务发展创造良好的环境。

---

[1] 数据来源：《2012年广西电子商务发展阻碍研究分析》，http://www.chinairn.com/news/20120511/614544.html。

保障平台化方面，虽然广西政府网站绩效在全国各省市中处于相对落后水平，但在"十一五"期间，其政务网络框架已基本建立，建设成效明显，共建立各级政务服务中心122家，机关门户网站普遍建立，电子政务发展环境逐步改善。由于电子政务缺乏统筹领导和顶层设计，重电子轻政务，整合力度不大，开发应用滞后，电子政务的整体作用仍没有充分发挥出来。

四 融合推进建议

（一）新一代信息技术引领，强力推动新兴产业发展

战略性新兴产业、新兴科技与产业的深度融合而催生的一批产业代表未来经济和技术发展趋势。经济后发展地区要缩小和发达地区的差距，必然要在战略性新兴产业的发展上实现新的突破，应进一步整合现有资源，布局建设新一代移动通信、下一代互联网、数字电视等网络设施及宽带无线城市、农村宽带网络，着力推动信息化和国民经济三大产业的深度融合，用信息化改造、提升传统产业，培养新型业态。

（二）大力发展电子商务

加快中小企业电子商务项目建设，加速城市电子商务发展，推进"电子商务进社区"工程；发挥电子商务在农产品流通中的作用，推进"电子商务到田间"工程；加快建设广西与东盟企业信用评级系统，推进"跨境电子商务互信"工程，帮助企业"走出去"等。

（三）加大技术创新力度，推动工业转型升级

以技术创新体系为支撑，建立完善国家、自治区、市三级技术中心创新体系，培育一批创新能力强、行业带动和示范作用明显的企业，申报国家级企业技术中心和技术创新示范企业，推动信息技术在工业中的推广应用，提升工业产品质量，增加产品附加值，推动工业企业转型升级。

B.24 海南省

一 区域经济概况

2011年海南省GDP达到2515.29亿元，比上年增长12.0%，高于全国GDP增速2.8个百分点，在上年快速增长的基础上仍保持较快增长。第二产业增加值714.50亿元，增长15.2%；三次产业结构依次为26.2∶28.4∶45.4。2011年，全省人均生产总值28797元，按现行汇率计算为4429美元，登上了4000美元的新台阶，标志着海南经济发展进入了一个新的阶段。2011年，海南省开展了"智慧海南，人才20000"培训计划，加快了IT等信息技术人才的培养，为海南信息化产业储备充足的人才，推进"两化"融合发展。

二 综合评估分析

2011年海南"两化"融合综合指数为38.25，位列全国第17，名次较2010年上升六位。海南融合硬度指数为34.47，位列全国第26，名次较上年上升四位；融合软度指数为29.30，位列全国第12，名次与上年相比上升两位；融合深度指数为24.65，位列全国第18，名次较上年下降四位。

从雷达图1中可以看出，构成融合硬度的"工业规模、工业结构、工业效益"三个细分维度中，指标最高的工业效益在全国排名第12，而工业规模和工业结构相对较弱，在全国处于下游水平，这与国家在主体功能区定位中对海南的战略规划直接相关。构成融合软度的"基础设施、产业发展、环境支撑"三个细分维度中，基础设施指标排名最高为第9，而环境支撑排名靠后为第26，说明海南工业发展缺乏产业环境，较少形成产业集聚。构成融合深度的"应用数字化、交易电子化、保障平台化"三个细分维度中，保障平台化位列全国第9，应用数字化排名第7，交易电子化位于中下游位置，说明海南相对全国平均水平处于中等以上水平，但融合深度依然不够深入，需要打造电子商务平台，推动信息技术应用。

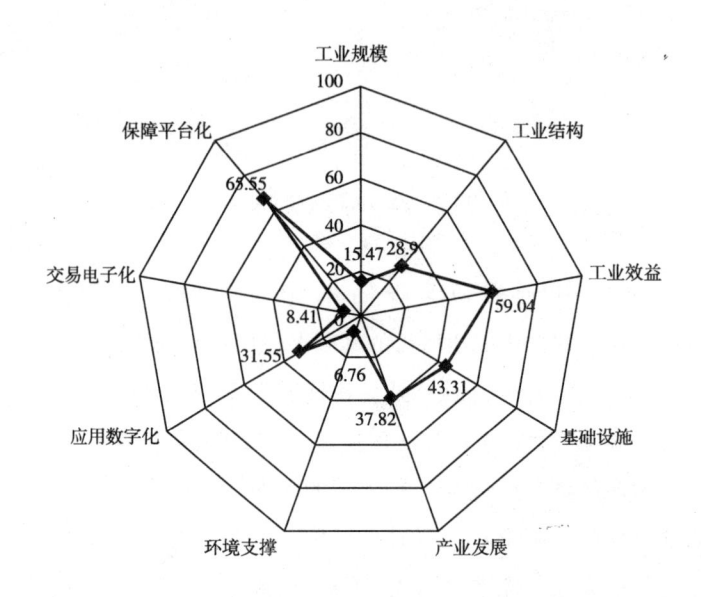

图1 海南"两化"融合进程评估细分维度雷达图

三 三大支柱评述

（一）融合硬度

在融合硬度的推进过程中，2011年海南实现工业增加值475.04亿元，比上年增长13.4%。其中，规模以上工业增加值437.94亿元，增长14.0%[①]。分轻重工业看，轻工业增加值100.49亿元，增长10.5%；重工业增加值337.45亿元，增长15.2%。全年产值超过10亿元的规模以上重点行业中，增长较快的是电气机械及器材制造业，增长49.3%，交通运输设备制造业和金属制品业均增长22.3%，其他类型工业也有不同程度的增长。2011年海南省政府出台鼓励新型工业、战略性新兴产业和高新技术产业发展的优惠政策，加快了产业优化升级

---

① 数据来源：《2011年海南省国民经济和社会发展统计公报》。

步伐。2011年全省地方公共财政收入实现340亿元,同比增长25.5%,增长更稳定,收入基础更坚实,收入结构更合理。

工业规模方面,海南城市化率排名第9,工业就业人口比重和人均GDP等均在各省市处于中下游地位,海南整体指标不占优势,反映出海南工业发展尚处于起步阶段。而2011年海南省生产总值2515.29亿元,比上年增长12.0%,高于全国GDP增速2.8个百分点,经济发展平稳快速,这得益于海南省政府深化改革开放,加快转变经济发展方式和着力调整经济结构,加大改善民生和社会建设力度。

工业结构方面,海南坚持"大企业进入、大项目带动、高科技支撑"产业发展战略,发挥海南发展战略性新兴产业的后发优势,优先发展高新技术产业,加快建设海南生态软件园、海南灵狮创意港和三亚创意园,鼓励和吸引国内外知名信息技术企业向园区集聚,发展软件研发、信息技术培训等软件产品和相关产业,取得了积极的效果,海南高技术产业占比在各省市中排名第10;集中布局、集约发展新型工业,重点培育油气化工、浆纸及纸制品、汽车和装备制造、矿产资源加工、新材料和新能源、制药、电子信息、热带农产品加工八大支柱产业。

工业效益方面,海南的工业效益水平在全国各省市中处于第12,其中单位主营业务收入上缴税金、全员劳动生产率、工业成本费用利润率等处于优势地位,反映出海南在进行结构升级的过程中,发展优势支柱产业,提高了劳动生产率,降低了工业成本费用利润率,增加了产品附加值。但海南的科技投入显然不足,需要引进一批知名的科研院所带动海南经济的发展,产生科技效应,增强后发优势。

(二)融合软度

在融合软度的推进过程中,2011年海南网民数为338万人,互联网普及率为38.9%,较上年增长11.4%,相对于全国平均38.3%的普及率、12.2%的增幅而言,海南的互联网发展状况在全国处于中游地位[①]。

基础设施方面,海南基础设施建设指标在全国列第9,除了工业企业门户网站拥有率排名第1,处于领先位置外,网民普及率、移动电话普及率等多方面指

---

① 数据来源:国家统计局。

标均在中游位置，海南信息技术在工业应用表现突出，而个人信息服务基础设施却有待大大提高。根据海南"十二五"规划，海南将继续加快信息网络基础设施建设，积极推进电信网、广播电视网、互联网"三网融合"工程，提高全省的信息化水平。

产业发展方面，海南的信息产业发展处于中下游水平，在信息产业增加值占比、技术市场成交额等多方面指标都处于落后地位。不过，2011年海南省信息产业迅速崛起，形成一定的规模。位于澄迈老城开发区的海南生态软件园正式开园，东软、中软、长城信息、天涯在线等198家企业落户，2011年实现产值33.9亿元；中兴通讯等27家企业入驻三亚创意产业园；位于海口的灵狮海南国际创意港引入56家国内外设计企业及机构；惠普公司已在海南建设四大新兴研发和人才培训基地。据了解，根据海南产业发展"十二五"规划，海南将大力发展以信息产业为代表的高新技术产业和战略性新兴产业，力争用5年时间，打造8~10个高新技术大企业和产业集群，实现1000亿元的高新技术产业产值。

环境支撑方面，海南的信息环境落后，需要政府给予大力支持。只有为信息人才创造一个适合创业和发展的环境，才能吸纳和留住尖端信息人才。为此，海南要结合本省实际，在住房、工作条件、个人所得税等方面给予信息人才更个性化的扶持，解决战略性新兴产业企业员工的落户问题，切实打造留住人才和用好人才的人文环境。

（三）融合深度

在融合深度的推进过程中，2011年海南省电子商务交易额迅速增长，软件业实现新跨越。据海南省电子商务协会初步统计，目前海南共有280多家第三方旅游电子商务企业、70余家农业电子商务企业，包括餐饮等其他领域一些电子商务企业在内，电子商务企业总数约400余家。海南2011年订单量同比增长了268.4%，居中国网购订单量增长最快的十大省市之首。信息技术应用的覆盖面、渗透率得到提升，电子商务在海南省经济转型中的作用不断提高。

应用数字化方面，海南不断提升软件等信息技术在旅游、环境、卫生、教育、生活等领域的应用，海南生态软件园建设顺利推进，目前已有202家企业入驻，2011年实现产值33.9亿元，培育新的产业集群，大力支持云计算、物联网应用、电子商务等产业的发展。

交易电子化方面，海南电子商务活跃程度在全国各省市处于下游水平，特别是网商规模、密度与活跃度等方面明显落后于全国平均水平。这主要是因为海南省网络信息基础设施建设投入不足、政策支持力度不大、企业商业模式不清晰等问题，直接制约了其电子商务的发展壮大。

保障平台化方面，海南政府网站绩效在全国处于上游水平，其电子政务业务处理效率与公众满意度水平比较高。自省委、省政府提出建设"信息智能岛"以来，海南省电子政务建设取得了一定成效，覆盖全省高速、宽带、大容量的信息基础网络已形成，建设了省政府门户网站，加强了服务功能，成为社会关注的热点网站；市县政府基本都在互联网上建立了网站，实现了信息发布到电子政务互动服务的转变。

四　融合推进建议

海南省地处我国东南部沿海发达地区，岛屿经济特点显著，处于工业化的初级阶段，带有后工业化的特征。海南省以第三产业为主，具有走绿色经济和低碳发展的巨大潜力。推进海南"两化"深度融合，应聚焦国家战略和海南省重点产业，用国际旅游岛建设统揽海南经济社会发展全局，努力把海南建设成为经济繁荣发展、生态环境优美、文化魅力独特、社会文明祥和的开放之岛、绿色之岛、文明之岛、和谐之岛。

（一）加快旅游业和信息化融合，推进旅游业转型升级

以建设世界一流的海岛休闲度假旅游目的地为目标，基本完成旅游要素国际化改造任务，提高旅游产业的国际竞争力。加快旅游信息体系建设，加快旅游景区信息通信基础设施建设和新的信息技术与业务的应用，加大旅游产业信息资源整合，推进旅游业和信息化深度融合。围绕重点旅游景区和度假区建设，抓紧滨海、山区旅游精品线路的规划、建设和改造，完善景区和度假区内外路网，推动滨海、山区旅游资源整合。

（二）加强通信网络建设，建设信息智能岛

以建设信息智能岛为目标，完善覆盖全岛有线和无线相结合的高速宽带基础

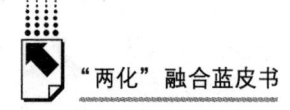

网络。加快农村信息化工程建设，加强农村地区互联网接入能力建设，建立和完善农产品产地数字可追溯系统、农业远程防疫系统和水库防洪数字系统；整合农村党员远程教育系统、农业科技"110"系统、新型农村合作医疗系统等资源。建设城市光网，实现基于光纤到户、到楼的宽带接入方式，提高宽带普及率及入户带宽。积极推进电信网、广播电视网、互联网"三网融合"工程，整合城乡信息网络资源，打造"数字海南"。大力支持邮政网络建设。在推进信息化过程中，全面提高海南城乡管理水平。

（三）积极推进电子政务信息化，提高政府服务水平

建立统一的电子政务运行基础平台，实现政府部门内部及政府部门间网络的互联互通。建设政府数据中心，加强对信息资源的整合、共享和有效利用，使信息资源的使用价值最大化，减少部门重复建设，避免投资浪费。进一步完善部门、行业的信息化建设，加强部门间的业务协作，提高政府的办事效率、监管水平和对外服务的质量，促进政府职能转变、政务公开和公共服务。通过电子政务的建设，加强政府"综合协调、调度、指挥"的能力，为各类紧急事件的预防和处置提供保障。

B.25 重庆市

一 区域经济概况

2011年重庆市GDP达到10011.13亿元，比上年增长16.4%。三次产业结构依次为8.4∶55.4∶36.2，第二产业占比有微小扩大。2011年规模以上工业总产值12038.52亿元，比上年增长28.2%。作为"6+1"支柱产业之一的信息产业，发展十分迅猛，2011年在规模以上工业中，电子信息产业总产值2027.90亿元，增长98.6%，占工业总产值的16.8%。重庆作为全国首批8个国家级"两化"融合试验区之一，"两化"融合取得显著成效，确定了渝北区、大渡口区、大足县等10个区县为重庆市"两化"融合试点区县，基层两化融合取得了良好成效，此外，重庆还区别于其他试验区，进行了"两化"融合服务支撑体系的建设，设立了"两化"融合促进和服务中心，建立了物流信息化重点实验室、物联网重点实验室以及一系列"两化"融合服务示范中心和培训基地，形成了强有力的服务支撑体系，为试验区建设提供了良好的技术和人才保障。

二 综合评估分析

2011年重庆市"两化"融合综合指数为43.45，位列全国第11，名次较2010年上升两位。重庆市融合硬度指数为51.59，位列全国第13，名次较上年下降四位；融合软度指数为27.55，位列全国第13，名次较2010年上升三位；融合深度指数为35.21，位列全国第9，名次较上年提升两位。

从雷达图1中可以看出，构成融合硬度的"工业规模、工业结构、工业效益"三个细分维度，在全国各省市处于中游或上游位置，其中工业结构与效益较工业规模有相对优势，规模、结构、效益呈现倒"V"形态势。构成融合软度的"基础设施、产业发展、环境支撑"三个细分维度中，基础设施较另两个维度相对较强,但仍处于全国中游水平。构成融合深度的"应用数字化、交易电子化、保障平台化"三个细分维度中,应用数字化在全国处于相对领先位置,后两个维度均在全国处于中下游位置。

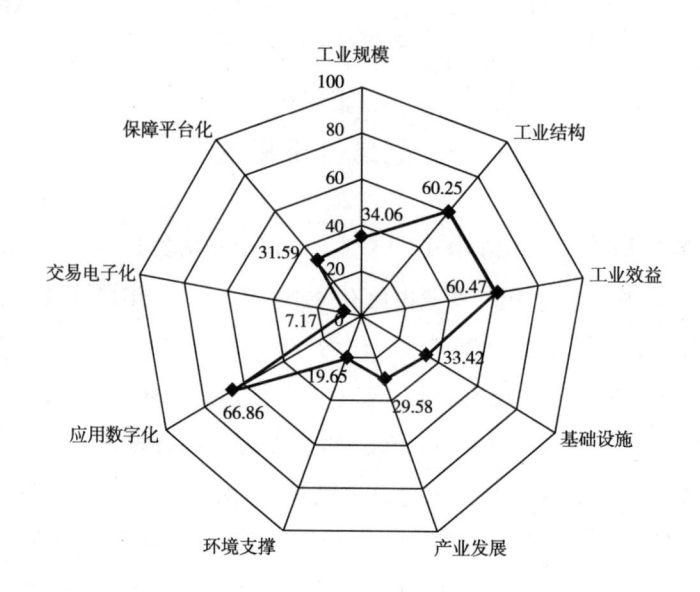

图1 重庆"两化"融合进程评估细分维度雷达图

三 三大支柱评述

(一)融合硬度

在融合硬度的推进过程中,2011年重庆实现工业增加值4690.46亿元,比上年增长22.2%。其中,规模以上工业增加值3524.4亿元,增长22.7%。重庆已形成以汽车摩托车产业、装备制造业、石油天然气化工业、材料工业、电子信息业、能源工业、轻纺及劳动密集型产业等七个重点工业行业为支柱的工业体系。2011年规模以上工业企业实现利润总额2558.42亿元,增长28.1%;实现利税总额957.80亿元,增长19.2%。

工业规模方面,重庆在工业就业人口比重、人均GDP与城市化率方面均处于中游位置,达到全国平均水平,但与上海、北京等城市存在较大差距。人均

GDP直接反映了重庆的区域经济水平，排名处于中游，说明川渝地区的经济水平有待进一步提高。细分指标中，工业就业人口比重排名相对靠后，说明这是目前重庆的一个短板，影响了其综合排名，需要在后续发展中给予重视。

工业结构方面，重庆没有显著优势，除私营企业产值贡献率排名第4，处于全国上游水平外，其余指标均在中游及中下游徘徊。为加快产业结构调整，促进产业升级，重庆"十二五"规划指出，将围绕电子信息、现代装备制造、传统优势工业三个"万亿板块"，继续抓好大投资、大基地、大支柱，重点推进"十大工业项目"，做大做强"6+1"支柱产业。同时要做大做强银行、证券和保险业，高标准建设金融核心区。支持来渝设立金融总部和功能性中心，推动地方金融机构跨区域发展。

工业效益方面，重庆在资源消耗与绿色环保方面在全国各省市中处于中游水平，在一定程度上反映出重庆工业发展中粗放型发展模式仍占一定比重，工业发展与资源环境尚不协调，存在一定的矛盾，需要在今后的工作中以可持续发展思想为指导，关注资源环境与发展之间的协调关系。但同时也应看到，重庆工业的科技投入水平在全国各省市中处于上游位置，突出反映在工业发展过程中非常注重高新技术的投入，以此进一步推动传统产业稳步发展，并逐渐实现工业转型升级。

（二）融合软度

在融合软度的推进过程中，2011年重庆移动电话普及率超过62.4%，互联网（宽带）普及率超过11.3%。2011年，重庆电子信息产业实现工业总产值及软件业务收入共2522.4亿元，同比增长85.5%。在规模以上工业中，电子信息产业总产值2027.90亿元，增长98.6%，占工业总产值的16.8%。重庆信息技术创新及其产业化能力不断提升，云计算、物联网等新技术、新应用在区域内迅速壮大。

基础设施方面，重庆在各省市处于中上游水平，作为全国首批8个国家级"两化"融合试验区之一，重庆信息产业基础设施发展迅猛，基础设施综合服务能力迅速提升，含工业企业门户网站拥有率、各项通信普及率在内的多项指标与处于领先位置的省市差距正逐渐缩小。2012年"两化"融合试验区成功通过验收，对重庆在"两化"融合方面作出的贡献给予充分肯定。

产业发展方面，重庆信息产业各项规模、效益指标均处于全国中上游水平。电子信息作为重庆发展城市经济的支柱产业之一，将是未来一段时间内工业发展的重点方向，自重庆市成为国家级"两化"融合试验区以来，围绕工业建设战略目标，紧贴构建现代产业体系，着眼政府、行业、企业三方协同，建立健全信息化与工业化融合产业发展平台和技术创新体系，优化资源配置、培育新兴产业，加快工业主导行业信息化、生产性服务业信息化，有效推进了"两化"融合工作的全面开展和试验区建设，为全国提供有益经验。

环境支撑方面，重庆信息化消费环境较为良好，在全国处于中上游水平，这与其良好的信息基础设施建设以及电信产业作为其支柱产业之一密切相关。近年来，重庆市聚焦突破新一代信息终端、高性能集成电路、云计算、物联网、节能及新能源汽车等关键核心技术，支持国家级重点实验室、工程技术研究中心和企业技术中心建设，引进培育一批独立研发公司，组建国际产学研联盟和成果中试基地，为信息化提供了优秀的人才和良好的环境。

（三）融合深度

在融合深度的推进过程中，2011年重庆电子商务交易额达到800亿元，占地区商品销售总额的8.6%，其中市民网购年交易额超过90亿元。软件行业主营业务收入505.8亿元，同比增长32.94%。信息技术应用的覆盖面、渗透率明显提高，全方位融入经济运行、社会管理和公共服务各环节，电子商务逐渐成为重庆经济活动形式的重要组成部分。

应用数字化方面，重庆在全国各省市中排名第3，处于全国领先位置。重庆不仅提升软件等信息技术在工业领域、金融领域的融合，也注重同社会保障方面的融合，以信息化推动社保服务规范化，并加快城乡养老、医疗保险转移接续。全方位推动金融、贸易、社会保障等领域的信息系统和专业软件平台等的发展。

交易电子化方面，重庆电子商务活跃程度在全国各省市中处于中游水平。这反映出重庆网商普及程度不高，网商发展不够活跃。这与重庆地处我国西部地区，经济水平相对沿海地区较弱有一定关系，但近年来，重庆信息产业发展迅速，特别是成为"两化"融合第一批试点地区后，商业环境和经济基础都迅速提高。

保障平台化方面，重庆政府网站绩效在全国处于中游水平，但与北京、广东等省市还有较大差距。为提升电子政务水平，重庆"十二五"规划提出，要全面提升信息基础设施水平，建设智能城市，并强调加快数字化城市管理系统的建设和应用。统筹推进电子政务，建设全市统一互通的电子政务基础设施和内外网平台，构建集成民政、社保、税务、工商管理等公共服务的网络信息服务平台。建设面向全国及西部的数据交换中心、互联网数据中心、容灾备份中心，打造国家级信息资源集散地。强化网络信息安全保障体系，确保基础信息网络和重点信息系统安全。

四　融合推进建议

重庆地处我国西南部地区，区域经济良好，汽车摩托车、装备制造业、化工产业、材料加工、电子信息、能源和轻纺等劳动密集型的"6+1"产业初具规模，工业和信息化产业在全市具有十分重要的地位。为进一步做大做强支柱产业，稳定增长、调整结构，大力发展战略性新兴产业，需要依托良好的电信基础设施与经济水平，大力提升融合硬度、融合软度，使"两化"融合更快更好地进行，以促进传统工业的融合转型、重点服务行业的融合应用以及新兴产业的融合创新。

（一）打造长江上游信息中心，加强工业集聚效应

重庆工业经过一系列转型变革，已形成七大支柱产业，为进一步发挥信息产业的推动作用，未来一段时间内需要加快提升信息化水平，努力打造长江上游信息中心。这就需要快速推动电子商务发展、积极促进生产性服务业信息化、推进物联网发展，以此为基础，加快特色工业园区建设，增强工业集聚效应，全面开展工业园区扩区工作，完善产业配套和综合服务功能。最终推进"江南工业新区"建设，提高库区产业的竞争能力和发展能力。

（二）强化服务领域融合，以信息技术推进服务业高端化

重庆在未来一段时间，应加快推进互联网与实体经济的渗透融合，鼓励企业应用信息化手段优化供应链和价值链，用信息技术推进现代金融、现代物流、科

技服务、专业服务等生产性服务业的高端化。以信息化整合优化企业经营管理流程，集成人力资源、财务、供应、生产、销售、客户等系统，构建统一的企业管控平台，支撑企业科学决策，促进企业经营管理模式和生产组织形态的创新，提升企业综合竞争力。

（三）以典型"两化"融合项目为抓手，为全面"两化"融合提供经验

重庆市作为国家级"两化"融合试验区，市政府详细制定了发展规划、工作目标，为工作实施提供了宏观指导。目前，重庆已经在新产品网络化协同设计开发工程、工业装备数字化提升工程、供应链信息化工程、信息化节能减排工程、中小企业信息化工程、重点行业试点示范工程、机构分离与业务流程重组工程、嵌入式软件产业培育工程、信息产业腾飞工程等"九大工程"中取得显著成绩，在随后"两化"融合的进一步推广过程中，各区需要认真学习已有经验，结合自身情况，确保工作落实，推动融合顺利进行。

⒝.26 四川省

一 区域经济概况

2011年四川省GDP达到21026.7亿元，比上年增长15.0%。三次产业结构依次为14.2∶52.4∶33.4，二、三产业占比继续扩大。2011年全年实现全部工业增加值9491亿元，较上年增长21.6%，对经济增长的贡献率为62.4%。规模以上工业中重轻工业的比为6.6∶3.4，四川省正积极推进工业转型发展。2011年四川省信息化水平进一步发展，全省电信业务总量549.5亿元，增长17.6%。移动电话普及率53.4%，电子信息产业增加值增长43.6%。四川省《"十二五"工业发展规划》明确提出"坚持把信息化带动工业化作为加快全省新型工业化进程的战略重点，大力推进信息技术在工业各领域的应用、渗透和融合"。

二 综合评估分析

2011年四川省"两化"融合综合指数为35.43，位列全国第18，名次较2010年下降六位。四川省融合硬度指数为45.61，位列全国第18，名次较上年下降两位；融合软度指数为25.36，位列全国第15，名次较上年下降三位；融合深度指数为30.84，位列全国第12，名次较上年下降两位。

从雷达图1中可以看出，构成融合硬度的"工业规模、工业结构、工业效益"三个细分维度中，工业结构在各省市比较中处于较领先地位，而工业规模和工业效益则处于中下游水平，规模、结构、效益呈现明显倒"V"形态势。构成融合软度的"基础设施、产业发展、环境支撑"三个细分维度中，其信息产业发展较另两个维度相对较好，处于全国中上游水平。构成融合深度的"应用数字化、交易电子化、保障平台化"三个细分维度中，前两者排名比较靠后，而保障平台化在全国领先。

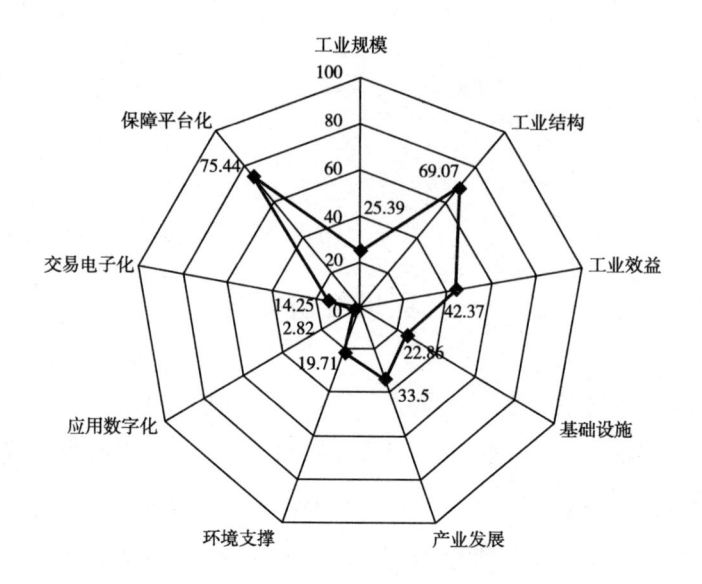

图1 四川"两化"融合进程评估细分维度雷达图

三 三大支柱评述

(一) 融合硬度

在融合硬度的推进过程中，2011年四川实现工业增加值9491亿元，比上年增长21.6%。年末规模以上工业企业户数达11860户。全年规模以上工业增加值增长22.3%。"7+3"[①] 产业增加值占规模以上工业的78.1%，增长26.1%，其中，电子信息产业增加值增长43.6%[②]。四川省已着手落实"5785"发展战略，即打造5条特色产业带、7大支柱产业、8个重点园区、50户龙头企业。2011年规模以上工业企业实现利润总额1961.3亿元，同比增长42.6%。

工业规模方面，四川省在工业就业人口比重、人均GDP与城市化率方面处于中下游地位。人均GDP直接反映了四川省的区域经济水平，其城市化率则在

---

① 数据来源：《2011年四川省国民经济和社会发展统计公报》。
② 四川"7+3"产业：电子信息、装备制造、能源电力、油气化工、钒钛钢铁、饮料食品和现代中药七大优势产业以及航空航天、汽车制造、生物工程三大有潜力的产业。

很大程度上说明其工业化建设还有较大的发展空间，是工业活动投影到人口空间分布的直接体现。

工业结构方面，四川省在高技术产业占比、小企业产值贡献率、私营企业产值贡献率和内需贡献率方面处于中上游或中游水平，这与四川省大力开展高技术产业区建设以及落实国务院支持小微型企业发展的财税金融政策，推进小企业创业基地建设，大力培育"小巨人"、"成长型"企业的努力有直接关系。

工业效益方面，四川省在科研投入、资源消耗与绿色环保等方面在全国各省市中基本处于中下游水平，在一定程度上反映出四川省在工业发展转型期的现实背景，但也反映出实施一批重大节能减排工程，加快淘汰落后产能，严控新上高耗能高污染项目等，是其强调新型工业化发展的绿色效益、技术效益的结果。同时也应看到，四川省工业的经济效益水平在全国各省市中处于中游甚至中下游水平，突出反映在全民劳动生产率、工业企业平均工资增速相对较低，这与目前全国范围内经济形势的现实相符。

（二）融合软度

在融合软度的推进过程中，2011年四川省电话普及率超过68.8%，互联网（宽带）普及率超过26%①。2011年四川省电子信息产业增加值增长43.6%。四川省信息技术创新及其产业化能力不断提升，物联网、下一代互联网、云计算等信息服务业的新技术和新应用不断发展。

基础设施方面，四川省在各省市横比中处于中下游水平，包括工业企业门户网站拥有率、各项通信普及率在内的多项指标在全国处于中等偏下水平，这显示出基础设施综合服务能力还有较大提升空间，需大力推进"两化"融合进程并提升城市功能。

产业发展方面，四川省信息产业各项规模、效益指标均处于全国中上游水平。电子信息作为四川省"7+3"产业规划中的优势产业，在相关政策的引导下，得到了良好的发展，2011年电子信息产业增加值增长43.6%，值得注意的是，电子信息产业投资增长在"7+3"优势产业投资中增速最快，2011年完成

---

① 依据工信部年度统计数据与四川省第六次人口普查公布数据计算得出。

投资390.2亿元,增长38.3%。随着其产业规模不断扩大,产业的技术、资金投入日渐升级,其劳动生产率也有了明显提升。

环境支撑方面,四川省的信息技术市场成交额和国内专利年授权数量在全国排名靠前,这与其增大基础设施建设力度以及推进区域经济稳步发展相关,从而为信息化提供了良好的技术交易平台和强大的智力支持。四川省信息消费系数和人均通信业务收入处于中游和中下游水平,反映出信息化深入发展存在较大空间。

(三) 融合深度

在融合深度的推进过程中,2011年四川省电子商务交易额突破3000亿元,达到3200亿元,同比增长1.1倍,软件业经营收入也有所提高。① 信息技术应用的覆盖面、渗透率有所提高,全方位融入经济运行、社会管理和公共服务各环节,电子商务成为四川省的主要经济活动形式之一。

应用数字化方面,四川省工业软件占软件收入占比位于全国中下游水平,这体现出应用数字化方面的不足,今后应成为开展"两化"融合工作的重要方向。《四川省"十二五"工业发展规划》中关于促进信息化和工业化深度融合的小节中指出,要以数字化研发、智能化生产、精细化管控为重点,围绕研发设计、生产制造、经营管理、绿色发展四大环节,大力实施一批信息化与工业化深度融合示范项目。今后要不断提升软件等信息技术在工业领域、社会生产领域的融合。

交易电子化方面,四川省电子商务活跃程度在全国各省市中排名靠前,特别是网商规模、密度与活跃度等方面都名列前茅。但是得分远低于全国评分的中位数,这显示出其与交易电子化水平领先城市尚有较大差距,电子商务水平还有待于大力发展。

保障平台化方面,四川省政府网站绩效在全国处于领先水平,其电子政务业务处理效率与公众满意度水平较高。开放的保障化平台使得项目申报、业务审批、政务公开等方面的信息化更加顺畅。这为"两化"融合提供了有效保障。

---

① http://www.raphon.com/html/news/huodong/2012/0116/247.html.

四　融合推进建议

四川省位于我国西南腹地，地处长江上游，是中国西部经济大省。从全国范围内来看，工业产业层次较低，结构不够合理，正处于工业化加速发展期，产业规模、产业结构、区域布局、发展模式、创新能力和可持续发展能力正在发生明显变化。信息化水平还不高，跟领先省市尚有一定差距。"两化"融合水平可圈可点，未来应坚持把信息化带动工业化作为加快全省新型工业化进程的战略重点，大力推进信息技术在工业各领域的应用、渗透和融合。继续加强优势产业的"两化"融合，积极发展信息化服务，以科技化加速"两化"融合进程。

（一）以信息化带动工业化，推进新型工业化进程

坚持走新型工业化道路，立足区域工业经济现状，发展壮大优势产业，加快培育战略性新兴产业。瞄准高端产业和产业高端，积极发展新一代信息技术、新能源、高端装备制造、节能环保等战略性新兴产业，加快建设科技创新产业化基地，推进信息化与工业化深度融合。大力发展信息化基础设施，优化产业规划，推广和深化信息技术应用，使其广泛覆盖工业发展各个领域，以信息化带动工业化，实现工业转型升级。

（二）积极发展信息服务业，搭建新型服务平台

大力发展物联网、下一代互联网、云计算等信息服务业，积极发展网络购物、地理信息等新型服务业态。在重点产业园区、产业集群积极培育和发展集信息化规划、咨询设计、项目实施、系统运维和专业培训为一体的信息服务业。探索建立面向中小企业的研发设计平台，提供工业设计、虚拟仿真、样品分析、检验检测等软件支持和在线服务。建立一批面向产业集群的技术推广、质量评估、管理咨询、融资担保、人才培训、市场拓展等信息化综合服务平台。

（三）强化科技支撑，推进创新型战略发展进程

四川省应用数字化水平低，工业软件占软件收入占比位于全国中下游，但是

在信息技术市场成交额和国内专利年授权数量的排名在全国相对靠前，这显示出其巨大的市场空间和强大的发展后劲。要强化科技支撑力度，加大项目投入和科研力度，重点发展集成电路、新型显示、工业软件等核心基础产业。围绕信息获取、传输、处理技术及其运用，加快发展新一代移动通信、下一代互联网核心设备和智能终端的研发及产业化。

B.27 贵州省

一 区域经济概况

2011年贵州省GDP达到5701.84亿元,比上年增长15.0%。三次产业结构依次为12.7:40.9:46.4,一、三产业占比有所上升。2011年规模以上工业增加值达到1638.71亿元,轻、重工业比约为1:2。2011年贵州省重点加大对电子信息制造、通信、软件及信息服务、物联网等产业的培育力度,信息产业增加值占工业增加值的1.37%,比重有所上升。2011年,全国"两化"融合深度行首发式在贵阳市举行,贵州省进行了"两化"融合的成果展示,并进一步针对"两化"融合提出了"十二五"期间的七大目标。

二 综合评估分析

2011年贵州省"两化"融合综合指数为24.74,位列全国第29,名次与2010年持平。贵州省融合硬度指数为30.58,位列全国第29,名次与上年持平;融合软度指数为21.16,位列全国第22,名次较上年上升四位;融合深度指数为6.54,位列全国第25,名次较上年提升两位。

从雷达图1中可以看出,构成融合硬度的"工业规模、工业结构、工业效益"三个细分维度中,工业规模在各省市比较中处于下游水平,规模和结构拉低了工业效益。构成融合软度的"基础设施、产业发展、环境支撑"三个细分维度中,基础设施较为薄弱,在全国处于落后水平。构成融合深度的"应用数字化、交易电子化、保障平台化"三个细分维度中,交易电子化维度相对其他两个发展较慢。

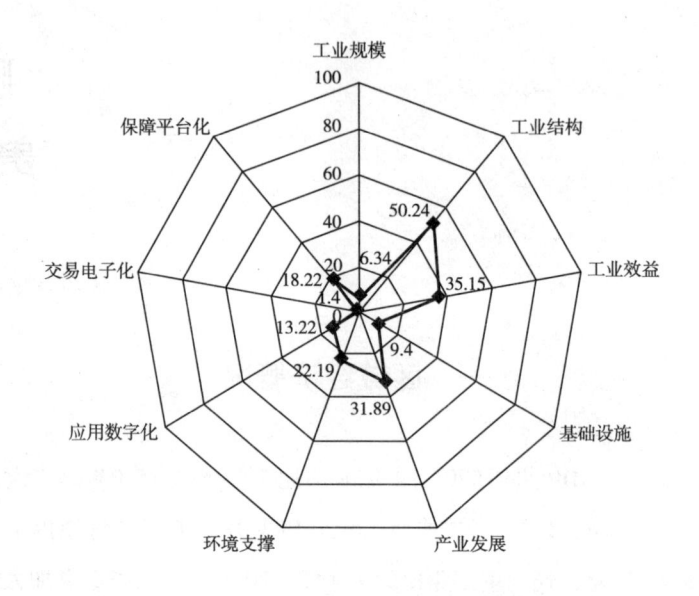

图1 贵州"两化"融合进程评估细分维度雷达图

三 三大支柱评述

(一) 融合硬度

在融合硬度的推进过程中,2011年贵州实现工业增加值2334.02亿元,比上年增长20.7%。其中,规模以上工业增加值1638.71亿元,增长21.0%[①]。主要工业行业中,除电力、热力的生产和供应业外,各行业增速均达到14%以上。非金属矿采选业、非金属矿物制品业、食品制造业、饮料制造业等行业增势较为明显。全年规模以上工业企业实现主营业务收入4799.19亿元,比上年增长29.0%;盈亏相抵后的利润总额为330.84亿元,增长26.2%。

工业规模方面,贵州在工业就业人口比重、人均GDP与城市化率方面均在各省市中处于落后地位。2011年人均GDP为13228.62元,在各省市中排在最后一名,反映出贵州作为西部省份,经济基础尤其是工业基础还处于较低的水平。

---

① 数据来源:《2011年贵州省国民经济和社会发展统计公报》。

截止到2010年末，贵州城镇化率仅有35%，城市的承载能力较弱。

工业结构方面，贵州近年来轻工业比重不断上升，重工业比重有所下降，非公有经济发展加快，同时贵州省也加快了对工业结构的调整，在加强建设能源原材料工业、机械电子等传统产业的同时，加快了以卷烟和饮料酒为主的轻工业的发展，逐步形成电力、铝和铝加工、冶金、汽车零部件工业等新的支柱产业。因此，在各个指标体系中，工业结构的排名靠前。

工业效益方面，贵州在科研投入、资源消耗与绿色环保等方面均在全国各省市处于下游水平，工业经济发展落后。目前，各省市区中仍处于工业化初期的有海南、贵州、西藏，而且贵州工业化进程与全国整体水平的差距不断扩大。现阶段，贵州的工业特点是：工业化水平偏低但发展潜力巨大，科技含量不高但拓展余地很宽。

（二）融合软度

在融合软度的推进过程中，2011年贵州移动电话普及率为47.4%，互联网（宽带）普及率为4.43%。2011年贵州信息产业增加值仅为32.07亿元。整体工业的科技和信息含量不高。

基础设施方面，贵州在各省市中表现较差，含工业企业门户网站拥有率、各项通信普及率在内的多项指标均处于全国下游水平，说明贵州在信息化基础建设方面还处在起步阶段，基础设施综合服务能力亟待提升。

产业发展方面，贵州信息产业各项规模、效益指标均处于全国中下游水平。电子信息作为推动工业经济发展的重要力量，已得到贵州政府的重视，随着"两化"融合及"三网融合"的推进，这一指标的改善速度将比较明显。

环境支撑方面，贵州作为中国西南部的偏远省份，经济发展、人均收入和消费、投资等低于全国平均水平，但该省资源丰富，优质龙头企业较多，特色产业明显，发展潜力巨大。

（三）融合深度

在融合深度的推进过程中，贵州实施了"金工工程"，建设工业经济运行的监测分析、预测预警、决策支持、公共服务等信息化应用体系。

应用数字化方面，贵州省重点推行省内制造业的信息化水平提升工程，应用

数字化成效显著。但就工业软件占软件收入的比重指标而言，该指标处于全国中下游水平，工业全面应用数字化仍需进一步加强。

交易电子化方面，贵州电子商务开始活跃，相关平台的构建、对产业发展的推进和对企业的影响已初步展现。物联网的发展也随着相关规划措施的出台得到推动。

保障平台化方面，贵州以贵州移动为带动力量，大力推进政务信息化、城市信息化，并在行业信息化、企业信息化、农村信息化方面积极探索，搭建了全面服务于五大市场、十大行业的综合信息服务平台。

四 融合推进建议

贵州属于我国西南部经济发展较落后的省份，其改革和发展面临的矛盾和问题较多。经济总量小、人均水平低、发展速度慢是当前贵州的主要矛盾。从"两化"融合的角度来看，贵州"差距在工业，潜力在工业，希望在工业"。贵州的经济结构是资源型工业结构，工业化在促进经济发展的同时，也带来了资源的消耗和生态环境的破坏。"十二五"期间，贵州既要走工业强省道路，又要走新型工业化道路，以"两化"融合为契机和切入点，以大力发展工业为主要目标，实现产业的升级和发展。

（一）立足关键环节，推动深度融合

贵州省推进信息化与工业化深度融合要紧紧抓住工业化进程的特点，立足具有带动作用的重点领域和关键环节，找准着力点和支撑点，使信息技术加快渗透到工业经济的各个领域。一是围绕工业转型升级，推进信息技术在工业各领域的广泛应用以及生产各环节的综合集成，形成全行业覆盖、全流程渗透、全方位推进的发展格局；二是以改造提升传统产业的需求作为出发点和落脚点，促进企业核心业务与信息化的深度融合；三是充分结合战略性新兴产业的发展，推动技术创新、模式创新和产业创新，促进传统产业向高端迈进；四是加强各行业之间的交叉融合，特别是推进制造业与服务业的融合，促进产业结构优化和制造业的服务化转型；五是做大做强工业软件产业，促进软件企业的转型，完善"两化"深度融合的支撑保障体系。最终通过"两化"深度融合，使贵州省形成以高新

技术产业为先导、基础产业和传统产业为支撑、特色优势产业为依托、现代制造服务业全面发展的新局面。

（二）开展试点示范，促进产业集群"两化"融合

产业集群是在某一产业领域相互关联的企业及其支撑体系在一定领域内大量集聚发展，并形成具有持续竞争优势的经济群落。开展调查研究，立足产业集群的共性需求、瓶颈问题和关键环节，找准切入点，开展试点示范，循序渐进地推进产业集群"两化"融合。支持一批面向产业集群、市场化运作的"两化"融合服务平台，采用"政府补一点，平台让一点，企业出一点"的方式，降低集群内中小企业使用"两化"融合服务平台的门槛。地方各级信息化推进部门和中小企业主管部门要加强协作，充分发挥各自优势，共同推进产业集群"两化"融合。

（三）培育新兴业态，促进产业结构升级

信息化与工业化融合可以催生出新的业态，如工业电子产业、工业软件产业、工业信息化服务业。在工业电子产业领域，重点发展汽车电子、船舶电子、航空电子、机电一体化、消费电子、智能仪器仪表等。在工业软件产业领域，重点发展工业设计软件、工业控制软件、工业仿真软件、工业装备或产品中的嵌入式软件等。在工业信息化服务业领域，重点发展全程电子商务平台、大宗工业原材料电子交易平台、第四方物流信息平台等。发展覆盖企业信息化规划、建设、管理、运维等环节的第三方咨询服务。要大力培育发展支撑"两化"融合的生产性服务业，促进工业电子、工业软件、工业信息化服务企业与工业企业的供需对接，实施一批"两化"融合新兴业态培育项目。整合研发资源，构建产学研合作体系，突破一批核心技术、关键技术。

B.28 云南省

一 区域经济概况

2011年云南省GDP达到8750.95亿元，比上年增长13.7%。三次产业结构依次为16.1∶45.6∶38.3，第三产业占比略有下降。2011年规模以上工业增加值达到2753.64亿元，规模以上轻、重工业比约为4.5∶5.5，云南省产业优化升级取得新成效，战略性新兴产业培育取得实质性进展。昆明是云南省工业最集中、发展最快和实力最强的地区，2011年国家工业和信息化部正式批复昆明市成为国家级信息化和工业化融合试验区，使得云南在强力推进工业突破、加快新型工业化的道路上迈出重要一步。为推动电子信息产业发展，2011年云南紧紧围绕工业发展和"两化"融合，在软件及信息服务、集成电路、电子基础产品、信息通信产品、数字视听产品和行业服务及信息技术应用等六大方面招标接近40项，极大地促进了"两化"融合的进行。

二 综合评估分析

2011年云南省"两化"融合综合指数为25.37，位列全国第28，名次较2010年下降三位。云南省融合硬度指数为30.94，位列全国第28，名次较上年下降两位；融合软度指数为16.27，位列全国第27，名次较上年上升四位；融合深度指数为10.77，位列全国第23，名次与上年持平。

从雷达图1中可以看出，构成融合硬度的"工业规模、工业结构、工业效益"三个细分维度在各省市比较中均处于下游水平，尤以工业规模排名靠后。构成融合软度的"基础设施、产业发展、环境支撑"三个细分维度中，其信息产业发展强于另外两个维度，呈倒"V"形态势，但仍处于全国下游。构成融合深度的"应用数字化、交易电子化、保障平台化"三个细分维度均在全国处于落后位置，其中"应用数字化"维度位列全国倒数第二。

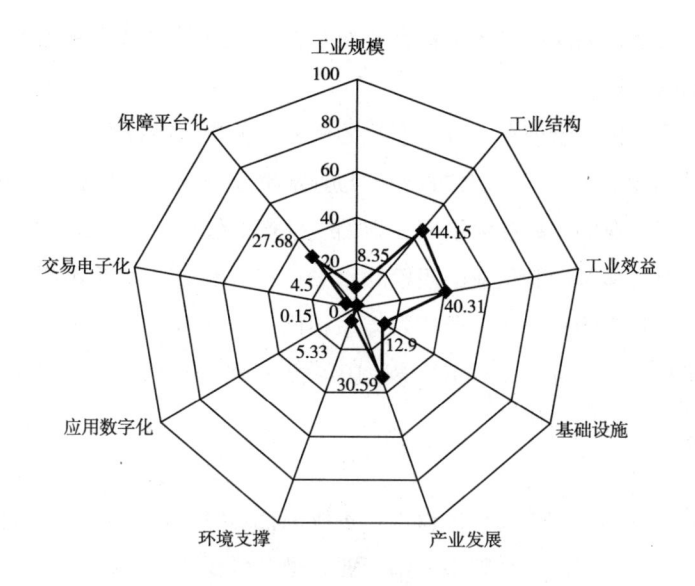

图1 云南"两化"融合进程评估细分维度雷达图

三 三大支柱评述

(一) 融合硬度

在融合硬度的推进过程中,2011年云南实现工业增加值3205.85亿元,比上年增长17.6%。其中,规模以上工业增加值2753.64亿元,增长18.0%[①]。云南已形成以烟草产业、旅游业、能源产业、生物产业及矿产业等五个重点工业行业为支柱的工业体系。2011年规模以上工业企业累计实现利税1525.03亿元,比上年增长22.3%;其中实现利润523.55亿元,增长24.5%。

工业规模方面,云南在工业就业人口比重、人均GDP与城市化率方面在各省市中基本处于垫底的位置,与处于领先位置的上海等城市有较大差距。人均GDP直接反映了云南的区域经济水平,较低的人均GDP反映出云南的区域发展水平有待大力提升。工业增加值占比排名靠后,从一定程度上反映出云南产业结

---

① 数据来源:《2011年云南省国民经济和社会发展统计公报》。

构存在一些问题，因此需要改造提升传统优势产业，培育壮大战略性新兴产业，优化产业结构。

工业结构方面，云南存在较为明显的劣势，无论是高技术产业占比还是小企业产值贡献率均处于全国下游位置。这与其最重要的支柱工业是烟草制品工业密切相关，烟草工业的一枝独大说明云南的支柱产业较为单一。处于先导地位的医药制造业，就目前医药制造业的规模和水平，与云南丰富的药用生物资源、民间医药底蕴深厚和较为完善的医药研发体系相比，明显不相称。为调整结构，充分发挥资源优势，云南省"十二五"规划中强调，将继续巩固和提升烟草、冶金、有色金属、化工等传统优势产业，大力发展生物特色产业，优化发展能源产业，振兴机械装备制造业。

工业效益方面，云南在科研投入、资源消耗与绿色环保等方面基本位于全国下游水平，在一定程度上反映出云南工业转型升级还处于初级阶段，效果不是很明显。其中工业企业研发投资占比、新产品产值率排名十分靠后，说明工业企业的技术创新水平相对落后，新兴产业及产品发展滞后。同时，云南单位工业增加值用水量、二氧化硫排放量处于下游水平，反映出企业生产过程中对水资源的使用效率不高，环境保护较差。

（二）融合软度

在融合软度的推进过程中，2011年云南电信业务总量298.33亿元，增长17.2%，年末固定电话用户540.11万户，新增移动电话用户345.01万户，年末达到2589.51万户，移动电话普及率超过56.3%，互联网（固定）宽带普及率超过6.7%[①]。

基础设施方面，云南在各省市横比中处于较为明显的劣势位置，各项通信普及率均在下游水平，仅工业企业门户网站拥有率处于中下游位置，表明云南基础设施较为落后，综合服务能力相对欠缺。因此云南需要加大信息基础设施方面的建设，为企业"两化"融合与城市功能提升奠定基础。

产业发展方面，云南信息产业从业人数占比及信息产业劳动生产率分别位于全国上游和中游位置，但信息产业增加值占比处于全国下游。表明信息服务业作

---

① 依据工信部年度统计数据与云南省第六次人口普查公布数据计算得出。

为新兴产业,尚未形成规模优势,但发展势头强劲,通过运用电子信息技术改造烟草、云铜、冶金、机械、电力等传统产业,取得了明显的经济效益。

环境支撑方面,云南信息化消费环境与各省市横比存在不足,在全国处于下游位置,这与云南以烟草、电力、冶金、化学及生物产业为重点的工业格局有关。随着信息技术的发展,云南正逐步加大信息产业的发展力度,完善信息基础设施建设,加快发展信息咨询服务和数字设计服务及电子商务、政务,大力推进"数字云南"建设,为信息产业的发展创造了良好环境。

(三) 融合深度

在融合深度的推进过程中,2011年1~7月,云南省电子信息制造业完成主营业务收入34.05亿元,同比增长36.8%,利润总额2.5亿元,同比增长84.2%;软件业收入保持较快增长,软件企业累计完成收入19.88亿元,同比增长24%[①]。信息技术应用的覆盖面、渗透率明显提高,全方位融入经济运行、社会管理和公共服务各环节。

应用数字化方面,云南按照数字化、网络化、智能化的总体发展趋势,重点发展光电子产业、光机电设备制造业、电子材料业和软件业。加快电子信息产业集群式发展步伐,建立面向电子信息产品出口加工基地和软件研发基地。同时加快建设"宽带云南",开展昆明三网融合试点,推进物联网开发利用基础设施建设。

交易电子化方面,从云南网商规模、密度和活跃度等指标看,其电子商务水平仍处于全国下游水平。云南已经有了电子商务示范基地雏形,聚集了一批与电子商务有关的企业,但电子商务应用还较少,定位模糊,尚不成体系,从整体发展水平来看,与全国领先城市还有很大差距,当地政府有必要在政策上对电子商务有所倾斜,同时在资金上给予一定的扶持。

保障平台化方面,云南省政府网站绩效在全国处于下游水平,但与北京、广东等省市还有较大差距。为了加大电子政务发展,缩小与发达省市的差距,《2012年云南省政府工作报告》指出,要深化政务公开,做好政府信息发布工作,继续加强政务服务中心和电子政务建设,完善"一站式"服务,提高行政

---

① 资料来源:《2011年1~7月云南电子信息行业保持快增长》,2011年8月23日《云南日报》。

效率，降低行政成本。发挥公共资源交易平台的作用，实现各类公共资源依法、规范、阳光交易。

四 融合推进建议

云南地处我国西部地区，区域经济基础较弱，最大的支柱产业为烟草，同时旅游业、能源产业、生物产业及矿产业也是重点产业。支柱产业占 GDP 比重较大，支柱产业较为单一是云南工业的劣势。目前云南工业正在转型改造，充分利用信息产业的优势，提升传统产业的竞争力，并积极发展新兴产业，向现代工业体系发展。云南信息化基础较弱，信息产业规模较小，但传统工业的提升，新兴工业的发展，迫切需要信息产业的支撑，这就需要在原有相对落后的发展基础上，大力提升融合硬度、融合软度，使"两化"融合更快更好地进行，以促进传统工业的转型、新兴产业的发展。

（一）建设"两化"融合平台，推进中小企业信息化

云南为中小企业进销存管理、协同办公等信息系统建设及运行提供了"一站式"的技术支持与服务，并于2004年启动了中小企业云南网的建设工作，经过7年多的逐步完善，目前已经拥有政府服务、企业服务、信息化服务、电子商务服务等四大基础服务系统，形成以省网为核心、以州市网站为支撑、以专业网站为补充的信息化网络服务平台体系，实现省内外中小企业信息、资源的实时共享。在未来几年内，云南省可依托中小企业云南网的平台化优势，搭建中小企业信息化服务体系，着力提升中小企业信息化建设水平，以信息化手段逐步活跃区域经济发展。

（二）以昆明"两化"融合试验区为抓手，推动云南"两化"融合进程

昆明是云南省首个"两化"融合试验区，在工业化与信息化融合方面做了大量工作，主要以装备制造、生物医药、信息产业、黑色冶金、有色冶金、化工行业、能源行业、建材行业、食品行业、生产性服务业十大重点行业为主体，推广信息技术在各产业门类深入应用，信息化在企业内部已从初级应用开始向研

发、生产、管理、流通等环节渗透。昆明作为云南省产业发展引擎的作用又一次凸显，在随后"两化"融合的推广过程中，需结合省内各地区特点，因地制宜，确保工作落实，推动融合顺利进行。

（三）凭借信息化成果，促进烟草等支柱产业发展

云南需要加强信息产业同烟草、冶金、旅游、医药等重要产业的结合，用先进的信息技术对传统产业的生产过程进行改造，将信息化广泛应用于企业重组、技术开发、市场开拓和产业调整中，使企业数据通信网络化、经营管理电子化、生产流程自动化、产品设计智能化、信息服务社会化。以烟草行业为例，未来可以在全省推广烟叶信息管理和生产系统软件，通过建立数据库，进行生产物资供应、气象预报、防灾减害、烟叶烘烤的信息化技术建设，全面提升烟叶基础管理水平。

B.29
西藏自治区

一 区域经济概况

2011年西藏GDP达到605.83亿元，比上年增长12.7%。三次产业结构依次为12.27∶34.59∶53.14，第二产业占比继续扩大。2011年规模以上工业增加值达到37.15亿元，比上年增长19.0%，轻、重工业占比约为3∶7。2011年西藏继续推进经济和社会信息化进程，全区682个乡（镇）全面实现"乡乡通宽带"，西藏自治区逐步进入信息化时代。截至2011年年底，西藏移动电话普及率超过65%，互联网宽带接入用户为13万户。信息化的发展，正成为西藏加速工业化进程、提升全区信息化水平、维护全区社会稳定和全面建设小康社会的重要力量。

二 综合评估分析

2011年西藏"两化"融合综合指数为23.17，位列全国第30，名次与2010年持平。西藏融合硬度指数为27.47，位列全国第29，名次较上年下降两位；融合软度指数为21.56，位列全国第20，名次较上年提升九位；融合深度指数为4.52，位列全国第27，名次较上年提升两位。

从雷达图1中可以看出，构成融合硬度的"工业规模、工业结构、工业效益"三个细分维度中，工业结构在各省处于中游水平，工业规模低，规模、结构、效益呈现明显倒"V"形态势。构成融合软度的"基础设施、产业发展、环境支撑"三个细分维度中，其环境支撑较另两个维度相对较弱，其余两个维度均处于全国中游水平。构成融合深度的"应用数字化、交易电子化、保障平台化"三个细分维度中，交易电子化及保障平台化水平较低，但前两个维度在全国均处于中游水平。

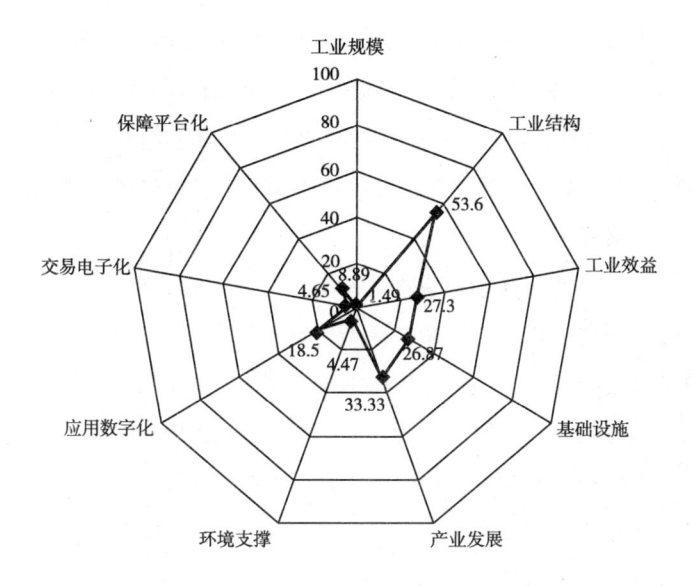

图 1　西藏"两化"融合进程评估细分维度雷达图

三　三大支柱评述

（一）融合硬度

在融合硬度的推进过程中，2011年西藏实现工业增加值48.93亿元，比上年增长18.1%。其中，规模以上工业增加值37.15亿元，增长19.0%[①]。西藏以优势矿产资源开发、藏医药、高原特色生物产业、农产品加工、民族手工业等特色产业为支撑的工业体系初步形成。2011年规模以上工业企业实现利润总额12.97亿元，同比增长24.6%。

工业规模方面，西藏在工业增加值占比、工业就业人口比重及城镇化率方面均在各省区市中处于劣势。这与目前西藏地区工业经济基础薄弱、仍不具备工业化的规模优势相符，西藏地区的经济发展水平仍处于工业化初级阶段，各级政府应加大对重点行业的扶持力度。

---

① 数据来源：《2011年西藏自治区国民经济和社会发展统计公报》。

工业结构方面，西藏在小企业产值贡献率及内需贡献率方面优势明显，处于全国领先水平。2011年西藏主营业务收入2000万元以下的工业企业实现增加值13.55亿元，同比增长24.43%，占工业增加值比重超过27%，说明其小企业增长潜力巨大①。而内需贡献率优势明显及高技术产业占比较低，则与其特色工业体系的产业特点直接相关。

工业效益方面，西藏在工业成本费用利润率及工业企业平均工资增速方面有一定优势，在全国各省市中处于中上游或中游水平，在一定程度上反映出西藏工业发展注重效益指标及民生指标。但同时也应看到，西藏大部分效益指标、科研投入等均在全国各省市中处于下游水平，突出反映在单位主营业务收入上缴税金、工业企业R&D投入与新产品产值率横比较低，这是西藏自身的工业基础及工业产业特点决定的。

（二）融合软度

在融合软度的推进过程中，2011年西藏移动电话普及率超过65%，互联网（固定）宽带普及率超过4%②。在80%以上地方为农牧区的西藏，农牧区的信息化建设取得了新进展，2011年初实现"村村通电话"，2011年6月全面实现"乡乡通宽带"。西藏通信事业的快速发展，提升了农牧区信息化发展水平，缩短了西藏和内地、世界的距离。

基础设施方面，西藏在西部各省市具有较为明显的领先优势，工业企业门户网站拥有率、每万人局用电话交换机容量在西部各省市中位列前茅，基础设施综合服务能力的提升，直接为企业"两化"融合与藏区功能提升奠定基础。但移动电话、网民及宽带普及率仍较低，通信基础设施完善仍需一定的政策倾斜。

产业发展方面，近年来西藏的通讯事业实现了跨越式的发展，西藏的通讯事业进入了卫星、光缆、程控交换的全新时代，建成了以拉萨为中心，连接全国，通达世界，集光缆、卫星传输、程控交换、卫星通讯、数字通讯、移动通讯、邮政通讯于一体，达到当代较先进水平的通信网络，仅"十一五"期间，全区电

---

① 数据来源：《2010年西藏自治区国民经济和社会发展统计公报》及《2011年西藏自治区国民经济和社会发展统计公报》。
② 依据工信部年度统计数据与西藏第六次人口普查公布数据计算得出。

信业增加值就达到38亿元，对GDP的贡献率达到2%。

环境支撑方面，西藏信息化消费环境相对薄弱，在全国处于下游水平，这与其基础设施建设相对落后、自主研发能力较弱、区域经济水平较低以及自然环境相对恶劣相关。

（三）融合深度

在融合深度的推进过程中，西藏当前虽然还处于融合的初级阶段，但信息技术应用的覆盖面、渗透率逐步提高，正全方位融入经济运行、社会管理和公共服务各环节中。信息化的高速发展，成为西藏加速工业化进程、提升全区信息化水平、维护全区社会稳定和全面建设小康社会的重要力量。

应用数字化方面，在《关于共同推进西藏工业和信息化发展的合作协议》中明确提出，指导帮助西藏绘制新兴产业发展规划，共同推进藏文软件等新兴产业发展。西藏金蝶、安信等软件公司为当地企业提供软件服务及一体化解决方案，助力企业的信息化建设。

交易电子化方面，电子商务在推动中小企业发展和西藏经济发展中起到了积极作用。例如"藏族风情"是西藏经济发展的缩影，同时也是中小企业的缩影，电子商务帮助中小企业打开国际国内销路，通过网络的传播，藏饰品在世界各地热销起来，正在被国内外不同层次、不同文化的人群关注。电子商务的应用，对规范市场、开拓更多的传播途径起到积极的作用。

保障平台化方面，西藏政府网站绩效在全国处于下游水平，其电子政务业务处理效率与公众满意度水平与全国其余各省市差距较大。西藏电子政务起步较晚，加之信息基础薄弱、信息技术人才匮乏等因素导致其电子政务的推进相对缓慢，西藏未来应着力推进以公众服务为中心的西藏电子政务建设。

四 融合推进建议

西藏地处我国西南边疆，资源丰富，战略地位突出，长期以来，西藏各族人民为国家发展和边疆稳定作出了重大贡献。然而，由于地域辽阔、生态环境脆弱、自然条件特殊，西藏发展也面临不少困难。西藏坚持走有"中国特色、西藏特点"的新型工业化道路，转变工业经济发展方式，提高发展质量和效益。

西藏信息化基础虽然相对薄弱，但其"两化"融合的进程仍具有巨大潜力和上升空间。依据"一产上水平、二产抓重点、三产大发展"经济发展战略，西藏未来"两化"融合应定位于深化信息技术在农牧业、工业、旅游业、服务业的应用，促进特色优势产业发展，增强自我发展能力，保障和改善民生。

（一）加强信息基础设施建设，提高社会信息化水平

加快进出藏干线光缆和宽带网建设，继续推进"信息下乡"活动。加强无线电监测技术设施和人员队伍建设，加大党政专用通信基础设施建设力度，指导西藏建立完善网络与信息安全协调机制，提高网络信息安全保障能力和应急处理能力。完善医疗卫生、文化教育、社会保障和政法等领域信息服务网络，强化地理、测绘、人口、金融、税收、统计等基础信息资源开发利用，基本建成区地县三级电子政务网络平台，建立区地县三级公共事件预警信息发布系统，支持社会领域信息化建设。

（二）加快企业信息技术普及，完善农牧区综合信息服务体系

信息化已成为现代企业的重要标志，只有加快信息技术在企业研发生产、经营管理、市场营销等各环节的应用，才能有效提升企业竞争力。西藏应大力推动重点行业、企业和园区信息化建设，支持拉萨市创建国家级"两化"融合试验区，培育特色软件与信息技术服务业，推进信息技术在特色产业中的广泛应用。发挥信息网络广泛覆盖、传播迅速的特点，建立完善农牧区综合信息服务体系，向农牧民提供丰富、及时、准确的科技和市场信息。

（三）推动服务业信息化建设，实现三产的健康发展

做大做强做精西藏旅游业，尤其需要大力开展旅游电子商务，向国内外广泛宣传西藏历史风光和精品特色旅游产品，利用信息化手段加强旅游市场监管，提高旅游服务质量。而第三产业中的物流、金融、商贸流通等服务行业更是信息密集型产业，只有加强信息技术的应用才能使其成为真正的现代服务业，实现西藏三产的健康发展。

B.30 陕西省

一 区域经济概况

2011年陕西省GDP达到12391.30亿元，按可比价格计算，比上年增长13.9%。三次产业结构依次为9.85∶55.17∶34.98，第三产业占比继续扩大。2011年规模以上工业增加值达到5459.58亿元，轻、重工业比约为1∶9，陕西省正逐步通过创新驱动实现工业转型发展。2011年陕西省信息化进程继续推进，信息产业产值占全省生产总值比重达2.5%，占陕西省八大支柱工业产值的2.2%，成为陕西工业转型升级调整中的八大支柱产业之一。2011年，陕西省设立西安、咸阳国家级"两化"融合试验区及宝鸡、榆林省级"两化"融合试验区，发布《陕西省"十二五"国民经济和社会信息化规划》《陕西省信息化应用示范企业和重点行业中小企业电子商务平台建设方案》等规划和方案，采取一系列措施推进"两化"融合，以实现"数字陕西"的目标。

二 综合评估分析

2011年陕西省"两化"融合综合指数为43.84，位列全国第10，名次较2010年持平。陕西省融合硬度指数为44.94，位列全国第19，名次较上年下降一位；融合软度指数为32.24，位列全国第9，名次较上年提升两位；融合深度指数为37.12，位列全国第8，名次较上年提升一位。

从雷达图1中可以看出，构成融合硬度的"工业规模、工业结构、工业效益"三个细分维度中，工业规模及结构在各省市处于中下游水平，而工业效益处于全国上游水平。构成融合软度的"基础设施、产业发展、环境支撑"三个细分维度中，其信息产业发展较另两个维度相对较弱，三个细分维度呈现明显的"V"形态势。构成融合深度的"应用数字化、交易电子化、保障平台化"三个细分维度中，保障平台化在全国处于领先位置，其余两个维度处于中游水平。

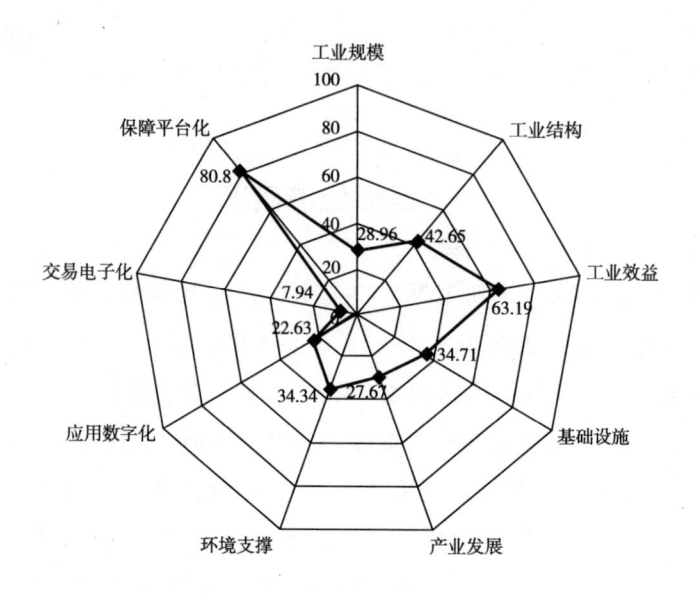

图1 陕西"两化"融合进程评估细分维度雷达图

三 三大支柱评述

（一）融合硬度

在融合硬度的推进过程中，2011年陕西实现工业总产值14213.28亿元，比上年增长32.7%。其中，规模以上工业增加值5459.58亿元，增长17.9%[1]。陕西已形成以通信设备、计算机及其他电子设备制造业、能源化工工业、装备制造工业、医药制造业、食品工业、纺织服装工业、非金属矿物制品业及有色冶金工业等八个重点工业行业为支柱的工业体系。2011年1~11月，规模以上工业企业实现利润总额1590.05亿元，同比增长44.8%；实现税金总额1078.44亿元[2]。

---

[1] 数据来源：陕西省统计局，http://www.sn.stats.gov.cn/news/tjsj/201222165202.htm。
[2] 数据来源：陕西省统计局，http://www.sn.stats.gov.cn/news/tjsj/201222165202.htm。

工业规模方面，陕西省在工业就业人口比重、城镇化率、工业增加值占比方面均在各省市中处于中游或中下游水平，这与陕西相对薄弱的工业经济基础有关。陕西人均GDP在全国处于中上游水平，在西部省份排名第3，说明陕西的工业化建设已有很大进展，正不断向东中部地区靠拢。

工业结构方面，陕西省在高技术产业占比和内需贡献率方面具有一定优势，在全国处于中上游水平，这与近年来陕西为应对经济结构加快调整，采取的培育发展战略性新兴产业、有利于工业经济快速推进的新模式等一系列措施关系紧密。也应看到，陕西工业结构中私营企业、小企业产值贡献率在各省市排名中相对靠后，这与陕西的八大支柱行业①所要求的产业规模、投入与技术水平直接相关。

工业效益方面，陕西省在工业经济效益、科研投入与资源消耗等方面均在全国各省市中处于上游或中上游水平，在一定程度上反映出陕西省工业转型效果显现，更加注重提升工业的核心竞争力，突出强调新型工业化发展的经济效益、技术效益。但同时也应看到，陕西工业的绿色效益水平在全国各省市中处于中游水平，突出反映在化学污染物排放仍较多，这也与目前陕西省工业快速发展过程中对环境保护重视相对不足的现实相符。

（二）融合软度

在融合软度的推进过程中，2011年陕西移动电话普及率超过77%，互联网（固定）宽带普及率超过10%②。2011年陕西省通信设备、计算机及其他电子设备制造业产值达307.34亿元，同比增长37.2%③。陕西信息技术创新及其产业化能力不断提升，应用项目覆盖企业经营管理、产品研发和生产过程等领域，实现了一定程度的技术融合、产品融合及业务融合。

基础设施方面，陕西在中西部各省市具有明显的领先优势，含工业企业门户网站拥有率、各项通信普及率在内的多项指标在中西部省市中位列前茅，基础设

---

① 陕西省八大支柱行业：通信设备、计算机及其他电子设备制造业、能源化工工业、装备制造工业、医药制造业、食品工业、纺织服装工业、非金属矿物制品业及有色冶金工业。资料来源：陕西省统计局，http://www.sn.stats.gov.cn/news/tjsj/201222165202.htm。
② 依据工信部年度统计数据与陕西省第六次人口普查公布数据计算得出。
③ 数据来源：陕西省工业和信息化厅，http://www.sxgxt.gov.cn/0/1/7/267/8723.htm。

施综合服务能力的提升，直接为企业"两化"融合与城市信息化建设奠定了基础。

产业发展方面，陕西省信息产业从业人员占比处于全国上游水平，信息产业增加值占比处于中西部上游水平。电子信息作为陕西省工业经济的支柱产业之一，也是陕西工业转型升级的重要支撑力量，其产业规模不断扩大，产业的技术、资金投入日渐升级，其从业人员也有了明显增加，但其劳产率相对较低，需进一步优化产业结构和提升人员技术水平。

环境支撑方面，陕西信息化消费环境较为优越，在全国处于上游水平，这与其对通信基础设施建设的重视密切相关。同时，陕西技术市场交易额规模横比其他省份具有一定优势，为省内的信息化发展提供了良好的技术交易平台。

（三）融合深度

在融合深度的推进过程中，2011年陕西十分重视电子商务的发展，"陕西省国际电子商务应用平台"成为陕西省境内首个国家级区域电子商务平台，为陕西省中小型进出口企业与海外企业之间的商贸活动提供专业的电子商务服务。由此可以看出，信息技术应用的覆盖面、渗透率明显提高，全方位融入工业经济的运行中。

应用数字化方面，陕西省在全国各省市处于中上游，在中西部领先优势明显。近年来，陕西省十分重视工业软件的发展及应用，例如西安软件新城聚焦软件研发、集成应用与服务、移动互联网、导航应用服务、物联网等战略性新兴产业，旨在打造中国电子通信产业"第三极"，推动陕西软件行业快速向前发展，2011年实现营业收入583.5亿元①。

交易电子化方面，陕西电子商务活跃程度在全国各省市中处于中游水平，但在西部省市中名列前茅。陕西省电子发展还处于起步阶段，西安高新技术产业开发区入选为首批"国家电子商务示范基地"，正需要相关部门政策扶持，而行业自身的发展也正在摸索一条规范化的道路。

保障平台化方面，陕西政府网站绩效水平在全国处于上游，其电子政务业务

---

① 数据来源：陕西省商务厅，http://shaanxi.mofcom.gov.cn/aarticle/sjshangwudt/201205/20120508131629.html。

处理效率与公众满意度水平较高。陕西省已基本构筑起上联国家下接各市、县，覆盖省级各部门的电子政务基础网络。建成了省、市两级电子政务统一平台，电子政务与政府核心业务日益融合，各级政府门户网站开通运行，成为政府信息公开、政民互动、网上办事的新渠道。

四　融合推进建议

陕西省地处我国西部地区，传统工业在经过一系列转型改造后，正努力迈向现代工业体系。陕西信息化基础设施建设相对较好，信息产业规模正不断扩大，是全省八大支柱产业之一，信息化与工业化融合的总体水平已经从局部应用为主的第二阶段进入集成应用的第三阶段。在良好的融合软度、新一轮西部大开发战略及关天经济区规划实施的基础上，加之建设"数字陕西"的定位，使陕西省"两化"融合更加定位于着力改造和提升传统产业，加快构筑现代产业体系；加快完善综合信息基础设施，切实提高信息资源开发利用水平，加速信息技术在经济、社会、政务等领域的渗透和覆盖。

（一）推动信息化和工业化深度融合，促进工业转型升级

推进企业信息化建设，积极推进产品设计研发信息化、生产装备数字化、生产过程智能化和经营管理网络化。逐步推进大中型企业综合监控、企业资源管理、网络支付及综合集成应用。大力推进关中先进制造业信息化建设。推广应用新型元件和各种嵌入式系统，大力发展各种光机电一体化产品，提高家用电器、仪器仪表、电子机械等产品的科技水平。

（二）强化服务领域融合，提升服务业的信息化水平

建设制造业、电子商务、物流等领域的信息化服务平台，提供服务外包和"一站式"服务。推动第三方和区域性公共物流信息平台建设，加强制造、商贸企业与物流企业信息互通、联动发展，提高产业链运作效率。完善金融信息基础设施，加强金融综合信息监管，继续推进征信系统建设，大力发展网上银行、证券、保险等现代金融服务。

（三）深化电子商务应用，加快发展信息经济

鼓励工业、商贸流通等重点骨干企业通过整合上下游关联企业，建立起网上供应链，率先实现商务运营电子化。重点扶植电子商务示范平台，鼓励行业电子商务门户网站建设。重点支持电子支付、电子认证、交易数据保存等第三方服务平台建设。推进行业性电子商务平台建设，以应用示范为切入点，适时总结经验并在全省推广。

B.31 甘肃省

一 区域经济概况

2011年甘肃省GDP达到5020亿元,按可比价格计算,比上年增长12.5%。三次产业结构依次为13.51∶50.28∶36.21,第二产业占比继续扩大。2011年规模以上工业增加值达到1782.85亿元,轻、重工业比约为1∶9,甘肃省正逐步加快产业结构调整,实现工业转型发展。2011年甘肃省信息化进程继续向前推进,截至9月底,信息产业共实现业务收入127.45亿元,同比增长20.67%[1],为全省国民经济和社会信息化提供了必要的服务和支撑。2011年,兰州市被列入全国第二批国家级信息化与工业化融合试验区,天水市、嘉峪关市数字城市建设启动,"千家数字企业"工作全面实施。

二 综合评估分析

2011年甘肃省"两化"融合综合指数为21.28,位列全国第31,名次与2010年持平。甘肃省融合硬度指数为27.08,位列全国第30,名次与上年持平;融合软度指数为13.36,位列全国第31,名次较上年下降一位;融合深度指数为0.42,位列全国第30,名次较上年下降两位。

从雷达图1中可以看出,构成融合硬度的"工业规模、工业结构、工业效益"三个细分维度在各省市比较中处于下游水平,工业效益较其余两个维度为好。构成融合软度的"基础设施、产业发展、环境支撑"三个细分维度中,其信息产业发展较另两个维度相对较弱,其中环境支撑在全国处于中游水平。构成融合深度的"应用数字化、交易电子化、保障平台化"三个细分维度中,保障平台化较其余两个维度更突出些,在全国处于中下游。

---

[1] 数据来源:甘肃省工业和信息化委员会,http://www.gsec.gov.cn/Item/11326.aspx。

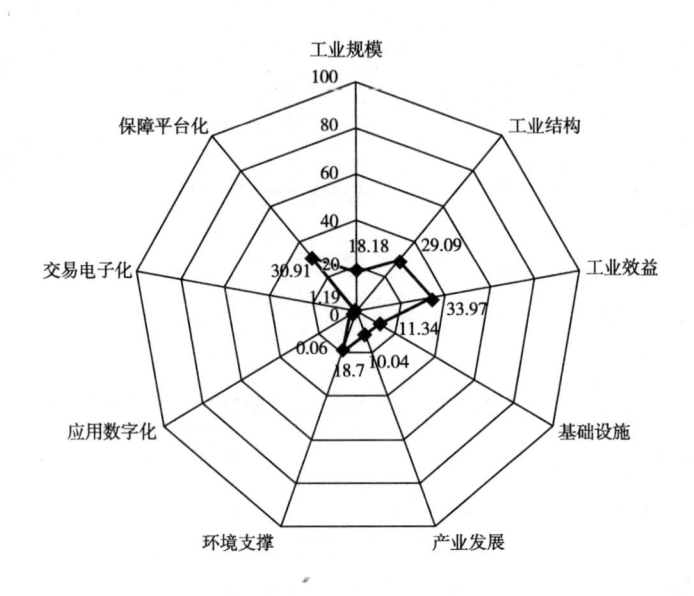

图1 甘肃"两化"融合进程评估细分维度雷达图

三 三大支柱评述

(一)融合硬度

在融合硬度的推进过程中,2011年甘肃实现工业增加值2071.3亿元,比上年增长16.3%。其中,规模以上工业增加值1782.85亿元,增长16.2%[①]。甘肃已形成以石化工业、有色工业、电力工业、冶金工业、食品工业、煤炭工业和装备制造业等七个重点工业行业为支柱的工业体系[②]。2011年规模以上工业企业实现利润总额241.23亿元,同比增长10.5%;七大支柱产业实现利润211.90亿元,增长10.4%。

工业规模方面,甘肃省工业增加值占比有了一定提升,甘肃近年来大力发展工业有了一定成效。但工业就业人口比重、人均GDP与城市化率均处于全国下

---

① 数据来源:《2011年甘肃省国民经济和社会发展统计公报》。
② 甘肃省七大重点支柱产业:石化工业、有色工业、电力工业、冶金工业、食品工业、煤炭工业和装备制造业。资料来源:《2011年甘肃省国民经济和社会发展统计公报》。

游水平，反映了甘肃的区域经济水平不高，此外近年来自然灾害频发，在一定程度上影响了其工业化进程，工业基础仍旧薄弱。

工业结构方面，甘肃省内需贡献率优势明显，与近年来甘肃省人民生活和公共服务水平稳步提高紧密相关。也应看到，甘肃工业结构中高技术产业占比、私营企业及小企业产值贡献率在各省市中均处于下游水平，这与甘肃非公有制经济规模小、市场化和对外开放程度低、创新能力弱直接相关。

工业效益方面，甘肃省的工业增加值率、部分经济效益指标及有科研机构的大中型企业占比在全国各省市中处于中游水平，在一定程度上反映出甘肃工业转型效果显现，更加注重提升工业的经济效益，突出强调新型工业化发展的技术效益。也应看到，甘肃工业的资源消耗及绿色环保指标在全国各省市中处于下游水平，这与目前甘肃发展工业过程中资源环境约束增强、生态保护任务艰巨的现实相符。

（二）融合软度

在融合软度的推进过程中，2011年甘肃移动电话普及率超过63%，互联网（固定）宽带普及率超过5.6%[①]。截至2011年9月底，甘肃省电子信息产品制造业实现业务收入19.23亿元，同比增长23%；通信业实现业务收入96.47亿元，同比增长13.6%[②]。甘肃信息技术创新及其产业化能力不断提升，结构调整等方面不断加大投入，产业自主创新能力得到增强，兰州软件园、集成电路高端封装高科技产业化各项信息产业建设项目正在有序推进中。

基础设施方面，甘肃省含工业企业门户网站拥有率、各项通信普及率在内的多项指标在全国排位相对靠后，反映了甘肃信息化基础设施薄弱，建设高速率、大容量、广覆盖的主干宽带网络，功能先进完善的基本业务网，高度融合大范围宽带接入网等基础网络，仍然是推动全省信息化建设的重大问题。

产业发展方面，甘肃省信息产业从业人数占比在各省市中居中上游，反映了甘肃近年来对发展信息产业的重视程度。而信息产业增加值占比及其劳产率在全国处于下游水平，缘于甘肃信息产业建设尚在起步阶段，其产业规模相对较小，产业的技术、资金投入仍待提高。

---

① 依据工信部年度统计数据与甘肃第六次人口普查公布数据计算得出。
② 数据来源：甘肃工业和信息化委员会，http://www.gsec.gov.cn/Item/11326.aspx。

环境支撑方面，甘肃信息化消费环境相对较好，在全国处于中游水平，其信息消费系数在中西部省市中位居前列。同时，甘肃技术市场交易额规模较大，为信息化提供了良好的技术交易平台。但其国内专利年授权量较低，这与甘肃自主创新能力较弱相关。

（三）融合深度

在融合深度的推进过程中，截至2011年9月底，甘肃省软件业实现业务收入11.75亿元，同比增长25.4%[①]。支柱行业和重点企业数字化水平显著提升，中小企业信息化取得显著成效，公共服务信息化应用逐步深入，已初步形成甘肃信息化加快发展的态势。

应用数字化方面，甘肃省不断提升软件等信息技术在工业领域、社会生产领域的融合，有效支撑了研发、生产、营销和企业管理各个方面，提高企业的生产效率和管理水平；中小企业信息化应用也取得了一定突破，在推动中小企业信息化公共平台方面作了很多有意义的尝试。

交易电子化方面，甘肃省运用信息化技术改造提升传统产业，促进产业结构优化升级，在石油化工、冶金有色、装备制造、能源建材、食品医药等传统支柱行业稳步推进企业信息化发展，广泛开展电子商务建设，以信息化带动工业化初具规模，全省重点企业网上采购订货、资金交易及物流配送等现代商务手段正在兴起。

保障平台化方面，甘肃政府网站绩效在全国处于下游水平，这主要是由于甘肃省自然环境一般，基础经济条件较弱，城镇化水平低，社会文化复杂，这些特性为甘肃电子政务的发展带来了一些特有的困难，例如信息类人才的匮乏、投资结构不合理、缺乏统一规划等，信息管理系统无法很好地支撑业务建设和行业监管，行业范围内的信息透明、流程透明、业务透明难以实现，使电子政务的建设远远落后于东中部省市。

四 融合推进建议

甘肃地处我国西部欠发达地区，自然条件恶劣，区域经济水平相对落后，但

[①] 数据来源：甘肃工业和信息化委员会，http://www.gsec.gov.cn/Item/13711.aspx。

近年来全省围绕"工业强省"战略,改造提升传统产业,促进产业结构优化升级,正逐步建立现代工业体系。近年来,甘肃省信息产业规模不断扩大,信息产业加速发展,企业信息化初见成效,公共服务信息化也在稳步推进。但同时应该看到,甘肃省信息化对中小企业业务支撑与传统产业升级改造的效果不明显,信息化对数字城市支撑能力不足,综合深入应用尚存在差距。为构建"工业强省、文化大省、生态文明省"和信息社会,甘肃省"两化"融合应定位于着力改造和提升传统产业、着力保障和改善民生以及全面提高全省信息化水平,促进全省传统产业转型升级和发展方式的转变。

(一)聚焦支柱产业,推进"两化"融合

石化工业大力推进利用信息技术实现实时、在线、连续的产品质量、成分分析,推动工艺流程仿真技术。以信息技术提升装备制造业的研发设计、加工制造、企业管理水平,注重应用信息技术提高机械产品的数字化、智能化水平,提高产品的性价比和核心竞争力。利用自动控制、数学模型和人工智能等信息技术,降低能源和原材料消耗,通过企业资源计划系统全面整合企业的内外部资源,规范业务流程,降低企业生产经营成本,提高企业整体管理水平和核心竞争力。

(二)以数字城市为依托,大力发展社会服务信息化

发挥企业主体作用,探索多层次、多模式发展道路,促进电子商务发展。加快信用、认证、标准、支付和现代物流等支撑体系建设,以企业信息化为基础,以重点行业骨干企业为龙头,引导中小企业积极参与,形成完整的电子商务链。采用现代科技和网络通信技术,整合全省物流有效资源,打造物流信息公共平台,实现跨部门、跨行业的数据交换、数据共享与信息联网查询及对物流环节的全过程管理,以信息流加快物流和资金流,提高信息处理和信息流转效率。

(三)紧盯信息技术发展前沿,积极发展战略性新兴产业

抓住云计算即将蓬勃发展的机遇,吸引国内外信息技术顶尖的战略合作联盟,建成兰州云计算应用中心,开展有关云计算的基础理论和应用研究。按照市场准入要求,在业务系统、基础网络设施、信息服务平台建设和运营方面开展积

极的探索和创新，重点加快推进通信骨干传输网、宽带接入网、移动通信网、广播电视网等各类支撑网的有效融合。比较分析物联网产业链条中的"标识、感知、处理和信息传送"四个关键环节，整合研发优势资源，推进在智能交通、现代物流、环境保护、政府工作、公共安全、平安家居、智能消防、工业监测等各领域的应用，为建设感知城市、智慧城市奠定基础。

B.32 青海省

一 区域经济概况

2011年青海省GDP达到1634.72亿元，比上年增长13.5%。2011年的三次产业结构依次为9.5:57.5:33.0，第二产业占比扩大。2011年全省规模以上工业增加值达到780.69亿元，较上年增长19.0%。轻、重工业增加值均增长19.0%，青海省正以优势资源开发和特色产业发展为切入点，着力推动结构调整和产业升级。2011年信息化水平继续发展，电话普及率达到100.6%，互联网用户达42.1万户。《青海省国民经济和社会发展第十二个五年规划纲要》中提出推动信息化与工业化深度融合，加快党政信息系统和基层综合信息平台建设，推进经济社会各领域信息化，全面提高信息化水平，确保基础信息网络和重要信息系统安全。

二 综合评估分析

2011年青海省"两化"融合综合指数为27.70，位列全国第27，名次与2010年持平。青海省融合硬度指数为32.99，位列全国第27，排名与上年持平；融合软度指数为24.05，位列全国第17，名次较上年上升五位；融合深度指数为9.77，位列全国第24，名次较上年上升两位。

从雷达图1中可以看出，构成融合硬度的"工业规模、工业结构、工业效益"三个细分维度均低于全国平均水平，在各省市中处于劣势地位，规模、结构、效益呈现阶梯递增态势。构成融合软度的"基础设施、产业发展、环境支撑"三个细分维度中，除了信息产业发展相对较强，其他两个维度处于下游水平，尤其是环境支撑排在末位。构成融合深度的"应用数字化、交易电子化、保障平台化"三个细分维度均处在全国下游水平。

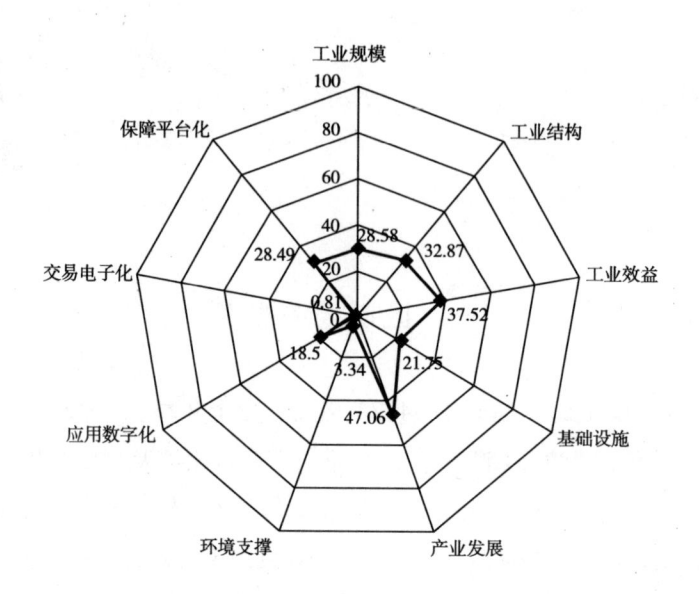

图 1　青海"两化"融合进程评估细分维度雷达图

三　三大支柱评述

(一) 融合硬度

在融合硬度的推进过程中,2011 年青海省实现工业增加值 780.69 亿元,按可比价格计算,比上年增长 19.0%①。青海省正在全面推进传统产业改造升级与战略性新兴产业发展。2011 年全省规模以上工业企业主营业务收入 1690.6 亿元,比上年增长 27.5%,实现利润 202.89 亿元。

工业规模方面,青海省在工业就业人口比重、人均 GDP 与城市化率方面均处于中下游。人均 GDP 直接反映青海省的区域经济水平在全国的劣势地位,而城市化率则在很大程度上说明其工业化建设不够发达。

工业结构方面,青海省在高技术产业占比、小企业和私营企业产值贡献率方面处于全国下游水平,虽然青海省已经实现了从传统的农牧业到工业化

---

① 数据来源:《2011 年青海省国民经济和社会发展统计公报》。

的转变，但工业化水平低，产业结构层次不高的现状尚未根本改变。近年来，青海省立足自身资源优势，正在形成以盐湖化工为龙头的六大产业集群①，青海省的内需贡献率在全国处于领先地位，这是推动经济平稳较快增长的战略基点。

工业效益方面，青海省在科研投入、资源消耗与绿色环保等方面均在全国各省市中处于中下游水平，在一定程度上反映出青海省工业转型目标尚未达到，今后应注重提升制造业的核心竞争力，突出强调新型工业化发展的绿色效益、技术效益。值得注意的是，青海省工业的经济效益水平在全国各省市中处于中上游水平，突出反映在工业增加值率、工业成本费用利润率、单位主营业务收入上缴税金和劳动生产率横比较高。

（二）融合软度

在融合软度的推进过程中，2011年青海省电话普及率达到100.6%。青海省信息化水平还不发达，基础设施覆盖不尽完善，信息产业发展相对落后，信息化消费环境有待改善。但是从信息产业从业人数占比和劳动生产率可以看出其信息产业的旺盛生命力。

基础设施方面，青海省在各省市处于中下游水平，居民家庭平均每百户家用电脑拥有量仅高于几乎空白的西藏，工业企业门户网站拥有率以及各项通信普及率的低水平反映了其基础设施的薄弱和信息通信产业的普及度欠佳，直接影响了青海省推进"两化"融合与提升城市功能的进程。这与青海省地理环境、人口因素和经济发展状况有关。

产业发展方面，青海省信息产业增加值排名落后，远低于全国平均水平，然而，其信息产业从业人数占比和全员劳动生产率则相对靠前，这体现了青海省调整产业结构、发展产业技术、增进资金投入、扩大产业规模等大力扶持推进信息化产业发展的热情和努力，显示出其信息化发展的潜在优势和发展动力。2011年青海省信息产业劳动生产率在全国达到上游水平。

环境支撑方面，青海省总体环境支撑水平居全国末位，表现在信息化消费环

---

① 青海六大产业集群：盐湖化工、能源化工、有色金属冶炼及精深加工、装备制造、电子信息基础材料及太阳能产业、特色生物资源加工。

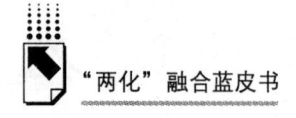

境欠佳，技术市场交易额、信息消费系数和人均通信业务收入均远落后于全国平均水平，同时，其国内专利年授权量也偏低，这与青海自身城市规模和整体发展水平有关。

（三）融合深度

在融合深度的推进过程中，2011年，青海省的传统产业多数已涉足电子商务，40%以上的中小企业开展了电子商务。信息技术应用的覆盖面、渗透率较以前有所提高，但总体还比较落后，尚未高度融入经济运行、社会管理和公共服务的各个环节，电子商务还没有成为青海省的主要经济活动形式。

应用数字化方面，青海省软件等信息技术在工业领域、社会生活领域的融合尚处于起步阶段，目前青海省已出台相关鼓励信息产业、软件产业发展的优惠政策，致力于发展特色软件产业，开展藏文软件开发和推广应用。

交易电子化方面，青海省电子商务活跃程度在全国处于下游水平，特别是网商规模、密度与活跃度水平较低。这与青海省所处的工业化阶段和信息化发展配套设施直接相关。具体表现在其经济基础、商业环境、信息化设施建设以及物流水平不够发达。

保障平台化方面，青海省政府网站绩效水平在全国处于中下游，其电子政务业务处理效率与公众满意度水平还有待提高。青海省电子政务起步较晚，目前正着力推进以公众服务为中心的电子政务建设，积极搭建完善党政信息系统和基层综合信息平台。

四 融合推进建议

青海省是我国西北经济欠发达的少数民族聚居区，现在已经实现了由传统农牧业到工业化的转变，然而受政治、经济、社会和自然灾害等各方面影响，工业起步晚，当前及今后一段时间将处于从工业化初期向中期过渡的阶段。青海省信息化基础薄弱、产业规模小、技术不够强，反映出其信息化建设的不足。青海省"两化"融合的硬度、软度和深度均不足全国平均水平，处于落后地位。要加快推进工业化进程和信息化产业建设，促进工业转型升级。

（一）推进信息基础设施建设，保障"两化"融合顺利开展

青海省信息化水平在全国处于落后地位，要加强信息基础设施建设，提高移动网和宽带通信通达水平，提高农村牧区信息网络覆盖面。统筹建设无线城市、智慧城市，实现主要城镇无线宽带全覆盖。推进交通、物流、生态环保、医疗、城市管理、公共安全、工业、农业等领域物联网研发及应用示范。构建政务信息网络平台，推进电子商务、远程教育、远程医疗加快发展，促进网络资源共享和互联互通。用电子信息等高新技术实现传统优势产业技术改造，引领工业转型升级。

（二）构建政企信息系统，提升管理服务水平

青海省在提升社会管理和服务水平方面，应加快建设党政信息系统。以完善设施、信息共享、互联互通为重点，加快建设各行政区域的电子政务内外网，实现政务信息共享和业务协同。同时开展企业信息化工程，积极发展电子商务，推进生产设备数字化、生产过程智能化、企业管理信息化、产品销售网络化。以此推进工业化和信息化深度融合。

（三）提高科技创新能力，为"两化"融合提供始推力

提高科技创新能力，加强关键技术和工艺再创新。发展青海特色软件产业，利用信息技术改造和提升传统产业，做好藏文软件开发和推广应用，促进青海省藏文信息化建设。以大中型企业为重点，鼓励信息技术服务企业和应用企业之间的合作开发，开展信息技术应用示范工程。积极培育和发展重点新兴产业，重点发展电子基础材料产业，打造西北电子基础材料产业基地。积极引进和培养企业急需的信息化专业人才和复合人才。以科技创新为"两化"融合提供始推力。

B.33 宁夏回族自治区

一 区域经济概况

2011年宁夏回族自治区GDP达到2060.79亿元，比上年增长12.0%。从产业结构来看，2011年宁夏三次产业结构依次为8.9:52.2:38.9，第二产业比重增加。2011年宁夏规模以上工业实现增加值724.4亿元，按可比价格计算，同比增长18.1%。增速比一季度、上半年、前三季度分别加快3.9、2.1和0.9个百分点，呈逐季攀高态势[1]。宁夏整体信息化水平不断提高，信息产业增加值占全区生产总值比重达4.9%，2011年宁夏回族自治区和工信部签署了战略合作框架协议，建立和完善部、区间合作交流机制，共同推进宁夏工业和信息化又好又快发展。[2]

二 综合评估分析

2011年宁夏回族自治区"两化"融合综合指数为29.16，位列全国第26，名次与2010年持平。宁夏回族自治区融合硬度指数为36.60，位列全国第24，名次较上年提升一位；融合软度指数为27.43，位列全国第14，名次比上年提升一位；融合深度指数为4.12，位列全国第29，名次较上年下降一位。

从雷达图1中可以看出，在三大维度中，融合硬度指数相对较强，融合深度指数发展较弱。构成融合硬度的"工业规模、工业结构、工业效益"三个细分维度在各省市比较中均处于中下游水平，其中工业结构维度相对较强，在全国处

---

[1] 资料来源：《2011年宁夏规模以上工业实现增加值724.4亿元》，http://www.ganqi.com/news/show-178.html。

[2] 资料来源：《工信部携宁夏共同推进两化融合和新农村信息化》，http://www.yongning.gov.cn/contents/15/26117.html。

于中游水平。构成融合软度的"基础设施、产业发展、环境支撑"三个细分维度中,其信息产业发展较另两个维度相对较强,但仍处于全国中等偏下水平,环境支撑维度最弱,在全国比较中处于落后水平。构成融合深度的"应用数字化、交易电子化、保障平台化"三个细分维度均在全国处于相对落后水平。

尽管宁夏"两化"融合进度维度和全国相比有很大差距,但在"两化"融合方面,在西部省市的位置却处于中上游水平。

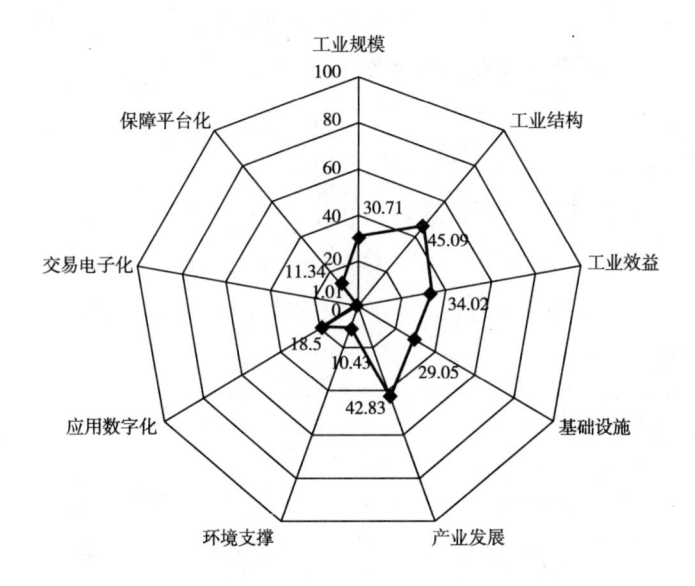

图1 宁夏"两化"融合进程评估细分维度雷达图

三 三大支柱评述

(一) 融合硬度

在融合硬度的推进过程中,2011年宁夏工业经济增长平稳,与上年同期相比,工业对地区生产总值的贡献率有所上升。在14个工业行业部门中,煤炭、电力两大主要传统支柱行业,对全区工业增长的贡献率达到74.1%,支撑效果明显。

工业规模方面,工业就业人口比重、人均GDP、城镇化率在西部省份中排名靠前,但从绝对值来看,和东部发达省市的差距明显。从工业规模指标看,宁夏的工业经济发展接近全国平均水平,但仍然有很大的发展空间。

工业结构方面，整体来看，宁夏在全国各省市中处于中等水平。其中，私营企业产值贡献率、内需贡献率在全国排名均处于中等偏上位置；但是高技术产业占比和小企业产值贡献率都比较低，和其他省市相比排名滞后。形成这种工业结构的原因，一是因为宁夏地处西北内陆，进出口贸易不发达，国有企业分布少，因而工业产业更多依靠内需拉动，依靠民营企业活跃市场；二是高等院校和科研机构相对较少，自然环境恶劣，高科技产业发展相对不足；三是宁夏以煤炭、电力等产业为支柱产业，而在我国当前的经济发展水平上，这些产业都处于科技含量相对较低，产业规模比较大的粗放型发展阶段。

工业效益方面，宁夏在工业企业平均增速和有科研机构的大中型企业占比等方面在全国位居前列。相反，在单位工业增加值能耗、电耗、废水废气排放量等指标上均排名靠后。这与宁夏以煤炭、电力等产业为支撑的产业结构有关，同时为其节能减排工作的开展带来了巨大的压力。在工业企业 R&D 投入占主营业务收入比重和新产品产值率指标上，处于全国中等偏下水平，这和前面的产业结构的分析是相符的。

（二）融合软度

在融合软度的推进过程中，2011 年宁夏移动电话用户达到 520.5 万人，比上年末净增 83.1 万人；电信增加值达到 249209.7 万元，比上年同比增长 5.1%。虽然整体上看，本地区信息化水平在全国仍然落后，但处在稳步增长之中。

基础设施方面，宁夏信息化基础设施建设在全国处于中等偏下水平，从子指标来看，工业企业门户网站拥有率、移动电话普及率、每万人局用电话交换机容量、每万人移动电话交换机容量等指标在全国都处于中等水平，尤其是每万人移动电话交换机容量，在全国排名比较靠前。但是居民家庭平均每百户家用电脑拥有量、网民普及率、互联网普及率等指标均处于全国下游，其中，居民家庭平均每百户家用电脑拥有量排名尤其靠后。这一结果表明本地区基础通信产业发展相对较好，但互联网产业发展滞后。

产业发展方面，产业发展指标在宁夏融合软度指数中相对较强，整体处于中等略偏下水平。其子指标中，信息产业全员劳动生产率排名靠前，居全国第 3，信息产业从业人数占比和信息产业增加值占比两个指标在全国处于下游水平，这反映出宁夏信息产业生产率较高，但产业规模较小。

宁夏回族自治区

环境支撑方面，宁夏处于全国落后水平，从其子指标来看，技术市场成交额和国内专利年授权数量排名均处于全国下游水平，信息消费系数排名位于全国下游，人均通信业务收入稍强，也只处于全国中游水平。

（三）融合深度

在融合深度的推进过程中，宁夏工业化与信息化的融合，无论是在工业企业的数字化管理、电子商务的推进，还是政府和公共服务平台的构建方面均有很大的发展空间。

应用数字化方面，宁夏制造业信息化工作坚持"抓应用、促发展、见效益、创环境"的方针，以信息资源开发和利用为重点，改善制造业信息化建设环境，促进高新技术产业化和传统产业的改造升级，提高制造业企业自主创新能力；坚持"市场导向与政府推动相结合，重点突破与整体提高相结合，示范带动和分类指导相结合，以企业为主体与产学研联合相结合，创新机制和营造有利环境相结合"的原则，科学规划、合理布局、机制保障、服务支撑、多方协同、整体推进，使自治区制造业企业的生产制造数字化和经营管理信息化水平有较大的提升。①

交易电子化方面，宁夏发展滞后于全国，从底层指标来看，网商交易额、网商规模、网上密度、网商交易额比率等指标均排名全国后几位，即使在西部省份中也排名靠后，这和本地区整体经济水平落后的大背景是相关的。

保障平台化方面，受到工业基础的制约，本地区在"两化"融合深度上处于全国下游，在保障平台化方面也不例外，从子指标来看，在政府网站上可实现网上提交/申请的业务占比、电子政务业务平均处理周期、电子政务网站公众满意度等指标上均滞后于全国平均水平，信息化平台的服务与保障任务艰巨。

四　融合推进建议

宁夏回族自治区地处我国西北内陆，生态环境恶劣，工业基础薄弱，传统工业尚未得到充分发展，适逢我国开始走新型工业化道路，实行"两化"并举战

---

① 资料来源：《宁夏：突破关键技术，提升信息化水平》，载宁夏科技厅高新处《中国制造业信息化》，2009年7月。

略，因而在"两化"融合过程中，面临"前有强敌，后有追兵"的压力。这既是压力，也是推动宁夏工业化和信息化的动力，如果措施得当，完全有可能从战略挤压中获得独特的生存空间。

（一）提高科研效率、争取小企业的生存空间和加强节能减排工作

从数据分析可以看出，宁夏有科研单位的大中型企业所占比重在全国位居前列，而且宁夏大中型企业产值占工业增加值比重和全国其他省份相比也处于中上游水平，其高科技企业产值对工业增加值的贡献率却在各省市排名靠后，今后宁夏工业企业应努力在提高科研效率上下工夫。

宁夏工业基础薄弱，小企业发展滞后，政府部门应努力做好对小企业的支持和服务工作，从财政金融、人才、政策、环境各个方面给予必要的倾斜。

受到产业结构的影响，本地区生态环境本就十分脆弱，节能减排、保护环境任务相对东部先天环境较好的省份更加艰巨，但宁夏支柱的工业企业普遍存在高能耗、高电耗、废气废水排放量大的问题，当前的产业模式难以长期运行，面对这种局面，应在发展节能环保工业方面引起足够关注。

（二）推动信息产业规模化经营，提升互联网普及水平

受到整体收入水平的限制，本地区信息化发展滞后于全国平均水平，但仍然有可以改进和着力之处。本地区信息产业全员劳动生产率较高，但产业发展受到规模的限制，今后可以推动信息产业的兼并重组，努力实现规模化经营。本地区电话等基础通信产业发展较好，但互联网业务发展滞后，然而互联网是未来信息化发展的基础，当前有必要提升本地区的互联网普及水平。

（三）积极建设公共服务信息化平台和产业对接平台

宁夏应积极推动公共服务信息平台的建设，实现税收法规、交易安全、电子结算、电子合同、知识产权等法规的完善。并进一步建设公共服务信息化平台和产业对接平台，实现产业集聚区企业间的信息共享和业务协同；完善制造业信息化支撑服务体系，为提高企业信息化能力提供服务和保障。[①]

---

① 资料来源：《宁夏：突破关键技术，提升信息化水平》，载宁夏科技厅高新处《中国制造业信息化》，2009年7月。

B.34
新疆维吾尔自治区

一 区域经济概况

2011年，新疆维吾尔自治区GDP达到6574.54亿元，比上年增长12.0%。三次产业结构依次为17.3∶50.0∶32.7，产业结构持续优化。2011年全部工业增加值达到2764.14亿元，比上年增长11.4%，新疆紧紧抓住西部大开发战略所带来的机遇，以经济结构调整为主轴，加快资源优势向产业优势转换。2011年新疆信息化进程继续推进，信息产业增加值占全区生产总值比重达1.2%，通信行业继续保持了平稳健康的发展势头。新疆紧紧围绕推进跨越式发展和长治久安两大目标任务，推进工业和信息化深度融合。

二 综合评估分析

2011年，新疆"两化"融合综合指数为29.96，位列全国第24，名次较2010年上升四位。新疆融合硬度指数为34.78，位列全国第25，名次较上年下降一位；融合软度指数为20.34，位列全国第23，名次较上年提升四位；融合深度指数为5.53，位列全国第27，名次较上年提升四位。

从雷达图1中可以看出，构成融合硬度的"工业规模、工业结构、工业效益"三个细分维度中，工业规模、工业结构在各省市比较中处于下游水平，规模、结构、效益呈现"递增型"发展态势。构成融合软度的"基础设施、产业发展、环境支撑"三个细分维度，在全国处下游水平，其中环境支撑发展较另两个维度相对较弱，三个细分维度呈现"递减型"态势。构成融合深度的"应用数字化、交易电子化、保障平台化"三个细分维度中，三项指标都明显低于全国平均水平，其交易电子化发展水平很低，呈现明显"V"形态势。

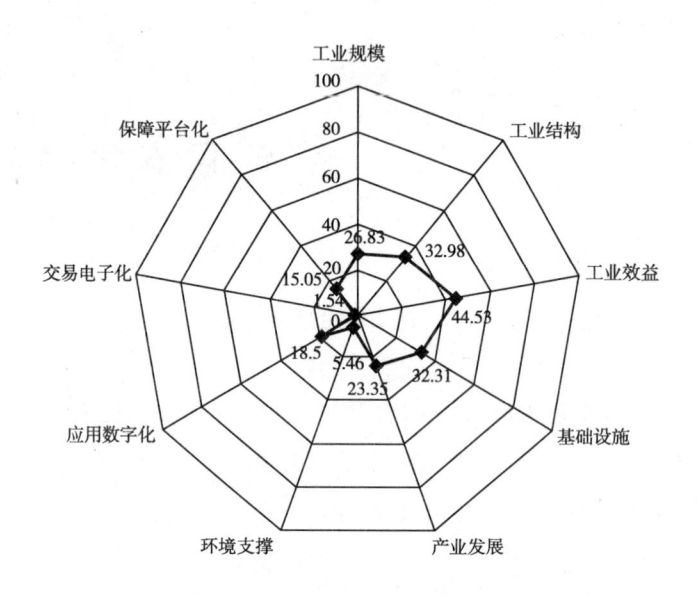

图1 新疆"两化"融合进程评估细分维度雷达图

三 三大支柱评述

(一) 融合硬度

在融合硬度的推进过程中，2011年新疆实现工业增加值2764.14亿元，比上年增长11.4%[①]。新疆基本形成了以石油开采、石油化工为主，以纺织、钢铁、建材、食品为支柱，包括有色金属、煤炭、电力、机械、化工等行业，适应新疆区情的资源型工业结构体系。2011年规模以上工业产品销售率98.0%，其中，轻工业94.7%，重工业98.4%。企业实现利润总额910.42亿元，同比增长13.4%。

工业规模方面，新疆工业增加值比重、工业就业人口比重、人均GDP在全国均处于下游水平，只有城市化率处于中游水平。工业增加值比重直接反映了新疆的工业化发展水平，人均GDP反映了其经济发展水平，而49.7%[②]的城市化

---

① 数据来源：《2011年新疆维吾尔自治区国民经济和社会发展统计公报》。
② 2010年新疆城市化率达到49.7%，数据来源《中国统计年鉴2011》。

率是工业活动投影到人口空间分布的直接体现。

工业结构方面，新疆在高技术产业占比、小企业产值贡献率、私营企业产值贡献率方面劣势突出。新疆地处我国西部，经济不够发达，技术水平不高，这些特点都决定了新疆不是一个工业化高水平发展地区，使得高技术产业、小企业和私营企业比重较低。

工业效益方面，新疆工业的经济效益水平在全国处于中上游水平，突出反映在工业成本费用利润率、单位主营业务收入上缴税金横比较高，这与新疆资源丰富、石油和天然气开采业具有高利润率的特点有直接关系。但同时也应该看到，新疆的科研投入、资源消耗与绿色环保等均在全国各省市中处于下游水平，在一定程度上反映出新疆工业转型效果不明显，经济发展的技术效益、绿色效益还有待提升。

（二）融合软度

在融合软度的推进过程中，2011年新疆移动电话普及率超过75%，互联网（固定）宽带普及率达9.45%[1]。2011年新疆信息产业增加值超过78亿元，信息产业服务业经营收入超过164亿元[2]。新疆正在大力推进云计算产业的发展，发展云计算产业是加快新疆能源优势向经济优势转换的有效途径，也是抢占战略性新兴产业制高点的重要选择。

基础设施方面，新疆每万人局用电话交换机容量、每万人移动电话交换机容量在全国各省市中处于中游水平，这与新疆通信行业积极落实自治区分解任务目标，加快推进基础设施建设有直接关系。但同时也应该看到，新疆工业企业门户网站拥有率、居民家庭平均每百户家用电脑拥有量、互联网普及率在全国处于下游水平，反映出新疆居民及企业的信息化水平均不高，这主要受当地人均收入以及经济发展水平的影响。

产业发展方面，新疆信息产业各项规模、效益指标均处于全国下游水平。表明新疆融合软度水平处于初级阶段，信息产业以及相关产业发展比较落后，这主要是因为当地经济发展水平比较低，科研经费投入不足，在一定程度上限制了信

---

[1] 依据《2011年新疆维吾尔自治区国民经济和社会发展统计公报》计算得出。
[2] 依据统计数据计算而得，资料来源：《中国信息产业年鉴》。

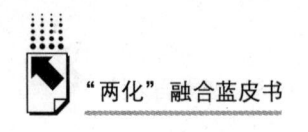

息产业的发展。

环境支撑方面，新疆信息化消费环境在全国处于劣势，这与其薄弱的基础设施建设以及区域经济水平较低有关。同时，新疆技术市场交易额规模较小，国内专利年授予量较低，这与当地科技发展水平和教育水平较低有直接关系。

（三）融合深度

在融合深度的推进过程中，2011年新疆电子商务和软件产业建设取得了一定成效，信息技术应用的覆盖面、渗透率得到提高，"两化"融合继续推进。

应用数字化方面，新疆不断提升软件等信息技术在工业、卫生、教育、生活等领域的应用，而且在嵌入式软件产业方面也取得了一定的成绩，新疆软件园的建成推动了软件产业和信息服务业的发展，应用数字化水平得到提升。

交易电子化方面，新疆电子商务活跃程度在全国各省市中处于劣势水平，特别是网商规模、密度与活跃度等方面都明显落后于全国平均水平。这与新疆薄弱的经济基础、商业环境和信息化设施建设有直接关系。

保障平台化方面，新疆政府网站绩效水平在全国处于下游水平，其电子政务业务处理效率与公众满意度水平均比较低。新疆现已初步建立了政府内部办公自动化系统和适时更新的政府网站，但由于经济、社会发展的地区差异和电子政务本身所涵盖的广度和深度，新疆地区的电子政务建设的整体水平仍然较低，而且部门的发展也极不平衡。

四 融合推进建议

新疆地处我国西部地区，地域辽阔、资源丰富，但区域经济基础薄弱，工业起步晚，底子差，处于工业化的初级阶段；信息化基础差，信息以及相关产业发展落后。新疆融合硬度和融合软度水平均处于初级阶段，只有大力发展工业和信息产业，提升工业化、信息化发展水平，"两化"融合才能向纵深方向发展。

（一）加强信息基础设施建设，推动信息产业发展

进一步加强通信设施建设，发展多种形式的宽带接入，提高宽带接入率，实现互联网的广泛应用。加快数字广播、电视的建设与改造，促进数字广播、电视

的普及覆盖。加快光纤宽带网络、第三代移动通信网络建设，进一步推动"三网"融合。以基础信息网络和重要信息系统安全为重点，加强信息安全保障体系建设，基本完成自治区网络与信息安全保障体系建设，全面提高网络与信息安全防护能力，创建安全健康的网络环境。

（二）深入推进电子政务，切实服务地区发展

新疆区域辽阔，州县众多，应积极推进电子政务信息化，加快建设和完善全区统一的电子政务网络平台，建立形成以应用服务为目的的信息资源共享体系，加快自治区重点业务系统和应急指挥系统信息工程建设。运用信息技术提高电子政务的综合服务能力，将电子政务建设与信息技术的运营有机融合，与政府职能转变、组织结构调整、行政业务流程再造结合，提高电子政务的普及和应用广度。

（三）提高信息技术在重点行业和关键领域的渗透率

新疆战略资源丰富，尤其是作为全国重要的能源资源生产基地和进口能源资源的重要战略通道地位进一步凸显，应大力推进石油、化工、钢铁、有色金属、建材、装备制造、轻工、纺织等重点行业和特色产业与信息化融合。积极发展电子商务，完善电子商务环境，构建信息化商贸模式。推进信息化与物流、供应链融合，推进物联网技术的应用。进一步完善人力资源和社会保障信息系统建设，加快教育信息化进程，提高科研设备网络化应用水平，大力推进社会事务管理和城市社区服务信息系统建设。加快推进以数字化设计为核心的产品创新系统，发展各种嵌入式软件技术，增加产品的技术含量和附加值。发挥信息技术在节能环保、发展低碳经济过程中的科技手段与推动作用。

案例解读
Case Study

B.35
南京市国家级"两化"融合试验区

一 南京市"两化"融合总体情况

2009年南京市被工信部确定为国家级工业化和信息化融合试验区,两年多来,通过企业高管培训、产品和服务的体验式应用、人才培养、信息化公共服务平台建设等手段,该试点城市的"两化"融合工作有了很大进展,并在2012年初以优异的成绩通过了工信部专家组对首批国家级"两化"融合试验区的实地验收。

融合硬度方面,南京市坚持走新型工业化道路,突出增强自主创新能力,工业生产保持稳步增长。高新技术产业快速发展,2010年高新技术产业主营业务收入3268.48亿元,比2005年增长65%;高新技术产业利润总额达到197.91亿元,比2005年增长3.60倍。

融合软度方面,南京市积极探索"两化"融合新模式,试验区试点建设工作稳步推进,大力推进"两化"融合"4866"专项工程,完成了一批示范效应明显的企业信息化项目,建立了工业优化分离、数据库平台开发、协同服务设计、商务平台等六大模式的20个信息化公共服务平台,对提升行业信息化水平发挥了显著作用。2010年全市互联网(宽带)普及率为23.81%,移动电话普及率为99.7部/百人，信息产业从业人数占比3.31%，全市电子信息制造业实现主营业务收入1450亿元，同比增长18.4%，实现利润62亿元，同比增长51.2%。

融合深度方面，南京市制定实施了"千企升级"计划，把企业信息化升级做为5个升级措施的重要内容，加大了考核和推进力度，有力促进了企业应用信息化水平的提升，尤其对于中小企业来说，对信息化建设的认识和普及率均有提高。电子政务方面，截至2011年11月，南京市政务内网接入点数量达209个，"智慧医疗"和"智能交通"项目建设继续推进，数据中心已开通内、外网24小时报修电话，为各单位提供技术服务、资源服务、评估咨询、故障申报等服务，综合政务软件应用平台运行基本稳定。

（一）纵向比较

融合硬度方面，2010年南京规模以上工业实现总产值8502.61亿元，全市四大支柱产业完成工业总产值5363.26亿元，增长28.7%，四大支柱产业占全市规模以上工业企业产值的比重达到63.1%[①]。人均GDP由2009年的55290元增长为64037元。2010年的城镇化率为78.5%，比2009年的68.34%提高了10个百分点。全员劳动生产率2010为325664元/人·年，与2009年的436295元/人·年相比有所下降。2010年的单位工业增加值电耗为0.12千瓦时/元，与2009年的0.11千瓦时/元相比略有上升，工业固体废物综合利用率由2009年的91.37%下降到2010年的88.82%，下降2.55个百分点。

融合软度方面，2010年的移动电话普及率为99.7部/百人，而2009年是103.86部/百人，有所回落。互联网普及率由2009年的18%提高为2010年的23.81%，大幅上升。2010年的信息产业从业人数占比为3.31%，较2009年的2.48%提高了0.83个百分点。2010年国内专利年授权数量为9150件，同比增长38.82%。

融合深度方面，截至2011年底，全市已完成"两化"融合重点项目446个，推动全市规模以上工业企业的办公和财务信息化普及率提升到88%以上，企业资源管理信息化（ERP）普及率达到55%。通过几年努力，南京市实现了利用信息技术对工业体系、流程和模式再造，利用信息技术促进产业结构调高、调

---

① 数据来源：南京市统计局。

优、调轻、调净，利用信息技术推进新型工业化进程，初步实现了把南京市建成具有世界影响的"中国软件名城"、"两化"深度融合的长三角、先进制造业发展高地和全国有较大影响的"两化"融合示范城市的目标。

（二）横向比较

融合硬度的工业规模方面，2010年，在南京、沈阳、兰州、合肥、昆明以及郑州几个试验区中，南京的工业增加值占GDP比重与人均GDP均排在前列。城镇化率78.5%，排名第1。南京市作为华东第二大城市，又是"两化"融合的第一批试验区，其经济基础和发展程度在几个试验城市中都处在领先地位。工业效益方面，南京的全员劳动生产率在横向对比的试验区中排在第1位。工业固体废物综合利用率排名第4，单位工业增加值电耗、单位工业增加值化学需氧量、二氧化硫排放量几个指标均排在中游水平，说明南京市在工业发展的能源利用率和环保效率方面还有一定上升空间。

融合软度的基础设施方面，南京2010年移动电话普及率是99.7部/百人，互联网（宽带）普及率为23.81%，排在第1位。环境支撑方面，国内专利年授权数量是9150件，排名居前。信息产业从业人数占比为3.31%，排名第1。

融合深度的保障平台方面，南京电子政务网站公众满意度评分为41.03，排在前列。

总体来看，南京市在融合硬度、软度和深度方面都处于较前位置，南京市在自身经济基础上，用信息化改造传统产业，推进信息化和工业化的融合、传统产业的转型升级，取得了显著成效。

表1 2010年南京与各试验区指标对比

单位	工业增加值占GDP比重	工业就业人口占总就业人口比重	人均GDP（元）	城镇化率	工业增加值率	工业成本费用利润率	全员劳动生产率	单位工业增加值电耗	单位工业增加值化学需氧量/二氧化硫排放量	工业固体废物综合利用率
	%	%	元	%	%	%	元/人·年	千瓦时/元	吨/亿元	%
南京	37.82	39.41	64037	78.50	22.54	7.79	325664	0.12	59.52	88.82
沈阳	47.06	32.41	62357	77.07	24.57	7.77	240116	0.04	32.77	95.68
兰州	33.87	29.95	34009	62.72	23.40	5.32	189365	0.29	187.30	78.94
合肥	38.94	26.27	54796	68.50	27.69	12.00	319499	0.04	30.40	98.76
昆明	28.69	24.49	33550	63.00	24.97	7.30	156531	0.10	154.97	96.11
郑州	39.60	28.41	49947	63.62	27.06	14.00	154507	0.13	73.04	84.57

续表

	移动电话普及率	互联网（宽带）普及率	信息产业从业人数占比	国内专利年授权数量	政府网站上可实现网上提交/申请的业务占比	电子政务业务平均处理周期	电子政务网站公众满意度
单位	部/百人	%	%	件		分	
南京	99.7	23.81	3.31	9150		41.03	
沈阳	103.8	19.11	2.90	5165		43.57	
兰州	97.8	12.11	3.10	1019		17.68	
合肥	79.4	11.00	2.83	4007		50.78	
昆明	99.4	14.56	3.25	2472		32.06	
郑州	101.38	16.57	1.93	5600		32.54	

二 南京市"两化"融合具体进展

南京市继续推进信息技术改造提升传统产业，推进信息化与业务关键环节的覆盖、渗透和融合，推进从信息化综合集成。积极拓展"两化"融合的发展空间，推动单项业务应用向综合集成、从一般信息应用向业务流程再造、从单一企业向产业链上下游协同应用发展。

（一）加快对传统企业的改造升级

通过"两化"融合，南京市重点工业企业将信息技术融入研发、设计、生产、管理、采购、销售和服务等各个环节，带动了企业技术开发、生产经营和管理模式的全面创新，极大促进了企业核心竞争力的提升。从宏观层面看，全南京市初步实现了利用信息技术对工业体系的再造。

许多传统制造企业通过"两化"融合项目的实施，实现了生产规模和管理水平的升级。例如，南京海尔曼斯集团投资7000余万元，淘汰了落后的手工和半自动织机，购置了150台德国Stoll电脑横机，并配套数据采集和控制系统，实现了自动化生产。项目实施后，企业用工减少到原先的1/6，在确保成品率提高的前提下，年产量达到原先的三倍多。南京桂花鸭集团投资2000万元，对加工过程进行改造，应用PLC全自动控制和变频控制技术，实现了对温度、时间等技术参数的自动控制，同时通过各种传感设备及通信系统，对生产现场等进行实时监控，提高了产品的可追溯性。

（二）突出龙头企业的示范作用

南京市以该市工业"五十强"、高成长科技创新型"百优企业"和"新百亿企业"为重点，精选一批行业影响力大、创新能力强、信息化带动作用明显的30家龙头企业作为全市"两化"融合重点示范企业、大力实施企业资源计划体系（ERP）、生存制造执行体系（MES）、生产过程控制自动化（PCS）和能源管理系统（EMS）等信息化建设，加快生产过程信息化、企业管理信息化和电子商务平台建设，突出技术创新和掌握一批具有自主知识产权的核心技术，占领信息化和工业化融合的制高点，增强核心竞争能力，发挥示范作用，进行行业对标。

（三）实施重点工程带动工程

结合南京工业的产业特征，在原材料、装备、消费品和电子信息等四大领域，确定钢铁、石化、建材、机械、汽车、船舶、医药、纺织、食品和电子等10个行业为信息化改造重点行业，组织推进300个信息化和工业化融合重点项目，重点实施以下五大工程。

1. 产品智能化工程

通过建立三维数字化设计、制造集成平台，大力发展信息家电、平板显示、计算机及外设、通信、智能仪器仪表等数字产品，加强对产品设计、运动仿真、动力学仿真、工艺规划和数控加工等集成技术的研究开发与应用。同时，运用制造执行系统（MES）、计算机集成制造系统（CIMS）、计算机辅助工程（CAE）、计算机辅助工艺计划（CAPP）、产品数据管理（PDM）等，实现产品的数字化与智能化。

2. 过程自动化工程

通过面向传统产业的产品、技术与信息运用等行业信息应用的重大关键技术及解决方案，围绕计算机柔性制造、产品全生命周期（PLM）、流程工业能源协调优化及生产过程综合自动化、数字化制造流程管理（DMPM）及集散控制系统（DCS），提升装备制造业产品的自动化、数字化、智能化水平，加快传统产业在虚拟制造、网络制造等方面的开发建设，实现生产模式的根本性转变。

3. 系统集成化工程

通过以3G及以上移动通信、卫星通信、短波通信、短距离超高速无线互联网等产品为代表的现代通信产业，以电力系统软件及集成、电信系统软件及集成、交通物流系统软件及集成、指挥控制系统及集成等为重点的软件与系统集成产业，以雷达及电子对抗、汽车电子、信息家电、仪器、仪表、计算机及外设等产品为支撑的数字化电子产品产业的发展，实现多系统的有效集成。

4. 管理信息化工程

在建设和完善企业资源计划的基础上，应用高级计划与排程（APS）、需求计划（DP）和供应链计划（SCP）等工具，建立完整的供应链管理（SCM）、客户关系管理（CRM）、决策支持系统（DSS）以及"虚拟企业"、"动态联盟"等基于网络的企业组织模式，实现企业经营管理与资源管理的信息集成及业务协同。

5. 商务电子化工程

应用包括B2B、B2C等在内的电子商务、远程技术服务等，连接企业内部物流与企业上、下游及社会物流，实现精益生产与精益物流，建立基于信息和网络技术的生产性服务新业态信息化系统，加快制造业与服务业融合，从整体上提升制造业的效益。

（四）加强信息化载体建设，搭建工业经济发展新平台

探索工业园区信息化平台建设新模式。以南京化工园、新港平板显示产业园为试点，成立专门的信息化建设机构，形成园区内产业链上下游企业之间的信息资源分类、采集、管理的共享机制，实现企业之间在原材料供应、技术研发、市场开发等各运营环节的资源优化整合。加快信息平台建设。通过化工园化工交易平台、幕燕钢铁产品交易平台、王家湾海关监管物流平台、医药追溯平台、中国制造网（Made in China）电子商务平台、大贺购物平台、苏宁数字商城等一批重点行业信息化服务平台的建设，逐步形成全市企业信息化共同体；通过支持信息服务企业联盟平台建设，推进拥有自主知识产权的大型通用实时数据库管理系统平台建设，建立健全全市信息技术支撑服务体系；探索中小企业共享设计软件服务平台模式，逐步建立和完善技术装备等共享平台向企业和社会开放共享的体制机制，建立健全中小企业信息化服务体系，为广大中小企业推进信息化建设提供技术、信息等各类服务。

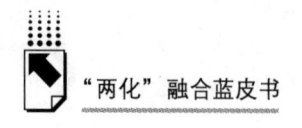

三 南京"两化"融合的推进建议

从大的区域经济格局来看,在长江经济带这个轴线上,上海、南京、武汉、重庆是四大中心,而在这四大中心中,南京的经济总量最小,要想发挥区域经济中心辐射带动作用,推进融合的进程,南京市必须做大经济规模,坚持在调整结构的同时不放慢速度,在优化结构的同时保持一定规模,通过大量高质量新项目的支撑来推进。

(一)强化财政投入导向作用

强化政策创新,引导和带动全社会对信息化和工业化融合的投入,形成多元化投融资体系。建立市"两化"融合专项资金,主要用于信息化带动工业化重点技术改造与创新项目、示范工程、软件产业发展、平台建设、关键技术开发与推广项目的资助、贴息和奖励。对市政府公布的重点信息化项目予以3年时间贴息或补助。健全融资机制,拓宽企业融资渠道。协调各有关银行、各类风险投资资金、贷款担保基金重点支持信息化带动工业化项目贷款、投资及担保。

(二)充分利用区域优势

开展"厅市合作",搭建省信息产业厅和南京市的"厅市共建试验区平台",创新"两化"融合试验区建设模式,加强与省信息产业厅的深度合作,争取省信息产业厅在政策倾斜、项目补助等各个方面的支持。同时,充分发挥南京市作为"两化"融合试验区对周边的辐射带动作用,促进全省范围内信息化和工业化的深度融合。

(三)加快工业服务业发展,提升工业经济软实力

以IC设计软件、工业设计软件、制造业信息化软件、电力自动化软件、嵌入式软件和系统集成软件等六大领域为发展重点,通过加速产业集聚、优化空间布局和加大政策扶持,打造一批国内知名软件品牌和具有国际影响力的软件产业基地。加快推进发展工业服务业,鼓励有较好基础的大型企业集团,促进其工业服务部门分离、优化,使其升级为全行业服务企业。

B.36
沈阳市国家级"两化"融合试验区

一 沈阳市"两化"融合总体情况

沈阳市位于中国东北地区南部,是辽宁省的省会,东北地区的经济、文化、交通和商贸中心,全国的工业重镇和历史文化名城。市区面积3495平方公里,市区户籍人口810余万,沈阳是东北政治、经济、金融、文化、交通、信息和旅游中心,中国15个副省级市之一,东北最大的国际大都市。沈阳也是我国最重要的重工业基地之一。2010年4月6日,沈阳经济区获国务院批准成为国家新型工业化综合配套改革试验区,是中国第八个国家综合配套改革试验区,也是唯一以"新型工业化"为主题的综合配套改革试验区,标志着沈阳经济区建设上升为国家战略。沈阳位于环渤海经济圈(我国第三大经济圈)之内,是环渤海地区与东北地区的重要结合部。

融合硬度方面,工业总量迅猛增长,引领发展作用增强。2011年,全市规模以上工业增加值达2960.9亿元,比上年增长16.0%。其中,重工业增加值2156.7亿元,增长14.9%;轻工业增加值804.2亿元,增长17.3%。装备制造业实现增加值1418.8亿元,增长16.1%,占全市规模以上工业增加值的47.9%。

融合软度方面,信息产业迅速壮大,同时信息技术不断向工业各环节渗透,企业信息化应用不断创新推进,全市信息化水平不断提高。2011年沈阳市互联网(宽带)普及率为20.52%。2010年沈阳市信息产业从业人数占比2.9%,移动电话普及率达到103.8部/百人,较往年均有大幅提升。

融合深度方面,工业企业全面向数字化、电子化方向转变,信息化程度不断加深,2010年沈阳的电子政务网站公众满意度评分为43.57,电子政务推进工作进展顺利。

（一）纵向比较

融合硬度的工业规模方面，2010年沈阳规模以上工业增加值同比增长19.1%，达到2361.4亿元。同时，人均GDP也在稳定增长，由2010年的62357元增长到2011年的73400元。2011年的城镇化率同比上升了1.45个百分点，达到78.52%，城市化程度提高，工业化进程稳步推进。工业效益方面，沈阳市全员劳动生产率由2010年的240116元/人·年上升到2011年的369706元/人·年，增幅为53.9%。单位工业增加值电耗由2010年的0.04千瓦时/元上升到2011年的0.05千瓦时/元，增幅为25%。工业固体废物综合利用率由2009年的93.93%上升到2010年的95.68%，提高1.75个百分点，绿色效益明显。

融合软度的基础设施方面，沈阳市居民家庭家用电脑拥有量由2009年的平均每百户81.85台增长到2010年的88.22台，增幅为7.8%。2010年的移动电话普及率为103.8部/百人，较2009年的104.3部/百人下降了0.5个百分点。互联网普及率由2010年的19.11%提高为2011年的20.52%，提高了1.41个百分点。每万人移动电话交换机容量由2009年的15087户提高为2010年的17676户。产业发展方面，2010年的信息产业从业人数占比为2.90%，较2009年的信息产业从业人数占比2.73%，提高了0.17个百分点。环境支撑方面，2010年沈阳市国内专利年授权数量为5165件，同比增长42%，上升幅度明显。

融合深度的保障平台方面，电子政务网站公众满意度评分由2010年的43.57分增长到2011年的57.44分，增幅为31.83%。

（二）横向比较

融合硬度的工业规模方面，2010年，在南京、沈阳、兰州、合肥、昆明以及郑州几个试验区中，沈阳的工业增加值占GDP比重最高，为47.06%，工业整体水平不断提升，工业结构调整效果显现。人均GDP仅次于南京，为62357元。城镇化率77.07%，排名第2。沈阳市"三环"内城乡结合部已基本实现城市化，完成了共计8个乡、22个镇撤乡、镇改设街道办事处的行政区划调整工作，从整体上提升了沈阳农村城市化水平。工业效益方面，沈阳的工业固体废物综合利用率排名第3，为95.68%。在单位工业增加值电耗、单位工业增加值化学需氧量、二氧化硫排放量几个指标的比较中，沈阳在几个试验区中耗能与排放水平控制较好，反映了沈阳逐步向强调绿色效益高、节能减排的方向发展。

融合软度的基础设施方面，沈阳2010年移动电话普及率为103.8部/百人，该指标也位居前列，信息普及程度较高，通信运行状况较好，移动通信网络作为城市经济社会发展的重要通信基础设施，为沈阳"两化"融合与现代产业体系构建工作打下坚实基础。沈阳的互联网（宽带）普及率为19.11%，仅次于南京，反映其积极完善信息基础设施建设工作已收到成效，逐步建成了覆盖全市的无线宽带网络，有效地提高了互联网普及率。环境支撑方面，国内专利年授权数量是5165件，在六个城市中处于中游。信息产业从业人数占比为2.9%，排名第4。

融合深度的保障平台方面，沈阳电子政务网站公众满意度评分为43.57，评估分数较高，政民互动取得显著成效。

表1　2010年沈阳市与各试验区指标对比

	工业增加值占GDP比重	工业就业人口占总就业人口比重	人均GDP	城镇化率	工业增加值率	工业成本费用利润率	全员劳动生产率	单位工业增加值电耗	单位工业增加值化学需氧量/二氧化硫排放量	工业固体废物综合利用率
单位	%	%	元	%	%	%	元/人·年	千瓦时/元	吨/亿元	%
南京	37.82	39.41	64037	78.5	22.54	7.79	325664	0.12	59.52	88.82
沈阳	47.06	32.41	62357	77.07	24.57	7.77	240116	0.04	32.77	95.68
兰州	33.87	29.95	34009	62.72	23.40	5.32	189365	0.29	187.30	78.94
合肥	38.94	26.27	54796	68.50	27.69	12.00	319499	0.04	30.40	98.76
昆明	28.69	24.49	33550	63.00	24.97	7.30	156531	0.10	154.97	96.11
郑州	39.60	28.41	49947	63.62	27.06	14.00	154507	0.13	73.04	84.57

	移动电话普及率	互联网（宽带）普及率	信息产业从业人数占比	国内专利年授权数量	政府网站上可实现网上提交/申请的业务占比	电子政务业务平均处理周期	电子政务网站公众满意度
单位	部/百人	%	%	件	分		
南京	99.7	23.81	3.31	9150	41.03		
沈阳	103.8	19.11	2.90	5165	43.57		
兰州	97.8	12.11	3.10	1019	17.68		
合肥	79.4	11.00	2.83	4007	50.78		
昆明	99.4	14.56	3.25	2472	32.06		
郑州	101.38	16.57	1.93	5600	32.54		

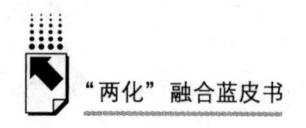

二 沈阳市"两化"融合具体进展

沈阳在科学发展、全面振兴的关键时期,围绕国家级"两化"融合试验区重点工作任务,认真实施《沈阳市国家级信息化和工业化融合试验区实施方案》,通过十大"两化"融合公共服务平台建设,提升技术支撑服务水平;不断完善企业联盟体系,推动企业间互助交流与服务;完善"两化"融合引导体系,实施战略规划引导,加强资金政策扶持力度。沈阳市在这三个方面开展的具体工作,全面推进了"两化"融合的各项工作,激发了企业的内在需求,以深度带动广度,使沈阳市工业从"传统工业"向"智慧工业"迈进,全面振兴沈阳老工业基地。

(一)建设十大信息服务平台,提升融合服务水平

沈阳市围绕"两化"融合发展促进中心、中小企业信息化公共服务平台等十大信息服务平台,重点拓展服务功能、提升服务水平,全力促进有共性需求的企业使用各平台,实现平台与企业之间相互促进、共同发展的良性循环。

2011年11月1日,沈阳市成立"两化"融合发展促进中心,是"两化"融合重点公共服务平台之一,旨在促进沈阳装备制造业实现从"制造"到"智造"的跨越。中心旨在为沈阳年产值10亿元以上的企业,铺设1000个云计算创新服务终端实现"千点服务"[1],为企业培养1000名知识管理人才,推动百家产值10亿元以上的企业在知识服务中实现"智造"[1],提升沈阳工业企业的核心竞争力。

沈阳市"两化"融合促进中心通过提供各类知识服务提升了沈阳智造水平。一是,建立了企业专用知识库,促使企业快速拥有海量知识;二是,通过情报跟踪服务,使企业时刻跟进领域前沿;三是,通过辅助创新服务提高企业自主创新能力。四是,通过高效的资料翻译服务使企业快速与国际接轨。

---

[1]《沈阳"两化"融合促进中心助推沈阳"智造"》,中国工程机械商贸网,2012年2月9日。

沈阳市国家级"两化"融合试验区

专栏1　重点公共服务平台蓄势勃发

沈阳市建立了面向装备制造业的协同翻译生产线，为重点装备制造企业提供翻译服务，完成了近亿字的资料翻译任务，为66户规模以上企业建立了百万级别的专用外部知识库，使企业通过网络，以"自来水"方式使用各种知识服务。培养了300名国内首批"两化"融合专业的学生，建立了信息化4S店，提供"保姆式"的人才服务，帮助企业解决在"两化"深度融合中遇到的问题。

资料来源：东北新闻网（2012-02-24）。

（二）成立云计算与物联网联盟，促进传统产业改造升级

沈阳经济和信息化委员会组织、指导成立云计算、物联网产业联盟，以加速凝聚产业链上下游资源，促进沈阳市云计算、物联网领域的产学研合作和产业发展，进而推进老工业基地经济结构调整和产业转型升级。

"云制造"平台，是在"两化"融合推进过程中成立的，标志着沈阳装备制造业迈向"云制造"时代，对促进传统产业改造升级、加快新型工业化进程起到重要推动作用。"云制造"平台实现了企业各部门之间的信息全覆盖，产品从订单开始，到设计、工艺、生产制造、产品发运，直至售后服务全过程实现了信息化和数字化，使产品供货周期从最早的24个月，缩短为现在的6个月。图纸、生产计划、工艺资料、安全生产文档等一系列生产所需的资料变得简单易获取，以前需几天来完成的统计工作量，现在经过几秒钟的运算就可以完成，参数化三维设计平台成为各类产品的设计"大脑"，大大缩短了新产品研发周期。沈阳装备制造企业各具特色地利用云计算技术，迈向代表全球装备制造业未来的"云制造"时代。

沈阳国际软件园，率先搭建公共技术服务平台和综合服务平台，充分发挥园区平台的服务、集聚和支撑作用，引进一批优势企业，整合产业资源要素，提升联盟成员的竞争力，促进沈阳云计算、物联网产业快速发展。

专栏2　沈鼓集团用信息化为发展提速增效

沈鼓集团2004至2011年投入约1.38亿元打造信息化平台，实现了所有产品品种的销售订货、设计工艺、物料采购、加工制造、装配试车、包装发运、成

本控制全过程信息化管理。建成了数字化设计研发平台、数字化加工中心、数字化生产经营管理系统、无纸化协同办公系统、机组远程在线监控系统和先进的企业网络平台。"十二五"期间,将重点建立"云制造"平台,探索专业化运营维护和服务的在线应用"云"模式。

资料来源:东北新闻网(2012-02-24)。

(三) 设立专项资金拓宽渠道,加大中小企业扶持力度

2011年沈阳市专门设立1亿元专项资金用于支持"两化"融合,推动"沈阳制造"向"沈阳智造"飞跃。沈阳市充分发挥财政资金的引导作用,结合国家产业调整和振兴规划实施,设立沈阳市"两化"融合专项资金,对列入"两化"融合的试点项目和企业,给予贴息、补助、奖励等政策支持。

此外,沈阳市工业发展专项资金、科技资金、信息产业专项资金、软件服务业专项资金、中小企业专项资金等各类产业发展资金,也都适当的流向"两化"融合,以更好地服务于"两化"融合,有条件的区县还安排一定资金给予"两化"融合以配套支持。

沈阳市针对信息化程度较低的中小企业,结合市中小企业服务中心平台建设,应用云计算技术,为1万户中小企业搭建网络环境下的业务和管理公共服务平台,为中小企业提供信息科学服务。

三 沈阳市"两化"融合的推进建议

沈阳作为东北老工业基地的重要区域,在我国的工业化过程中发挥了引领作用。未来应充分利用信息化的渗透、融合和变革作用,努力优化产业结构,建立沈阳工业发展新模式,振兴老工业基地,显著提升区域产业的核心竞争力。

(一) 以知识服务促进工业效益增长

沈阳是我国重工业基地之一。近几年来,沈阳工业生产持续快速增长,工业规模迅速扩张,产业集群发展迅猛。然而,沈阳市装备制造企业主要依靠廉价劳动力和资源消耗,缺乏自主知识产权和自主创新能力,出现了企业规模大、产值

高、利润率低的现象。知识服务的主要任务是为企业提供标准规范、专利知识、科学文献、竞争情报、文献翻译、行业资讯和产品推广等知识服务，促进技术引进消化吸收再创新。因此，沈阳工业企业应以知识服务为转型契机，将知识服务作为快速提高企业"智造"能力的必要手段，加快探索符合全市实际的可持续发展的新型工业化道路。

（二）加强装备制造业的信息化

随着全球经济一体化和信息技术的飞速发展，装备制造行业正在迈向依靠科技进步、高技术与制造业的融合、资源消耗少、环境污染小及产品附加值高等高端制造形态，比如智能制造、绿色制造和服务型制造。装备制造业是沈阳工业的支柱产业，目前整体面临着自主创新能力较弱、产业结构不尽合理、资源环境约束压力日益加剧、制造业物流成本高等诸多挑战，总体上仍处于产业价值链的中低端。在相对较长的时期内，"转型升级"仍将是沈阳装备制造业发展的主旋律。装备制造业处于工业的核心地位，有了强大的装备制造业，才可以完成工业化。

沈阳装备制造企业的信息化系统缺乏深度集成，信息化各要素融合不够，尚未形成支撑能力，标准体系不够完善，生产设备信息化程度低，产品信息化关键技术受制于人，距构建新型数字化体系尚有差距。沈阳装备制造业还需将信息技术、自动化技术、现代治理技术与制造技术相结合，带动产品设计方法和工具的创新、企业治理模式的创新、企业间协作关系的创新，实现产品设计制造和企业治理的信息化、生产过程控制的智能化、制造装备的数字化、咨询服务的网络化，从而全面提升沈阳装备制造业的竞争力。

（三）稳步推进电子商务

电子商务是网络化的新型经济活动，其核心是通过电子商务的实效应用，促进网络经济与实体经济的高度融合，促进信息化与工业化的融合。通过支持大型骨干企业上网、促进电子商务技术应用，引导企业加大信息化投入，可实现创新过程智能化、生产过程自动化、管理方式网络化、商务运营电子化，最终提升企业竞争力。

沈阳市还需在大力推进企业管理信息化的基础上，改造重点企业物流系统和

产品采购、销售系统。通过信息产业对传统产业的渗透，推进沈阳市新型工业化进程，拓展电子信息产业发展的空间。以推广电子商务为切入点，探索促进沈阳物流与供应链等市场营销体系的建立。加快工业行业与物流业的对接，在工业企业推广供应链管理，实现精益物流。利用先进的信息技术手段进行商务贸易活动，将商流、物流建立在信息流的基础之上，显著提高流通效率和更大规模拓展市场。完善电子商务的网络基础设施、应用配套设施、服务与安全体系和各类应用系统。

B.37
昆明市国家级"两化"融合试验区

一 昆明市"两化"融合总体情况

融合硬度方面,金融危机后,昆明市工业经济运行虽有波动,但工业投资总体保持了快速增长态势,传统优势产业结构不断优化升级,新兴产业主导作用逐步显现,工业园区发展迅速,企业自主创新能力稳步提升。

融合软度方面,昆明市坚持"加速新型工业化、拓展高端信息化、提升全域城镇化"的发展战略,推进了全市城乡一体化的信息化和信息服务体系的建设。

融合深度方面,全市信息制造、软件外包、信息服务业等产业发展迅速,工业化与信息化融合步伐加快。全市90%以上的烟草、冶金、医药企业广泛采用计算机辅助设计(CAD)、辅助工艺(CAPP)、辅助制造(CAM)、辅助检测分析(CAE)等信息技术。昆明市现已初步形成了电子产品设备制造、软件开发、光电子、信息系统集成、通讯业、信息服务业等门类相对齐全的信息产业发展格局。

(一)纵向比较

融合硬度方面,2010年昆明规模以上工业实现增加值608.28亿元,同比增长15.8%,多支柱发展态势日趋明显。人均GDP由2009年的25826元增长为2010年的33550元。2010年的城镇化率为63.00%,比2009年的61.00%提高了2个百分点。全员劳动生产率2009年为280961元/人·年,2010为156531元/人·年,有所下降。2010年的单位工业增加值电耗为0.10千瓦时/元,与2009年的0.13千瓦时/元相比也有所下降。工业固体废物综合利用率由2009年的95.11%上升到2010年的96.11%,提高1个百分点。

融合软度方面,2010年昆明市移动电话普及率为99.4部/百人,较2009年的85.89部/百人有显著提升。互联网普及率由2009年的12.27%提高为2010年的14.56%。2010年的信息产业从业人数占比为3.25%,较2009年的2.38%,提高了

0.87个百分点。2010年国内专利年授权数量为2472件，同比增长29.15%。

融合深度方面，昆明市正着重在装备制造领域，冶金、化工、建材领域，中小企业领域推进百余个信息化建设项目。2011年昆明市获准成为国家级信息化和工业化融合试验区和国家信息化试点城市，这标志着昆明市"强力推进工业突破，加快新型工业化进程"战略迈出了重要一步。

（二）横向比较

融合硬度的工业规模方面，2010年，在南京、沈阳、兰州、合肥、昆明以及郑州几个试验区中，昆明的工业增加值占GDP比重与人均GDP均排在最后。城镇化率63%，仅比最后一名兰州高0.28个百分点。工业效益方面，昆明的全员劳动生产率在试验区横比中处于落后水平，这也与昆明近几年相关的产业发展政策，工业发展情况相关。工业固体废物综合利用率排名第2，为96.11%。融合软度的基础设施方面，昆明2010年移动电话普及率是99.4部/百人，互联网普及率为14.56%，均处在中下游水平。环境支撑方面，国内专利年授权数量是2472件，排名靠后。信息产业从业人数占比为3.25%，处在第二位。

融合深度的保障平台方面，昆明电子政务网站公众满意度评分为32.06，排在倒数第二位。

总体来看，昆明市在融合硬度、软度和深度方面排名均比较靠后，这与昆明作为西部区域城市自身的经济发展水平有较大关系。但作为西部比较有代表性和独具自身产业特点的城市，昆明近几年在工业化和信息化方面有了快速发展，相信昆明未来可以在"两化"融合的进程中获得更大的好处。

表1　2010年昆明市与各试验区指标对比

单位	工业增加值占GDP比重	工业就业人口占总就业人口比重	人均GDP	城镇化率	工业增加值率	工业成本费用利润率	全员劳动生产率	单位工业增加值电耗	单位工业增加值化学需氧量/二氧化硫排放量	工业固体废物综合利用率
	%	%	元	%	%	%	元/人	千瓦时/元	吨/亿元	%
南京	37.82	39.41	64037	78.50	22.54	7.79	325664	0.12	59.52	88.82
沈阳	47.06	32.41	62357	77.07	24.57	7.77	240116	0.04	32.77	95.68
兰州	33.87	29.95	34009	62.72	23.40	5.32	189365	0.29	187.30	78.94
合肥	38.94	26.27	54796	68.50	27.69	12.00	319499	0.04	30.40	98.76
昆明	28.69	24.49	33550	63.00	24.97	7.30	156531	0.10	154.97	96.11
郑州	39.60	28.41	49947	63.62	27.06	14.00	154507	0.13	73.04	84.57

续表

单位	移动电话普及率	互联网（宽带）普及率	信息产业从业人数占比	国内专利年授权数量	政府网站上可实现网上提交/申请的业务占比	电子政务业务平均处理周期	电子政务网站公众满意度
	部/百人	%	%	件			分
南京	99.7	23.81	3.31	9150			41.03
沈阳	103.8	19.11	2.90	5165			43.57
兰州	97.8	12.11	3.10	1019			17.68
合肥	79.4	11.00	2.83	4007			50.78
昆明	99.4	14.56	3.25	2472			32.06
郑州	101.38	16.57	1.93	5600			32.54

二 昆明市"两化"融合具体进展

工业化与信息化融合，是加快推进经济发展方式转变和产业结构优化升级的重要抓手。近年来，昆明市把"走新型工业化道路"作为重要的经济发展战略，不断以各种方式做大做强工业、扶持和推进信息产业发展，同时引导工业企业实现生产自动化、管理信息化，"两化"融合的基础不断夯实。2010年，昆明进一步明确了实施"两化"融合的各项目标任务，进入实质性推进阶段。2011年4月工业和信息化部正式批复，昆明市获准成为国家级信息化和工业化融合试验区。

（一）完善信息化基础设施建设，推进企业示范项目

昆明市在数字昆明建设工程、电子政务建设工程、智能化交通工程、城市一卡通工程、农业信息服务工程、社区信息化示范工程、社会信用体系建设工程和行政新区电子政务网络基础设施建设工程八个重点工程取得了重大成果。目前，已启动无限数字昆明、"两化"融合、市民一卡通等工程，并及时调整信息化发展思路，积极推进便民利民服务工作；已建成以光缆为主体、数字微波和卫星通信为辅助手段的大容量干线传输网络，为信息化发展提供了良好的基础条件，技术水平已位居西部地区前列。

同时，昆明市先后多批次实施了"昆明市企业信息化建设示范推进工作"

和"信息产业产品产业化示范推进工作"。市工业和信息化委员会按新的工作要求重新梳理了昆明市信息化建设项目、信息化产品采购立项审批服务指南，2010年按照市政府常务会议审议通过的全市信息化重点项目建设计划，共完成信息化产品零星采购项目批复300个，信息化项目立项批复70个。

（二）搭建信息化平台，促进资源优化配置和信息共享

昆明市已成功建设了一批涵盖花卉、小商品、糖业、农产品等特色行业，具有地方特点的信息化平台项目，如昆明斗南花卉拍卖系统、昆明螺蛳湾商品批发市场电子商务平台、云南民族民间工艺数据库、云南糖业电子商务平台、昆明农产品交易网、昆明泛亚产权交易网等。这些平台的建立，对相应行业企业在更高层次、更大范围富集和配置资源要素，提升昆明的区域影响力、龙头带动力和国际竞争力，具有极其重要的作用。

2011年开始，昆明市计划每年至少有150个"两化"融合企业（项目）启动建设。它们在研发、生产、管理、流通环节广泛应用CAD、CAM、CAPP、MES等信息技术，并建立以信息技术为纽带的产业链和产业联盟。同时，在全市范围内和工业园区中选择了产业集群度高、"两化"融合基础较好、经济辐射能力较强的5个县（市）区、5个工业园区和3个基地，设立全市示范性"两化"融合试验区；建立昆明市"两化"融合项目库，推进信息化促进节能减排试点示范工程、推进电子商务示范区建设、推广企业信息化综合信息服务平台建设。

（三）与产业调整振兴规划相结合，分类推进"两化"融合进程

昆明市以市场为导向、以企业为主体，充分发挥市场配置资源的基础性作用，对不同行业、不同信息化应用水平的企业进行了分类指导。目前，该市正着重在三个领域推进100个信息化建设项目。在装备制造领域，重点推动计算机辅助设计和辅助制造技术向网络化制造方向发展；在冶金、化工、建材领域，重点推进信息技术与原材料生产工艺融合嫁接，提升生产流程自动化和智能化水平，降低能源和原材料消耗，发展循环经济；在中小企业领域，重点推进信息化公共服务平台的建设。

三 昆明市"两化"融合的推进建议

作为西部高原城市,昆明市具有西部城市资源型、高能耗、高污染、低端产业、低附加值、低竞争力、粗放式发展等特点。从近几年的表现来看,过于依靠商贸旅游产业,过早进入经济结构服务化的模式,使得昆明的工业化相对落后于城市化,产业结构层级低,产业支撑力和区域竞争力较弱,发展速度在同级别城市中处于低位。在信息化发展方面,昆明市作为"三网融合"及"两化"融合的试点城市,面临着非常大的发展机遇,潜力巨大,但受经济结构和工业化发展水平的局限,昆明"两化"融合的软度及深度水平都较低,这也是作为西部城市的普遍特点。昆明要推动自身"两化"融合的进程,就要充分利用自身的特点和优势,大力推进中国西南部"桥头堡"战略,坚持工业先行,结构优化,实现"两化"协调发展,相互促进。

(一)突出"内培外引",着力扩张工业总量

在内培方面,坚持政府主导、企业主体、市场配置,选择发展潜力大、市场前景好、带动能力强、税收贡献大的企业作为重点培育对象,采取市县两级联动培育。在外引方面,强化工业产业招商,强力推动外来企业投资发展,招大引强,着力引进一批带动能力强、可填补空白或完善充实产业链的项目,高位改造嫁接传统产业,促进产业转型升级。

(二)继续强化园区建设,着力提高产业集聚度

把园区建设作为工业突破的主抓手,强势推进园区提档升格,大力推行工业园区实体化改革,推动项目、资金、技术、人才扎堆园区,形成集聚效益,园区综合实力和发展活力明显增强。加快工业结构优化,着力提升产业层次,提升传统优势产业,大力培育战略性新兴产业,重点发展新一代信息技术产业,形成多点支撑的产业发展格局。

(三)深化交流合作,促进滇中产业一体化和州市产业合作

顺应滇中经济圈一体化发展的要求,推动跨区域工业和信息化合作,建立滇

中的整体产业优势和信息支撑。以战略性新兴产业的培育为先导,以传统产业的改造升级为支撑,加强重点产业、重大项目发展规划衔接,调整优化区域产业布局,推动信息化与工业化深度融合,加快工业转型升级,建立一个既与世界接轨,又有滇中特色的现代工业体系,全面推进滇中产业国际化、工业一体化和电信同城化,最大限度地优化配置资源,形成区域产业优势,获的最大程度的共同发展。

B.38
兰州市国家级"两化"融合试验区

一 兰州市"两化"融合总体情况

兰州是甘肃省省会,是中国西北区域中心城市,大西北的交通通信枢纽,有着"西部黄河之都,丝路山水名城"的美誉。新中国成立特别是改革开放以来,兰州经济和社会各项事业蓬勃发展,综合经济实力进入全国大中城市50强,成为黄河上游重要的经济中心,2010年全市生产总值达1100亿元。近年来兰州市经济社会发展呈现出增长速度较快、运行质量较好、结构协调优化、创新能力增强、民生不断改善的良好局面。

2011年5月,兰州市被列入全国第二批国家级信息化与工业化融合试验区。在兰州建设国家级"两化"融合试验区,既有利于国家西部大开发战略的深入推进,又有利于兰州抓住用好国家支持政策、加快转变经济发展方式、增强经济发展实力,更好地发挥"率先、带动、辐射、示范"的作用。

(一)纵向比较

融合硬度的工业规模方面,2011年兰州规模以上工业增加值同比提高15%,达到465亿元。同时,人均GDP也在稳定增长,由2010年的34009元增长到2011年的42082.98元。2011年的城镇化率同比上升0.06个百分点,达到62.78%。工业效益方面,单位工业增加值电耗由2009年的0.25千瓦时/元上升到2010年的0.29千瓦时/元,增幅为16%。工业固体废物综合利用率由2009年的73.47%上升到2010年的78.94%,增幅为5.47个百分点。

融合软度的基础设施方面,2011年的移动电话普及率为120.64部/百人,较2010年的97.8部/百人同比提高了22.84个百分点。互联网普及率由2010年的12.11%提高为2011年的14.49%,上升了2.38个百分点。产业发展方面,2010年的信息产业从业人数占比为3.1%,较2009年的3.62%,同比降低了

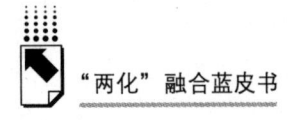

0.52个百分点。环境支撑方面，2011年兰州市国内专利年授权数量为1093件，同比增长了7.2%。

融合深度的保障平台方面，电子政务网站公众满意度评分由2010年的17.68分提高到2011年的27.85分，增幅为57.52%，公共服务方面工作效果显著。

（二）横向比较

融合硬度的工业规模方面，2010年，在南京、沈阳、兰州、合肥、昆明以及郑州几个试验区中，兰州的工业增加值占GDP比重为33.87%，排名第5。人均GDP为34009元，排名第5。城镇化率62.72%，是同比的6个试验区中最低的，在城镇化进程加速推进的同时，还需要从建立城镇化发展稳定资金投入机制、完善财政转移支付制度、平衡大中小城市之间的财力差距等方面进一步加强推进工作。工业效益方面，兰州的全员劳动生产率为189365元/人·年，排名第4。兰州的工业固体废物综合利用率为78.94%，在同比的6个试验区中是最低的，在单位工业增加值电耗、单位工业增加值化学需氧量、二氧化硫排放量几个指标的比较中，兰州的表现也不理想，迫切需要推动循环经济发展，将节能降耗减排工作持续深入地开展下去，支持节能减排重点工程，尽可能从源头上削减或降低废弃物的产生，严格控制工业固体废弃物排放。

融合软度的基础设施方面，兰州2010年移动电话普及率是97.8部/百人，互联网普及率为12.11%，通信行业继续保持健康平稳运行，移动网覆盖全省，

表1 2010年兰州市与各试验区指标对比

单位	工业增加值占GDP比重	工业就业人口占总就业人口比重	人均GDP	城镇化率	工业增加值率	工业成本费用利润率	全员劳动生产率	单位工业增加值电耗	单位工业增加值化学需氧量/二氧化硫排放量	工业固体废物综合利用率
	%	%	元	%	%	%	元/人·年	千瓦时/元	吨/亿元	%
南京	37.82	39.41	64037	78.5	22.54	7.79	325664	0.12	59.52	88.82
沈阳	47.06	32.41	62357	77.07	24.57	7.77	240116	0.04	32.77	95.68
兰州	33.87	29.95	34009	62.72	23.40	5.32	189365	0.29	187.30	78.94
合肥	38.94	26.27	54796	68.50	27.69	12.00	319499	0.04	30.40	98.76
昆明	28.69	24.49	33550	63.00	24.97	7.30	156531	0.10	154.97	96.11
郑州	39.60	28.41	49947	63.62	27.06	14.00	154507	0.13	73.04	84.57

续表

	移动电话普及率	互联网（宽带）普及率	信息产业从业人数占比	国内专利年授权数量	政府网站上可实现网上提交/申请的业务占比	电子政务业务平均处理周期	电子政务网站公众满意度
单位	部/百人	%	%	件		分	
南京	99.7	23.81	3.31	9150			41.03
沈阳	103.8	19.11	2.90	5165			43.57
兰州	97.8	12.11	3.10	1019			17.68
合肥	79.4	11.00	2.83	4007			50.78
昆明	99.4	14.56	3.25	2472			32.06
郑州	101.38	16.57	1.93	5600			32.54

但与其他试验区相比水平偏低，还需加强普及推广工作。环境支撑方面，国内专利年授权数量是1019件，在几大试验区中是最低的，技术创新体系需大力完善。信息产业从业人数占比为3.1%，排名第3。

融合深度的保障平台方面，兰州电子政务网站公众满意度评分为17.68，整体水平有待提高。

二 兰州市"两化"融合具体进展

（一）支撑体系得到加强

信息基础设施建设方面，兰州积极促进"三网融合"，打造"数字兰州"，整合全市信息资源，大幅提升信息化水平，不断改善网络基础设施，保障信息系统高效运行，扩大信息共享范围，提高管理效率。

同时，大力建立并完善物联网体系，把物联网产业作为重点培育的战略性新兴产业来抓，结合兰州"数字城市"建设，完善已建立的"三维数字社区"集成管理应用系统、"数字化城管"系统等平台；同时围绕物联网城市、智能工业、智能交通、智能物流、智能农业、智能医药等领域，大力推进物联网产品的研发及应用；重点支持所涉及的系统集成、软件开发、芯片制造、终端制造等相关产业的发展。

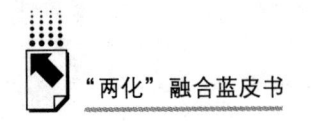

（二）建立产业联盟，加大科研工作

兰州组建"两化"融合专家组，聘请大型企业、有关院校、科研院所信息化专家、行业带头人等组成专家组，为企业"两化"融合关键技术、实施要点及企业信息化培训等提供技术咨询和服务。鼓励在兰企业、科研院所、大专院校利用企业的产业及资金优势、科研院所及大专院校的技术优势组成"两化"融合产业联盟，使"产学研用"相结合，实现产业链整体发展。

同时，组建了以"两化"融合为核心内容的研究中心，依托兰州市信息产业与工业信息化建设服务中心，联合国内外部分高校、科研院所、通信运营商和IT企业，共同组建信息化与工业化融合创新研究中心，围绕信息化与工业化融合中的全局性、综合性、战略性和长期性问题开展跟踪研究和超前研究，建立"两化"融合研究中心。

（三）实施信息产业成长工程

兰州以现有企业为重点，以引进企业为推手，实施信息产业成长工程，培育主营业务收入过5000万元的信息产业企业集团5家，通过示范带动，提升兰州信息产业的水平和规模。

在20项"两化"融合重点示范项目方面，对包括中国铝业股份有限公司兰州分公司等甘肃省20家重点企业进行了重点扶持和推广。项目内容涉及制造执行管理系统、设计工艺一体化、物资管理电子化应用、移动信息化服务平台、公司ERP系统建设及完善、生产过程控制及企业经营管理信息化、在线用能监控等方面。通过这些具体项目的实施，将进一步促进"两化"融合，提升兰州工业整体水平和素质。

三 兰州市"两化"融合的推进建议

兰州市作为老工业基地，面临着产业转型升级的繁重任务。西部的经济环境和兰州现阶段的发展水平，说明该市在"两化"融合进程中还处在起步阶段，低产能、高消耗、高污染的工业发展模式亟待调整，而在这一阶段推进信息化与工业化融合给兰州提供了一个很好的契机。在兰州建设"两化"融合试验区，不仅会极大地促进区域信息服务业、软件业、电子信息产业发展，提升区域产业发展层次和水平，而且会极大地促进产业结构调整，做大做强多元支柱产业，不断增强支撑经济发展的内生动力，为实现率先跨越发展提供重要保证。

（一）加强企业自主创新意识

增强企业技术创新的主动性，使企业成为技术创新的主体，是改善兰州企业经济效益的关键。目前，兰州市工业企业创新能力还相当薄弱，绝大多数企业不具有竞争实力。因此必须转变观念，重视企业技术创新的作用和潜力。大力发展科技型中小企业，及时从效率型、质量型企业转向灵活型、创新型企业。技术创新能力大小是企业获得专利技术的核心，企业在大力开展R&D活动的同时，要重视技术创新能力积累，把资金和人力投入到具有先进性和发展性的项目上去，激发企业技术创新的活跃性以及对新技术的消化吸收能力，增强自主创新能力。

（二）提高信息化对中小企业的支撑作用

目前，企业信息化水平虽取得进展，但不同行业、不同企业的发展水平参差不齐，中小企业信息化程度普遍偏低，资金依然是制约中小企业信息化发展的瓶颈，技术手段对中小企业业务支撑效果还不明显。多数传统产业的信息化改造在提升信息技术应用、产品升级、提高质量、控制污染和节能降耗等方面尚未取得重大突破，传统产业技术结构不合理、产业竞争力不强等方面的问题仍然比较突出。因此，应该进一步拓展企业信息化和电子商务在兰州实体经济中的普及度和应用程度，使得信息化的发展更好地为中小企业和传统产业的升级改造服务。

（三）加大财政资金和金融支持力度

为推动"两化"融合的进程和发展，必须加大资金支持力度。兰州市应扩大项目扶持面，积极申报国家项目，争取国家有关部委的支持。同时拓宽融资渠道，加大对企业政策引导的同时，建立以企业投入为主体、其他投入为补充的投融资机制，鼓励企业加大对信息技术应用的资金投入。积极稳妥地发展风险投资

机制，引导金融机构，加大对"两化"融合重点项目的资金支持。在推进"两化"融合的工作中不断探索完善财政支持方式，支持企业信息化建设及"两化"融合工作。鼓励银行创新中小企业贷款方式，支持面向中小企业的电子商务信用融资业务发展。选取试点，由产业园区建立信息技术应用项目融资担保机构，鼓励金融机构对中小企业信息技术应用项目给予支持。

国际借鉴

International Reference

B.39
国际上"两化"融合发展经验

西方发达国家由于工业化起步早,经过三百年的发展,基本完成了工业化任务。到20世纪70年代,迫于国际竞争加剧、资源环境危机和可持续发展等方面考虑,发达国家开始调整经济结构、转变经济发展方式。以互联网、计算机为代表的信息革命迅速席卷全球,进而使人类社会生产方式从以工业化主导向信息化与工业化融合转变,信息技术融入经济和社会生活的各个领域,工业化与信息化逐步融合,并深刻影响着人类社会经济、政治、文化、军事的各个方面,使得人类社会的生产、生活方式发生重大变革。信息化成为后工业时期发达国家经济和社会生活发展的显著特征,表现出巨大的先发优势,极大地促进了产业升级。

2008年以来,经历了大萧条之后最严重的金融危机,美国等发达国家充分认识到不能单纯依赖金融创新和消费信贷拉动经济,重视国内产业尤其是先进制造业的发展成为当务之急,进而在金融危机背景下提出"再工业化"的政策主张。

各国的经验表明,以知识和技术为基础的信息化在工业化的物质和技术基础上产生,而工业化的延续和飞跃也离不开信息化的力量。信息化和工业化融合是全球工业化发展的大趋势,也是各国应对工业化和信息化发展趋势的必然选择。

发达国家为了抢占全球经济制高点,在强化高新技术竞争优势的同时,通过国际生产网络的扩张推动了全球产业结构的调整。作为发展中国家,我国必须利用这个历史机遇,借助信息化推动本国产业结构升级。

一 美国"两化"融合发展经验

(一)美国信息化与工业转型升级

二战以后,美国凭借其强大的基础科研能力和彻底的工业化,取得了在信息技术方面的巨大优势,为美国经济的转型升级夯实了基础。美国先后进行了以集成电路、个人计算机和互联网为标志的三个里程碑的信息技术革命,不仅形成了规模高达数万亿美元、拉动整个国民经济增长、具有主导力量的信息产业,使其成为美国经济的重要组成部分,且将信息化成果扩散应用到几乎所有的传统工业,成为推动美国经济飞跃的重要因素。

1. 信息化促进工业升级

信息化应用于工业升级的发展历程,不仅推动了制造业技术的创新进步,而且推动了制造业生产方式和组织方式的转变,提升了制造业企业的劳动生产率。依托信息技术演进历程,大概可以分为3个阶段。

第一阶段从20世纪60年代后期到80年代初期,基于存储芯片的数据存储技术和基于芯片处理功能的电子信息技术得以扩散应用,直接涉及并融合提升了美国汽车制造、机械制造等多种制造业及金融、物流、商贸等多种服务业,极大地提高了传统工业的工作效率和数据存储能力,使美国诞生了一批新型信息产业,例如,微电子产业、计算机产业、软件产业、通信产业、数字媒体产业。20世纪70年代,美国开始推广应用信息化技术,实施对传统工业的信息化改造,生产制造装备信息化成分提高,产品信息成分比重升高,信息服务部门越来越多,信息服务方式不断创新和发展。在企业内部一系列信息系统的建成,提高了美国整体的设计、生产、制造、决策、经营和管理水平。到20世纪70年代初,美国信息产业占GDP比重为50%,成为美国的第一大支柱产业。

第二阶段从20世纪80年代初到90年代中期,以IBM、苹果等为代表的公司推动了美国计算机和应用软件的发展,这些著名的大公司掌握着世界领先的信息技术，拥有世界一流的科研创新团队，使得信息技术融合成本不断降低，信息服务业快速发展。这一时期，计算机开始在大多数企业普及，促进企业生产组织形式产生了新的变化，推动传统的金字塔形生产组织形式向小型化、扁平化和网络化的新型企业生产组织形式转变，实现了一些常规业务标准化和自动化的处理，极大地提高了传统工业企业的商务效率。所有美国大公司实现了办公自动化，很多跨国公司实现了虚拟网络办公。美国率先进入信息时代，拥有全球最强大的信息产业，1990年美国信息产业占GNP比重高达75%。

第三阶段从20世纪90年代中期至今，移动通信和互联网络的快速融合和发展，让信息传递的速度和准确性实现了质的飞跃。在传统制造技术模式的基础上，出现了并行工程和集单件生产和大批量生产于一体的精益生产模式，从而在工业的物流管理、缩减成本等方面取得了历史性突破；基于互联网络的电子商务的产生和迅速发展，创造了一种全新的商务模式。针对企业和个人的网络平台，在商贸、金融、物流、信息、医疗、教育等各个领域迅速应用起来，不仅大大降低了企业之间的交易成本，也提高了企业内部的运作效率和制造业生产率，为信息技术应用搭建了更为广阔的发展平台。

表1 信息化应用于工业升级历程

时 间	代表性技术	应用行业或方向	效 果
20世纪60年代后期到80年代初期	微电子技术、计算机技术、集成电路技术、计算机通信网络技术	微电子产业、计算机产业、软件产业、通信产业、数字媒体产业等	实施对传统产业信息化改造，20世纪70年代初，美国信息产业占GDP比重为50%，成为美国的第一大支柱产业
20世纪80年代初到90年代中期	数字技术、网络技术、智能技术、无线通信技术	军事技术民用化；以IBM、苹果等为代表的美国公司推动了计算机和应用软件的发展	美国率先进入信息时代，拥有全球最强大的信息产业，1990年美国信息产业占GNP比重高达75%
20世纪90年代中期至今	移动互联网技术、电子商务技术	商贸、金融、物流、信息、医疗、教育等各个领域	信息传递的速度和准确性大大提高，成本降低，提高了劳动生产率和产品附加值

专栏1 信息化带动美国航空工业升级

航空工业不仅是航空交通和国防现代化的基础产业，而且是带动国民经济发展和实现社会现代化的战略性产业。信息技术的产生和发展,从根本上提升了美国航空工业的技术水平、管理水平和应用水平,在数字化设计、数控加工、焊接技术、发动机智能控制、精密制孔、无损伤检测等制造工艺,以及网络通信、系统检测控制等管理能力方面取得了飞跃式的突破。信息技术的应用,实现了航空工业研发设计信息化、生产制造信息化、企业管理信息化、产品及服务信息化。信息技术应用从根本上推动了美国航空工业的进步,不仅推动了研发模式的创新,而且推动了生产模式的创新,还提高了飞机的舒适性、环保性和安全性。

2. 信息化促进服务经济的转型

信息技术的应用对服务经济的推动作用表现在以下方面。

第一,促进了现代服务业的形成。以信息技术为主导的高新技术对服务业的创新支撑和引领作用日益增强,使服务业不断向知识、技术密集型产业转变。随着信息技术的进步和对服务业的深入渗透,商贸服务、商务服务、金融服务、物流服务、创意产业、信息服务等服务业蓬勃发展起来,在国民经济中的作用越来越突出,促进了美国经济由制造经济向服务型经济的成功转型。以美国IBM为例,2005年将PC业务卖给中国联想公司,成功实现了计算机制造向IT服务业的战略转变。IBM公司2007年度报告显示,2003~2006年,IBM的服务收入已占总收入的50%左右,加上金融业务,达到总收入的55%。

现代服务业成为美国经济的主体。从1990年到2006年,美国现代服务业增加值的规模从1.67万亿美元扩大到6.31万亿美元,年平均增长率达到8.7%,而现代服务业增加值占美国GDP比重持续攀升,达到了47.8%。

第二,信息技术促进服务业模式创新。由于网络技术、移动技术、虚拟技术、三维技术、RFID等信息技术的应用,美国出现了很多模式的创新,如网络商店、智能超市、虚拟商店、金融中心等,涌现一批像亚马逊等新型服务模式的企业,推动了美国现代服务业快速发展。

专栏2 信息化带动美国物流业整体提升

20世纪80年代开始,信息技术发展促进了现代物流的形成。现代物流已成为衡量地区综合竞争力和构建地区国际竞争力的关键因素,美国作为信息技术应用的先驱,信息技术在物流业领域的应用要大大领先于其他国家和地区。信息技术在美国物流业中的应用,实现了美国物流的信息识别自动化、运输信息化、仓库控制智能化和企业管理信息化。信息技术应用推动了交通运输业向现代物流业的转变,推动了物流企业业务的多元化,引领物流业进入供应链时代,促进了第三方物流市场的繁荣,提高了物流业的效率和安全性。

电子订货系统(EOS)、全球定位系统(GPS)等信息技术在美国物流业中的应用,实现了物流业的信息化。例如,EOS覆盖了整个物流,在供应商和零售商之间建立了一条高速周转通道,使双方信息及时得到沟通,大大缩短了订货周期,既保障了商品的及时供应,又加速了资金周转,实现了零库存战略。

资料来源:《信息化与工业化融合的理论与道路选择》。

(二)美国推进"两化"融合发展经验

1. 完善的法律法规政策及发展战略

完善的法律法规政策及发展战略是推动信息技术应用的重要保障。美国为了促进信息产业的发展和信息技术的扩散,制定了一系列政策法规,从制度的层面保障了信息社会的发展。1982年《国家信息政策》强调了信息保密对国家安全和经济的重要性;1993年制定了国家信息高速公路规划;1999年提出一项名为"21世纪的信息技术:对美国未来的一项大胆投资"的计划……完善的信息法律法规,包括从战略性纲要到各项具体法律、法规和政策,都有力地促进和保障了信息社会的快速发展。

2. 政府加大投入,引导信息化发展

第一,突出信息化基础设施的建设。1993年,美国实施《国家信息基础设施行动计划》,美国投资4000亿美元实施建设国家信息高速公路计划并培养信息技术人才,为获得信息化浪潮竞争的优势奠定了基础。第二,鼓励私营企业投资信息化领域,消除各种限制,鼓励竞争,实施全面信息化。1996年,美国通过新的电信法,消除了电信领域的垄断,开放市场;1993年,美国政府实施"农村设施服务计划",推动农村和边远地区的互联网发展。在政府工作领域,引导电子政府建设和各项电子服务发展。在商务领域方面,推动电子商务建设和应用。第三,美国政府积极推动教育、医疗卫生等方面的信息化融合。

3. 持续的信息技术创新能力

美国科技发展的总体战略技术要求保持在全球的科技领导地位，要在全球的主要科学、技术创新及产业化方面处于主导地位，这也决定了美国科技发展只能走以自主创新为主的途径。从科技投入的角度来说，美国把科技创新放到首位，立足于自主研发，在科技研发方面投入了大量资金。在科技产出方面，无论是在基础科研、应用研究和开发方面，美国的科技产出都居世界首位。从2005～2007年美国、亚太地区和欧盟的科研产出占世界科学的份额数据来看，美国分别为32.8%、32.4%、31.5%，亚太地区分别为25.9%、27.2%、28.2%，而欧盟分别为38.0%、37.6%、37.3%，美国在世界各国中位居第一。微电子技术、通信技术与计算机的结合，代表着美国信息技术的发展方向。美国信息技术的发展进一步推动了信息产业的发展，而且更深层次地成为技术扩散的重要力量，进而推动了美国经济的快速发展。

4. 重视人才的培养与引进

美国政府一向重视信息化人才培养，通过多种方式和途径，提高国民的信息化能力，吸引国内外优秀的IT人才为美国服务。美国信息技术的超前发展和传统工业的融合发展，在很大程度上得益于美国灵活多样的复合型人才培养机制。美国拥有世界著名的大学、实验室教育体制，有4000多所高等院校，有100多所世界著名的大学；美国联邦政府下属科研机构有1000个左右。美国高等教育最早进入大众化和普及化，本专科教育和研究生教育规模均为世界第一。美国已经形成了高等教育前的信息化基础教育、高等教育中的信息技术研究型教育、职业培训的信息化应用型教育和在岗的再学习信息技术教育这4个层次的教育体系。另外，美国国家科学基金会也开展IT教育项目CCLI－EMD等来培养美国IT人才。

除本土培养之外，从国外引进人才也是美国保障科技人才供给的重要途径。首先，从法律上为引进国外智力铺平道路，鼓励美国急需的各种专业人才移居美国，提供丰厚的薪酬和相对优越的工作环境，吸引并留住人才。其次，美国制定政策吸引全球信息化与工业化发展高级人才为美国服务。例如，正在实施的H1－B签证、招收留学生、"绿卡"制度。目前，仅计算机领域，50%以上的博士就是外国人。另外，信息技术的蓬勃发展吸引了其他行业人才向信息产业汇集，也加快了复合型人才的形成。

二 日本"两化"融合发展经验

(一) 日本信息化与工业转型升级

第二次世界大战后的日本,在国际上面对着以美欧为主导、新兴国家不断发展的产业竞争格局,在国内则受到资源、劳动立法、管理制度等的影响,一直大力推进信息技术在企业中的应用,推进工业转型升级,并取得了辉煌的成就。

1. 推动制造业跨越性赶超

第二次世界大战后,日本经济遭到严重打击,经济水平与中国、韩国等处于同一层次,日本通过在制造业各行业、各环节广泛深入应用信息技术,加快了日本工业转型升级,推动了制造业在短短几十年间飞速赶超,一跃成为世界第二大制造业强国,创造了震撼世界的经济奇迹。主要有以下三个方面的成就。

第一,信息技术的广泛应用显著提高了日本制造业的劳动生产率。例如,夏普 (Sharp) 公司使用 SAP 管理软件后,制订生产计划提前时间由 3 个月缩至 2 周,确认存货—发货的时间从 2.2 个月缩至 0.9 个月。另外,以机器人为例,从 1961 年美国发明世界上第一个现代机器人开始,到 70 年代末,日本汽车业拥有的机器人为美国同行的 6 倍,从而大大降低了生产成本,提高了效率。在 1961～1970 年间,日本的劳动生产率保持了平均每年 11.1% 的增长速度,而美国为 3.1%,联邦德国为 6%,法国为 6.4%,英国为 3.2%。

第二,制造业在国民经济中的地位快速提升并保持在较高水平。例如,计算机集成制造系统 (CIMS) 正是用信息技术和现代管理技术改造传统制造业、加强新兴制造业、提高企业市场竞争能力的一种生产模式。日本企业是世界上运用 CIMS 最成功的国家,加快了制造业的革新。日本制造企业在研发设计、生产过程、生产设备、企业管理、市场营销和客户服务全过程采用信息技术,并将信息产品与传统产品融合起来,使制造业实现了由大到强、由生产型制造向服务型制造转变,比重保持较高水平。日本制造业占国内生产总值的比重 1955 年为 12.6%,20 世纪 90 年代维持在 25%,2003 年为 19.5%。

第三,制造业内部结构不断优化。20 世纪 90 年代以后,传统密集型行业,包括石油化工、电子、家电、汽车、造船和钢铁等,不断应用信息技术,逐步改造知识技术密集的现代制造业，高附加值、高技术含量的特征更加明显；高新技术产业，包括光电子、工业机器人和航空航天等，发展势头强劲，在制造业中的比重由1981年的17%上升到90年代的33%左右，培育了一大批世界著名的制造企业，例如汽车行业中的本田、丰田，电子制造业中的索尼、东芝等。

2. 促进服务经济的高速发展

在信息化与工业化的融合推动下，日本的工业很快发展到鼎盛时期，服务业也随即高速发展，使日本快速进入服务经济阶段，进而跨入现代服务经济阶段。20世纪70年代产业结构调整以后，日本国内产业结构表现出"后工业社会"的特征，日益向软化、高科技化和服务化方向发展，制造业向海外转移的步伐加快，国内服务业获得长足发展，尤其是以信息技术为支撑的商务服务、金融服务、物流服务、创意产业、信息服务等现代服务业飞速发展，日本开始进入现代服务经济阶段。第三产业不断扩大，目前，日本服务业占GDP比重已上升到70%，而现代服务业占GDP比重为47%。

以现代物流服务业为例，日本的物流领域均实现了高度的机械化、自动化和计算机化。在物流企业中，计算机管理系统被普遍应用，企业的物流作业中铲车、叉车、货物升降机、传送带等机械的应用程度较高；配送中心的分拣设施、拼装作业安排犹如生产企业的生产流水线一样，非常先进，有的已经使用数码分拣系统，大大提高了物流企业的工作效率和准确性；在国际物流领域里，广泛使用电子数据交换（EDI）系统，提高了信息在国际传输的速度和准确性，使企业降低了单据处理成本、人事成本、库存成本和差错成本，改善了企业和顾客的关系，提高了企业的国际竞争力。

3. 形成了先进的生产方式

伴随着信息技术在生产中的广泛应用和渗透，日本的生产模式发生了革命性变化，提出并完善了以精益生产为代表的先进生产方式。精益生产方式由日本丰田汽车首创，是一种高质量、低消耗的生产方式，在20世纪70年代日本经济低迷时期，借此优势获得高于其他公司的赢利，并拉大了同其他公司的距离。另外其他先进的生产方式，如松下移动的"设备实力"、夏蒙的"设计改进能力"，都能最大限度降低库存风险；佳能的"知识产权实力"，让竞争对手无法模仿自己多年来辛苦积累的经验与技术，起到严密的保护作用；竹内制作所的"品牌实力"，则将随时根据顾客需求推进新产品的开发能力，转化为"最先进、优质"的产品。

现以精益生产为例，阐述信息化在形成先进生产方式中的重要作用。精益生产需要企业信息技术的支撑，信息化为精益生产从理念到现实提供了手段和方法，除了完成信息的传递与沟通，还实现系统的预测和优化。例如企业利用条码技术和无线射频识别（RFID）技术采集底层产品信息和人员信息后，将采集到的数据实时上传给ERP系统，不仅能实现信息的传递，也能完成产品质量的预测；库存管理信息化系统技术的应用，最大限度地实现了零库存，提高了精益生产的效益。由此可见，信息技术为精益生产提供了强大的技术支持。

4. 促进节能降耗和循环经济建设

信息技术改造了落后的生产和运营方式，使智能产品内嵌于传统产品中，促进了日本经济的节能降耗，使日本成为世界上公认的发展循环经济、建设循环型社会水平最高的国家。日本将自动检测技术、自动调节技术、自动保护技术、集散自动控制技术、计算机技术、软件技术、传感技术、网络技术等信息技术成熟地应用到大型污水处理系统中，实现了大型污水处理系统的远程监控和全过程自动化控制。信息技术也在建材行业得到广泛应用，基本实现了生产过程零污染和自动化，可节约能源30%～50%。例如，1971年日本发明了水泥NSP窑技术，该技术与信息技术结合，可实现工业生产的自动化和智能化，提高产品质量，节能环保，推动了日本以及全世界建材行业的发展。

专栏3　日本重点行业与信息化的融合发展

（1）造船工业

日本造船业从20世纪50年代起不断应用信息技术提升产业竞争力，使其半个多世纪以来一直都是世界造船中心。自20世纪80年代开始发展数控技术以来，日本造船业不断采用信息技术，已经应用到了小合龙、平面分段、曲面分段甚至大合龙阶段，从而使日本船厂的造船效率一直处于世界同行业的最高水平。建造同一吨位的超大型船舶，日本需要200万工时，韩国需要300万工时，而中国则需要600万工时。

信息化改造提高了日本的生产技术开发和管理技术水平。在船舶大型化的改良技术、缩短工程进度的生产技术、高质量技术等领域，日本造船业处于世界领

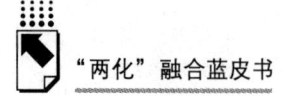

先地位，持久占据技术优势。通过对世界三大造船技术比较可以得出，日本在集装箱、游轮生产技术和管理技术方面均超过韩国 3~4 年，超过中国 10~20 年；在设计技术方面，日本与韩国基本处于同等水平。

(2) 钢铁行业

作为基础工业的钢铁行业，其发展水平一直是衡量一个国家综合实力的重要标志。日本钢铁行业的信息化改造，使日本崛起为世界钢铁强国，支撑了日本战后的经济奇迹。信息化与日本钢铁产业融合有三个重要的关键环节，即过程控制智能化、生产管理信息化和经营管理信息化。

第一，过程控制智能化。生产过程的优化控制是提升钢铁行业竞争力的关键。日本的钢铁企业普遍采用各种智能优化系统进行生产过程的控制，以提高工艺精度、提升钢材层次、缩短生产周期、降低能耗等。例如，2002 年 3 月，日本钢铁厂 NKK 公司利用遗传算法编制钢铁生产计划，使工作效率由过去的日计划 3 小时，缩短到周计划只需 20 分钟，每年可降低成本 5000 万~6000 万日元。

第二，生产管理信息化。日本钢铁企业大量应用 MES、设备管理等生产管理信息系统，以实现生产作业的执行和监控，生产实时数据的采集、整理，专业设备的维护等。例如，JFE 在专门生产钢管的知多厂引入了新的生产管理系统，将原来使用大型通用计算机进行生产管理的系统全面变更为在线系统，通过数据库的一体化管理，每年可削减 2 亿~3 亿日元的成本，并使从接受订单到出厂装船的准备时间缩短 1 个月，总共约需 2 个月。

第三，经营管理信息化。自 20 世纪 60 年代起，日本的钢铁企业纷纷引入了计算机管理信息系统，应用于计划、财务、销售、采购、设备和人事管理等业务中，这对于减员增效、降低成本、提高企业竞争力发挥了重要作用。例如，2002 年 7 月，新日铁公司成功配置了 WebMethods 整合平台，以整合其供应链管理系统，从而提高了汽车供应链的竞争力。

通过对信息化设备和技术的大量引进再创新，日本钢铁行业的设备数量、生产效率得到极大提高，生产能力居世界前列。2000 年，全世界钢产量为 8.28 亿吨，其中共有 38 家年产在 500 万吨以上的钢铁企业，日本为 5 家，仅次于美国的 6 家。

资料来源：《信息化与工业化融合的理论与道路选择》。

（二）日本推进"两化"融合发展的经验

1. 加强对"两化"融合的规划与引导

政府从战略到政策的规划和引导是信息技术应用的重要保障。日本为推动信息化与工业化融合，通过制订信息化发展中长期指导计划、相关产业政策和具体实施措施，来引导信息产业和信息化发展方向、规模和速度，具体包括信息化发展重点设置、信息化推进方式方法确定、产业目标确定、产业组织协调、产业布局设置、产业保护策略实施等。政府先后制定了"产业合理化政策"、"技术立国"、"e-Japan"、"u-Japan"、"信息化促进法"、特别折旧、低息贷款、进口设备价格补贴等国家计划、法律、税收、金融和财政补贴等政策，例如，日本在1957年就颁布了《振兴电子工业临时措施法》；20世纪80年代，日本经济产业省提出"80年代展望"，旨在发展具有创造性、知识密集程度高的新型工业结构；2001年，日本制订"电子日本战略"；2007年7月，信息通信技术战略总部制订了"2007年e-Japan重点计划"。这些法律和政策对企业的信息化改造进行规划、资助和引导，加速了企业竞争力的提升进程，使日本整体经济及多个行业领域在短短几十年时间内创造了奇迹。

2. 开展先进设备与技术的引进消化吸收及再创新

通过引进消化吸收再创新以提高本国技术水平，是加快技术扩散的强大力量。二战后，日本科学技术落后于国际先进水平约二三十年，为尽快缩小差距，日本政府采用了"吸收性技术革新"战略，在引进国外先进技术后再加以模仿、消化和创新，引进的范围非常全面和深入，包括钢铁、机械、电力、造船等基础工业部门和纤维、食品等一般工业的最新技术，最终不仅成为经济大国，也成为经济强国。中国目前的处境和当年日本极其相似，因此要借鉴日本的成功经验，开展先进设备与技术的引进消化吸收及再创新策略，为我国走自主创新道路服务。

3. 独特的中小企业信息化服务体系

日本通过其独特的中小企业支援中心网络体系，强化职能部门功能，与中小企业组织合作，统一协调和管理信息化建设。在日本，中小企业数量占企业总数的99%，其雇佣人员占全国雇佣人员的70%。因此，日本高度重视中小企业信息化建设，并根据本国的实际情况，采取了集中管理、分散实施的信息化管理模式。该模式依赖于其独特的中小企业社会化服务体系，建立起国家、都道府县、地方三级"中小企业支援中心"的支援体系和网络，与地方相关团体、单位、机构合作，共同推进中小企业信息化，提供信息化相关服务，加大中小企业信息化基础设施建设，并在金融和税收等方面扶持中小企业信息化。

4. 重视职工信息技术培训

在信息化变革过程中，高水平信息技术人才培养是关键，日本政府把信息化人才培养作为实现国家信息化的战略性举措来实施。为此，日本政府制定了2001年"e-Japan战略"、2002年"240万科技人才开发综合推进计划"等国家计划、战略，通过各种渠道普及信息化知识和技能，营造先进的信息技术环境，放宽引进国外信息化技术人才政策，并通过产学研合作培养信息化人才。

三 印度"两化"融合发展经验

（一）印度IT产业取得巨大成就

印度软件业自20世纪80年代以来，年均增长率一直保持在40%以上，高于世界软件业25%左右的年均增长率。在连续多届政府的大力扶持下，印度已初步完成了由"科技兴国"到"信息技术超级大国"的战略任务。现在，印度软件业在全球软件开发市场中占据18.7%的份额。无疑，印度IT产业发展的成功经验值得我们研究和借鉴。从以下三个方面，可以看出印度IT产业取得的巨大成就。

第一，印度IT产业发展速度惊人。从绝对值看，1990~1991年印度的软件产品出口总额仅为5000万美元，但到了1997~1998年，印度软件产品收入已猛增到18亿美元，增长了30多倍。在20世纪90年代，世界IT产业产值的平均增长速度为15%，而当时印度的IT产业产值的平均增长速度却高达50%。进入21世纪后，印度IT产业继续维持较高的增长速度。2002~2003年，其IT产业和相关产业的总值达到了207亿美元，其中软件业占大部分，成为仅次于美国的世界第二大软件产业大国。2002~2008年间，印度IT产业产值继续增长。与20世纪90年代相比，印度软件业的发展速度虽然没有之前那么惊人，但仍然保持着31.6%的较高增长速度，大大高于全球IT产业总产值9.27%的平均增长速度。

第二，印度软件出口额迅速攀升。2003年，软件出口占印度出口总额的23%；2006年，印度信息产业总产值达320.3亿美元，软件产业产值达245亿美元，占整个IT产业总产值的76.5%，软件出口占印度出口总额的20.4%；2008年，印度软件产品的总产值达到850亿美元，软件和IT服务出口额达到500亿美元，占印度出口总额的33%。2002~2007年，印度IT产业的出口额均占其总产值的70%以上，只是受世界金融危机的影响，2008年以后其出口额占总产值的比重低于70%。2009年，据世界银行的有关调查评估显示，印度软件出口的规模、质量和成本等综合指数名列世界第一。2011年，印度IT产业突破1000亿美元大关，2/3来自出口，比上个财政年度增长了22%，对于发展仅30年的产业来说，是一个非常好的营收里程碑。

第三，印度IT产业对印度经济增长的贡献率逐年提高。1980~2002年，印度的GDP年平均增长率为6.10%，在2002~2008年间，这一数据上升到了8.15%。同期，印度IT产业的平均增长速度达25.2%。IT产业占GDP的比重越来越高。2002年印度IT产业占GDP的比重为2.80%，2008年上升到6.00%，2008年IT产业占GDP的比重比2002年提高了1倍多。可见，IT产业的高速发展为印度经济的持续增长提供了有力支持。另外，软件业的发展对经济增长的贡献还体现在软件业对其他产业产生的外部性上。这里所说的外部性是指其他经济部门由于软件业的存在而获得了收益。在过去30年中，随着印度软件业在价值链中的不断提升，软件业对其他行业的带动能力也不断增强，对印度经济增长起到了积极作用。

（二）印度推进"两化"融合发展经验

1. 确立大力发展软件业的国家战略

早在20世纪60年代，印度政府就已认识到信息技术和信息产业对国家发展的重要意义，此后几十年间制定了一系列促进地方信息技术和信息产业发展的政策。到20世纪90年代，印度抓住世界信息技术发展的历史机遇，确定了重点发展IT业尤其是软件业的国家战略。1998年，瓦杰帕伊总理明确提出"要把印度建成一个名副其实的信息技术超级大国"国家战略计划，制定了《印度信息技术行动计划》，形成国家信息技术政策体系。印度的战略目标是：奠定软件产业的牢固基础，开发软件产业，提高决策管理水平，加速软件产业发展，促进软件出口，争取在国际软件市场上占有更大份额。在明确的软件发展战略目标的指引下，为促进信息技术产业发展，印度各邦纷纷制定本地的信息政策，以建立本地的信息城。

为落实战略的具体实施，印度采用了多种扶持政策，包括税收优惠、法律保护，出台"技术园区计划"等，破除制度阻碍，有力地推动了信息产业的发展。例如，印度设立信息与软件研究机构，并在全国各地设立信息中心，同时允许各个部门独立建立信息与软件的开发研究机构，享受同样的优惠政策，如免除和降低进口设备关税，不用印度政府批准就可以到海外融资并进行海外收购等。

2. 地方政府制度创新的示范作用

20世纪90年代，为配合印度中央政府大力发展软件业的国家战略，地方政府在推动信息产业方面起到了积极的制度创新示范作用。以印度最为著名的安得拉邦推行的制度创新和信息化建设为例进行说明。

时任安得拉邦政府首脑的巴布·奈杜大力推动行政信息化，推行了"电子政府"概念，成立了专门机构用于指导政府部门间的网络连接，同时制定了详细的时间表、政府雇员培训计划等。安得拉邦地区政府各部门的工作更加透明和高效，同时政府建立了印度信息技术学院，培养信息产业所需人才。通过制度创新示范，安得拉邦带动了周边南方各邦的信息化建设，促进了信息化基础设施建设、电子政务、企业信息化、信息化教育等一大批服务的发展。

3. 高度重视信息技术人才的培养

印度政府在发展信息与软件业时非常重视高级人才的培养，除了在高校开设信息专业外，还在全印度建立了4所专门培养高级信息人才的信息技术学院，由此印度信息与软件业精英辈出，受到世界各国信息电脑公司的青睐。印度政府不但发挥政府高等院校和研究机构的作用，还鼓励企业和私营业主加入培养信息产业与软件人才的队伍。正是印度对软件技术人才的成功培养，才使其成为世界上最大的"软件人才库"和全球软件人才输送基地。1998~1999年，印度信息技术人才数量仅为22万人，到2009年，印度信息技术产业雇佣人数已达到100万人。印度软件人才通晓英语和数学，具备合格的专业水平，不断地创造出高质量的软件产品，在欧美等国受到极大欢迎。

印度IT人才的成功培养有以下四个重要因素：第一，印度高度重视对IT技术人才的培养，将其作为长期的战略任务实施。第二，印度的官方语言是英语，并实行全英语教学，方便与西方发达国家接轨，这一独特的语言优势为软件业的崛起提供了有利条件。第三，以职业教育为主、学历教育为辅的模式培养 IT 人才，学以致用，获得极大成功。第四，世界知名的信息技术公司扎根印度，建立自身培训机构，使得印度软件人才培养与世界接轨。

B.40
信息技术与产业融合

信息技术应用于工业和服务业等传统产业，催生了新的企业组织形式，降低了各领域的成本，提升了信息传递的效率和准确性，提高了传统产业的工作效率。信息技术的应用不仅推动了传统工业和服务业的创新发展，而且推动了其生产方式和组织方式的转变，大大提升了传统工业和服务业企业的劳动生产率，使得传统工业和服务业焕发了新的生机。信息技术与传统产业融合是"两化"融合的重要组成部分，也是"两化"融合的具体体现，通过分析信息技术与传统工业和服务业融合，为我国"两化"融合政策的实施提供借鉴。

一 信息技术与工业融合

信息化已经渗透到经济和社会生活的方方面面，信息化与工业化融合已成为我国现阶段经济发展的必然选择。我国政府通过制定相关政策，积极鼓励通过"两化"融合提升传统工业，鼓励企业采用新工艺、新技术、新设备、新材料，推广集成制造、精益制造、柔性制造等先进生产制造方式，加快工业化发展升级，促进工业经济向信息经济转变。

"两化"融合不是简单的工业企业信息化问题，而是需要充分利用信息技术与信息资源，与工业化的生产方式结合起来，加快工业化的发展升级，发挥信息技术在工业设计、制作、流通与管理过程中的作用，提高企业的技术水平与竞争力。

随着信息技术不断融入工业产品的设计、生产、销售和售后服务之中，工业化和信息化主要在以下五个层面进行融合：产品构成层的融合，工业设计层的融合，生产过程控制层的融合，物流与供应链管理层的融合，经营管理与决策层的融合。

（一）产品构成层的融合

产品构成层的融合主要是将信息技术嵌入工业产品，体现在产品的信息技术含量上，反映在产品的自动化、智能化、节能降耗的程度上，也显示出信息技术在提升工业产品质量、性能与附加值等方面的作用，以达到提高产品的市场竞争力的目的。

基于存储芯片的数据存储技术和基于芯片处理功能的电子信息技术得以扩散应用，直接涉及并融合提升了汽车制造、机械制造等多种制造业及金融、物流、商贸等多种服务业，极大提高了传统工业的工作效率和数据存储能力。其中汽车控制芯片已成为芯片设计中的一个重要类别，汽车控制芯片等集成电路对提高汽车产品的信息技术含量和性能发挥着重要作用。下面以德国汽车为例说明产品构成层的融合。

德国汽车产品和信息技术深入融合，动力控制系统、底盘控制系统、车身控制系统、通信视听系统都已成为电子化系统，汽车的信息技术含量越来越高，使得德国的汽车产品电子化显著高于其他国家，采用的电子设备已经达到50%，提升了德国汽车各方面的指标。

（二）工业设计层的融合

工业设计层的融合主要表现在采用计算机辅助设计工具、软件与网络，提高产品设计能力方面。以航空工业为例，信息技术的应用，实现飞机零部件设计和模型设计的自动化、数字化、网络化，使系统的飞机设计制造技术发生了革命性的变化。数字化设计制造借助计算机网络技术，采用三维数字化定义，把飞机的结构和零件全部用三维实体描述出来，基本实现了精确设计，极大限度地减少了工程更改，节省了大量工装模具和生产准备时间。飞机是通过数字化模型来表达的，各阶段可共享模型数据，并为并行工程创造了条件。波音公司是目前国际上全面应用飞机数字设计制造技术最好的公司，下面以民用波音777飞机的设计过程展现其杰出的设计能力。

美国波音777飞机是民用飞机研制首次使用并行工程和全数字化技术的典范。波音777飞机的设计全部采用计算机CAM技术，并且通过计算机网络建立起协同设计环境，使得一个非常大的设计任务，可以由分布在不同地点的多个设计团队并行设计，然后再通过网络送到总体组完成整机的设计。采用 CAM 技术，使得飞机制造厂不需要制造样机，而通过高性能计算机仿真出样机，来验证设计的正确性，检查设计效果。数字样机技术可以缩短 60% 的设计周期，同时保证了设计质量，为大规模生产提供了坚实基础。采用全数字化与并行工程的方法可以大大缩短飞机的研制周期，大幅度降低生产成本，其产品质量也是传统设计方式所难以达到的。波音 757 飞机、波音 767 飞机从设计到生产用了 10 年时间，而波音 777 飞机仅用了 4 年的时间。波音 777 被认为是"最先进、最舒适和维护使用性能最好"的飞机。

（三）生产过程控制层的融合

生产过程控制层的融合表现在生产管理自动化与生产过程自动化两个方面，而计算机集成制造系统将生产管理自动化与生产过程自动化集成为一体。

1. 生产管理自动化

产品数据管理（PDM）软件、企业资源计划（ERP）软件与制造执行系统（MES）软件都是应用于生产管理自动化的应用软件。PDM 软件专门用来管理所有与产品相关的信息，如零件信息、配置、文档、CAD 文件、结构、权限信息等，以及所有与产品制造过程相关的文件和资料。ERP 软件的核心是供应链管理，它包括各种业务应用系统，如财务、物流、人力资源管理。MES 软件的设计思想是在 ERP 的基础上，进一步将企业的高层管理与车间作业现场控制单元，如可编程控制器、数据采集器、条形码、各种计量及检测仪器、机械手等集成在一个系统之中，进一步提高企业的生产自动化程度与生产效率。

2. 生产过程自动化

生产过程自动化可以用汽车生产过程为例来说明。目前的汽车生产线上，工人越来越少，工业机器人越来越多。这些自动化设备通过计算机网络互联起来，构成了一个由原材料供应运输车、搬运机器人、数控机床、焊接机器人、安装机器人、喷漆机器人、检测机器人等智能设备组成的汽车生产流水线。汽车生产线上只需要少量的技术工人和工程师参与管理生产过程。例如奔驰轿车生产线为全球最为先进的汽车生产线之一，在整个生产过程中采用自动化流水作业，使用了大量的自动控制设备、DCS、智能仪器仪表等，其中汽车玻璃、中央控制台的总成、发动机与底盘的安装都是由机器人来进行的，机器人安装的精度可以达到

0.01毫米以内,从而保证了奔驰轿车的高质量。

3. 计算机集成制造系统

将生产管理自动化与生产过程自动化集成为一体的计算机集成制造系统(CIMS)技术是信息技术在生产过程控制层融合最好的范例。CIMS是综合运用现代管理技术、制造技术、信息技术、自动化技术、系统工程技术,将企业生产过程中涉及的人、技术、经营管理三要素及其信息流与物流,有机集成并优化运行的系统。CIMS作为制造自动化技术的最新发展、工业自动化的革命性成果,代表了当今工业自动化的最高水平。

生产过程控制层的融合是多方位与多层次的。目前,即使是在最传统的制造业中,数控机床也比比皆是,单纯靠人工操作的机床越来越少。因为数控机床无论是加工精度、加工效率,还是产品质量控制方面都显示出巨大优势,可以极大地提高产品质量与企业竞争力。

(四)物流与供应链管理层的融合

供应链是由供应商、制造商、仓库、配送中心和销售商构成的物流网络。现代工业生产需要现代物流来支撑,供应链管理的水平直接影响工业生产水平。供应链管理是物流管理深度和广度的扩展,是企业内部和企业之间所有物流活动和所有商业活动的集成。在MRP、ERP和SCM等各种管理信息系统的建立过程中,企业自身及从客户到供应商的全程供应链的各个环节业务模式都进行了全面重组,加快了物流,从而显著缩短了企业对客户订单的响应周期,并有效控制产品在全程供应链上的成本。统计数据表明,如果能够运用信息技术实现供应链整体管理的25%,那么整个供应链运营的成本将减少50%,整个供应链运营的库存可以降低25%~60%,产品订货交付周期可以缩短30%~50%。

(五)经营管理与决策层的融合

经济的全球化导致企业必须面对全球性的市场竞争,企业管理和决策就必须充分利用计算机网络与通信技术。如果当今的企业决策者在不能够全面掌握信息的情况下去制定企业发展战略,就会产生对市场变化、客户需求、竞争对手能力及企业自身的适应能力估计不足的问题,必然会出现决策失误。在推进信息化与工业化融合的过程中,人们认识到互联网可以将传统的工业化产品从设计、供应

链、生产、销售、物流到售后服务融为一体，可以最大限度地提高企业的产品设计、生产、销售能力，提高产品质量与经济效益，从而极大地提高企业的核心竞争力。

例如，商业智能（BI）的应用，使大批量、多品类的统一采购和分散销售得以实现，并代替传统零售业的大量手工制单和纸制化的交易结算方式。BI是在ERP等信息化管理工具的基础上提出的，是基于信息技术构建的智能化管理工具，它实时地对ERP、CRM、SCM等管理工具生成的企业数据进行抽取、清洗、聚类、挖掘、预测等处理，动态地产生可透析的各种展示数据，完成销售分析、商品分析、供应链分析、人员分析、资金运转分析、库存分析、结算分析、赢利分析、风险性分析、信用等级分析等，帮助管理者获得需要探究的某种经营属性或市场规律，更好地认识企业和市场的现状，从而作出正确的决策。

二 信息技术与服务业融合

信息技术加快向传统产业、现代制造业和现代服务业等领域渗透，将推动行业间的融合渗透，促进战略性新兴产业、面向生产的信息服务业的发展。例如，随着信息技术应用的不断深化，与业务融合的日趋紧密，软件正成为经济社会各领域重要的支撑工具。基于移动智能终端的个人计算、通信与娱乐等服务功能的融合，网络平台上通信、内容、计算等服务的融合，软硬件之间的融合，为软件和信息技术服务业带来巨大的业务创新空间。

信息技术与服务业融合，能提升传统服务业水平，催生新兴行业，主要表现在以下方面。第一，借助信息技术条件下的强大的信息处理能力，促进金融保险业、现代物流业、创意产业、管理咨询业等现代服务业发展；第二，依托信息技术，发展涵盖信息通信服务、信息技术服务和信息内容服务的信息服务业；第三，大力发展电子商务，加强电子商务信息、供应链、现代物流、交易、支付等管理平台和信用自律体系建设，为电子商务应用主体提供灵活、便捷、安全、高效服务，促进经济发展模式创新；第四，发展面向中小企业的第三方公共服务平台，推广信息化应用服务，引导商贸、旅游、餐饮和社区服务等传统服务业创新发展模式转变，提升传统服务业。

ℬ.41
国外经验对推进我国"两化"深度融合的启示

国外推进"两化"融合的政策措施从宏观层面上看有战略规划引导及法律法规支持，中观层面有自由的市场制度环境及配套产业政策扶持，微观层面以企业为主体，尤其是重视中小企业的发展，通过技术的引进、消化、吸收及创新，完善人才培养及人力资本建设机制，全方位、多手段推动"两化"深度融合。

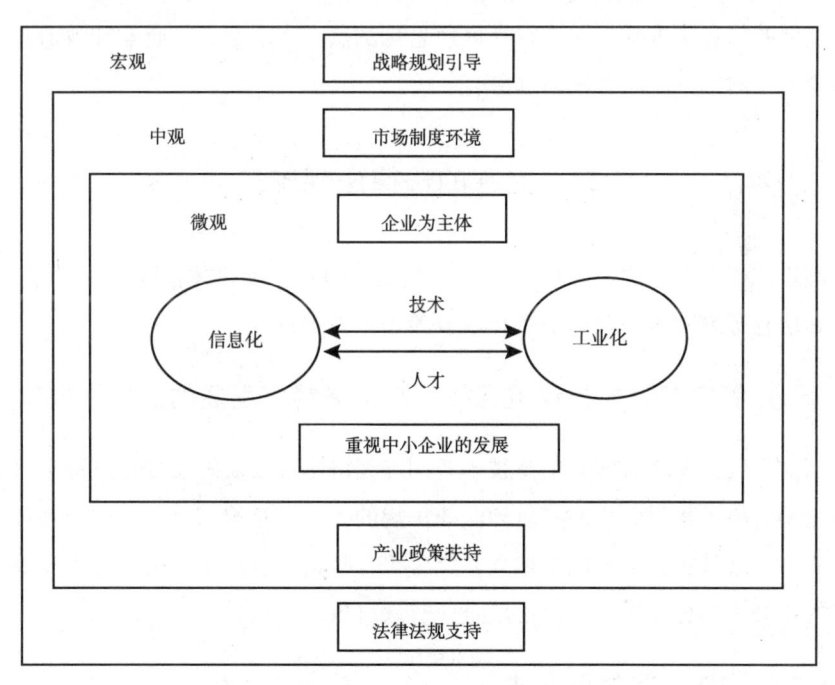

图1 我国推动"两化"深度融合启示图

一 清晰的战略规划引导

政府要制定清晰的战略，通过规划、法律法规、财政、税收、金融等多种手

段积极鼓励、引导、支持企业在研发设计、生产设备、生产流程、经营管理和产品等各环节信息技术的应用，而且战略计划既要注重技术的超前性，更要重视产业界的实际需求。加强信息核心技术研发，提高核心竞争力，推进全面信息化。

围绕以信息化带动工业化的战略目标，加强信息技术推广应用和信息资源开发共享。坚持走以信息化带动工业化的新型工业化道路，除了加快信息产品制造业的发展，更要着力在国民经济的各个领域推广应用计算机网络技术，强化公共信息资源共享。这就要求社会各方面共同参与，建立全社会的支撑体系，实现社会信息化和信息社会化。为此，要大力提高计算机和网络的普及应用程度，搞好信息资源开发利用和公共信息资源的共享。抓紧实施一批信息化重大工程，加强信息网络基础设施建设，不仅政府、公共服务、企业要运用数字化、网络化技术，而且要加快推进政务、商务、金融、外贸、广播电视、教育、科技和公用事业等领域的信息化进程，并进行社区信息化试点，为消费者、企业和政府各部门提供全方位的信息产品和网络服务。

二 完善的法律法规支持

制定完善的信息法律法规，涵盖战略性纲领到各项具体法律法规，从资金、技术和信息等方面对企业的信息化建设给予全力支持。

（一）制定完善的推动信息技术与网络经济发展的法律法规体系

当前我国正面临着国内信息技术与网络经济迅猛发展的要求和国际上日益严峻的竞争形势，我国立法的滞后和法律法规的欠缺已经给信息产业内部和市场带来了许多发展障碍。必须加快建立并完善符合我国信息产业及网络经济发展实际情况的相关法律法规体系，以便使企业有法可依，违法必究。

（二）加快风险投资立法

纵观各国风险投资支持信息产业的成功经验，均离不开法律制度的支持。因此，加强我国风险投资的立法和制度建设，已是刻不容缓。目前我国正在抓紧制定的《投资基金法》，是指导我国未来风险投资事业发展的基本法。此外我国宜尽早制定《风险投资法》，以对推动我国信息产业的发展起到关键和决定性作用。

（三）进一步完善知识产权法律体系建设

在我国软件产品市场上，软件产品的知识产权保护长期未得到重视，有法不依、执法不严、违法不究的现象时有发生，软件盗版严重。销售势头好的软件产品一上市，很快就被盗版，使得开发单位蒙受巨大经济损失。国际投资人更愿意与有完善知识产权保障的国家和软件商合作。我国要从进一步完善我国专利法与著作权法入手，进一步加大对我国信息产业产品，特别是对软件产品的法律保护。调整和完善现行专利法、商标法和著作权法的相关内容，制定出台较为完备的信息知识产权保护法规。

（四）进一步加快电信立法，推进电信和信息产业基础设施的建设

抓紧制定和完善有关信息产业发展的法律，包括电信、政府信息公开、电子政务、信息安全、个人信息和商业秘密保护等方面的立法。电信业的国内市场准入和自由化不仅对电信业的发展有利，而且是促进软件、信息服务相关产业发展的关键。但我国目前尚未有一个完整、成文的电信法规，也没有将有关电信服务设施、设备和服务法规与标准向广大公众作出详细的公布。因此信息产业相关立法亟待完善。

三 全面的产业政策扶持

为激励信息产业的快速发展，政府应在经费资助、税收、投资、信贷等方面实行优惠措施，创造适应信息产业发展的有利环境。例如，进行融资优惠、税收减免、建立科技园区，加大信息基础设施建设的资金投入力度，扩大农村安装网络设施，并普及信息技术知识等。

对信息产业特别是软件业，应制定鼓励发展的政策措施。在信贷方面，应给予企业宽松的条件，以低息甚至免息资金支持其发展，考虑到商业银行的承受能力，可以由政策性银行如国家开发银行、进出口银行来承担。在财政上，可以以技术开发补贴和奖励形式支持。在税率上，目前我国仍然偏高，对软件企业的优惠极少，应该有更为优惠的税收倾斜。加强技术标准的制定，在取得原始创新和

重大突破的领域，加快建立自主的标准体系，并鼓励本土企业参与国际标准的制定。运用政府采购，鼓励使用国产信息技术产品和服务，支持国内信息企业的发展。强化国家信息化领导小组和信息产业部的协调职能，及时研究解决信息化进程中的重大问题，搭建政企公共信息平台，政企相互交流，共同解决"两化"融合面对的问题，携手推动"两化"融合。

四 强化技术的引进、消化、吸收及创新

引进技术要全面而深入，具有系统性，既要包括钢铁、机械、电力、航空等基础工业部门，也要涵盖现代信息产业等服务业。引进技术是手段而不是目的，最终目的是为了自主创新，因此要以自主创新为重点，依托国家信息应用重大工程，加速人才、资金和技术等创新资源向引进技术的产业转移和集聚，支持龙头企业建立产业技术研发联盟，推动引进技术的消化吸收并逐步实现自主开发。另外，要改革阻碍技术创新的体制机制，为技术创新创造良好的外部环境。为了更好地实现工业化和信息化的融合，要提高制造业的自主研发投入，打好工业经济基础。

五 重视中小企业的发展

信息化的推进应以企业信息化为切入点，尤其要重视中小企业的发展。企业信息化的重点是运用信息技术推动企业经营管理创新和机制创新，促进企业改革经营理念和经营方式。通过运用信息技术改造传统产业，推动传统产业生产过程和工艺的创新，提高产品的质量和附加值，进而推进产业和产品结构的调整。在实施企业信息化的同时，为推动中小企业发展，政府要尽可能地主动提供各项资源支持。

政府要为中小企业提供基金和信贷优惠政策，例如设立"小企业信贷保证计划"、"早期成长基金"，帮助中小企业成长和分担风险；向中小企业开放政府实验室，创办"技术孵化器"，并动员社会技术和财力，实施信息化和工业化方面的技术研发，提供技术支持；实施中小企业信息化相关计划，并给予指导，对小企业网络化、教育和技术、基础信息系统、ERP、供应链管理建设等进行支

持；发挥行业协会的中介作用，设立"制造业咨询服务中心"，为中小企业提供咨询服务。

六 "自由的"市场制度与环境

"自由竞争"是美国硅谷精神的核心，走硅谷之路，就是要放松政府管制，取消行政命令，政府要逐步地放开电信、金融等市场，大力扶持中小企业的发展，为中小企业提供自由创新空间。发挥政府的引导作用主要是创造一个平等竞争的市场环境和法律环境，维护企业之间的合理竞争，制定保护知识产权、鼓励创新、吸引人才和鼓励人才流动的政策，加大国家在信息技术的基础设施、基础科研和人才培养等方面的投入，促进和支持信息技术企业的发展。

因此，政府要放宽政府管制，打破行业垄断，减少政府干预，创造充分、有序的市场竞争环境，鼓励私营企业投资信息化领域。为减少高新技术的市场风险，对于尚未形成市场的新技术、新产品，政府要通过采购进行支持，并建立完善的风险投资机制。

七 重视人才培养与人力资本建设

大力发展教育，重视科技进步，重视人力资本建设和创新人才的培养。信息技术应"从娃娃抓起"，计算机课与数理化平起平坐应当是目前中国基础教育和高等教育的重中之重。普及中高等教育，通过学校教育、企业培训等方式培养复合型人才，在全国中小学建立完善的信息技术基础课程体系，优化课程设置，丰富教学内容，着力开展职业教育培训，培养适应信息技术应用的专门人才。同时，要普及企业内部培训，结合各人岗位和环境，对在职员工进行信息技术知识和设备操作培训，培养出能适应高科技产业特别是信息产业的专门人才。开展社会培训，对有需求的人才进行个性化、专业化的信息技术培训，加快职业培训市场化进程。推进产学研相结合，形成企业生产、学校培养人才和科技成果转化相结合的运作机制。此外，应采取有效措施吸引人才，开展"信息化人才工程"以适应高新技术产业发展对高级技术人才的需求，对急需的信息人才，在福利、子女上学等方面应提供便利。

推 进 策 略

Strategy of Advance

B.42
"两化"深度融合推进方向

一 加快工业化进程,提升融合硬度

我国已经处于工业化发展的中后期,在这一工业化发展的关键时期,夯实工业发展基础,转变工业发展方式,加速推进工业化进程,全面提升融合硬度,既要多视角统筹兼顾,又要重点推进传统制造业的转型升级、培养和发展战略性新兴产业以及加快和发展生产性服务产业。

(一)促进传统制造业转型升级

促进传统制造业的转型就是通过转变制造业发展方式,加快实现由传统制造业向新型制造业转变。促进传统制造业升级就是通过全面优化空间结构、行业结构、组织结构和技术结构,从整体上推动制造业结构的优化提升。充分发挥信息技术的创新作用和倍增效应,加快信息产业和传统制造业的融合进程,推动传统制造业在研发、设计、生产、管理、流通等环节广泛应用信息技术。将传统制造技术与信息技术、自动化技术、现代管理技术相结合,促进产品设计方法和工具的创新、企业管理模式以及传统流通方式的创新,实现产品工业设计制造和企业管理的信息化、制造装备的智能化、生产过程控制的自动化、咨询服务的网络化，全面提升制造业的综合竞争力。调整优化原材料工业，实施总量调控，优化空间布局，加快落后产能淘汰进度，推进节能减排，大力发展循环经济，提高产业集中度，塑造原材料工业后发优势；改造提升消费品工业，立足国内外市场需求，积极应对外需疲弱挑战，抓住扩大内需的有利时机，优化消费品品种结构，提高产品质量，优化空间、产业布局，强化品牌建设，增加有效供给，引导消费升级，促进产业有序转移，增强消费品工业竞争优势；发展先进装备制造业，提高关键基础零部件、基础材料、基础工艺、基础制造装备研发能力和系统集成水平，促进汽车、船舶、机床、发电设施等装备产品的换代升级，实现数字化、智能化和网络化改造，积极培育发展智能制造、新能源汽车、民用航空航天、海洋工程装备、轨道交通装备等高端装备制造业，提高精准制造、高端制造、敏捷制造能力，加快淘汰落后产能，改善品种质量，增强产业配套能力，发展先进装备制造业。

（二）培育和发展战略性新兴产业

战略性新兴产业是以重大技术突破和重大发展需求为基础，对国民经济和社会全局、长远发展具有引领和带动作用，科技含量高、资源消耗低、环境污染少、发展潜力大、经济效益高的产业。加快培育和发展战略性新兴产业对于构建和谐社会，推进经济和社会长远发展具有重要战略意义。增强自主创新能力，坚持科技引领，完善企业为主体、市场为导向、产学研相结合的技术创新体系，发挥国家科技重大专项的核心引领和带动作用，攻克核心关键技术，夯实产业发展基础；深化先进技术和重大科技产品的应用水平，提高科技成果转化率；积极拓展国内外需求，引导产业向价值链高端延长和拓宽，提高产品附加值；促进高新科技与新兴产业的深度融合，在继续做大做强高新技术产业基础上，把战略性新兴产业培育发展成先导性、支柱性产业；立足中国国情、技术和产业发展基础，大力发展节能环保、新一代信息技术、生物、高端装备制造、新能源、新材料、新能源汽车等战略性新兴产业；加快掌握核心关键技术，依托优势企业、产业集聚区和重大项目，统筹技术开发、工程化、标准制定、应用示范等环节，支持商业模式创新和市场拓展，组织实施若干重大产业创新发展工程，培育和发展战略性新兴产业。

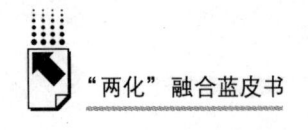

(三) 加快发展生产性服务业

生产性服务业是指为保持工业生产过程的连续性、促进工业技术进步、产业转型升级、结构优化和生产效率提高提供保障服务的行业。生产性服务业为工业结构优化调整、工业发展方式转变提供重要支撑。按照"市场化、专业化、社会化、国际化"的发展方向，科学规划、合理布局、统筹安排。加强政策导向作用，鼓励和支持生产性服务业的综合改革，强化市场竞争机制，优化生产性服务业的发展环境，积极消除生产性服务业发展的体制性障碍；在详细深入调研的基础上，统筹全局，合理规划，科学布局，发挥各地区比较优势，积极引导产业有序转移，优化重大生产力布局，促进形成与地区资源环境承载能力相适应、与市场需求相符合的生产性服务业产业区域协调发展新格局；加强产业关联，推动生产性服务业协同发展，并促进与其他产业的融合发展，助力生产性服务业集群化，打造多形态的产业聚集区；坚持对外开放，促进协调发展，积极承接国内外产业转移，发展面向工业生产的现代服务业；提升其在工业设计研发、信息服务和外包、节能环保和安全生产等重点领域的支撑能力，不断提高对工业转型升级的服务支撑能力。

二 加快信息化进程，提高融合软度

信息产业作为国民经济的支柱性、基础性、先导性和战略性产业，是促进"两化"深度融合的重要驱动力，发挥着"倍增器"、"助推器"、"催化剂"的作用，通过构建宽带、融合、泛在、安全的国家信息基础设施，促进电子信息产业优化升级，加快软件和信息服务业的发展，促进信息产业的更新升级，提升"两化"融合软度。

(一) 构建宽带、融合、泛在、安全的国家信息基础设施

信息基础设施是构建信息化大厦的基石，是加快信息化进程的重要支撑。按照"统筹部署，协调发展；应用驱动，有序推进；政企合力，加强协作；强化管理，安全可控"的发展原则，加快构建宽带、融合、泛在、安全的国家信息基础设施。大力实施"宽带中国"战略，坚持把宽带普及和应用作为构建国家信

息基础建设的主攻方向,初步实现"城市光纤到楼入户,农村宽带进乡入村,信息服务普惠全民";大力发展网络技术、信息技术等高新技术,充分利用高新技术成果,统筹推进信息通信网络建设;继续强化光纤宽带网络建设力度,以光纤尽量接近用户为原则,促进光纤宽带接入模式的多元化,推进宽带接入的普遍服务,着力扩大普遍服务政策实施范围和服务内容,促进有线宽带接入提速,推进西部地区、农村地区的宽带网络基础设施建设,提升西部地区、农村地区通宽带、通光缆的比例;统筹2G/3G/WLAN/LTE等协调发展,充分利用已有2G网络资源,促进技术创新,优化配置,促其平滑升级,加快3G和WLAN网络建设,扩大网络覆盖,优化网络结构,改善网络性能,加强LTE试验性网络建设,实施LTE商用计划,推进TD-LTE增强型技术成为国际标准;统筹部署物联网技术研发、示范、应用和产业化建设,发展关键传感器件、装备、系统及服务,促进物联网与互联网、移动互联网融合发展;加快IP城域网扁平化改造,提升多业务承载能力,积极稳妥推进IPV6商用建设、网络过渡与促进技术创新、业务迁移,抓好互联网核心架构及关键技术研发和试商用;以电信、广电业务双向进入为重点,继续推进电信网、广播电视网、互联网三网融合试点工作,强化技术创新,发挥引领示范效应,推进三网融合取得实质性进展;完善网络信息安全机制,更新换代升级防火墙、入侵检测系统等网络安全设备,及时升级网络防病毒软件系统,扩大网络安全措施的覆盖面,全面增强电子政务网络内、外网平台的网络安全的技术保障,积极开展国内外网络与信息安全合作,加强信息网络安全预警和保障系统建设。

(二) 促进电子信息产业优化升级

促进电子信息产业的优化升级,必须深入贯彻落实科学发展观,强化自主创新能力,重点突破关键领域的核心技术,统筹国内外市场,优化产业布局,夯实产业发展基础,拓展和延伸信息产业链条,提升综合竞争力。突破核心关键技术,引领产业优化升级,着力提升自主创新能力,完善以市场为导向、企业为主体的自主创新体系,加大引进和吸收创新,利用市场优势,带动关键元器件发展和核心元器件的发展;加快培育和发展战略性新兴产业,鼓励和支持发展新一代网络通信系统设备及智能终端、高性能集成电路、新一代显示、云计算、物联网、数字家庭等战略性新兴发展领域,培育和发展辐射面广、引领作用明显的新增长极；培育和发展具有国际竞争力的大型企业，推动企业资源整合，鼓励和支持企业兼并重组，积极支持企业跨境投资，走出国门，探寻新的发展机遇；加快培育本土化企业以及中小电子信息企业，完善相关配套设施，促进中小企业向"专、精、特、新"方向发展；优化产业布局，根据各地比较优势发展特色产业，继续发挥东部地区的引领带动作用，强化珠三角、长三角、环渤海等地区的聚集效应，推动产业优化升级，提升中西部产业承接能力，形成产业分工体系合理、特色鲜明、优势互补的产业发展格局；均衡发展国内外市场，改善电子信息产业的进出口结构，积极拓展国际市场，尤其加大对新兴市场的开发力度，实现出口产品的多元化和最优化，抓住国内扩大内需、工业转型升级的机遇，充分发挥大市场优势，开拓国内市场，优化进口产品结构，降低产业的对外依存度；推进信息技术和产品在工业领域的广泛应用，推动信息技术和产品在交通、能源、环保等领域的深度应用以及在医疗卫生、交通运输、文化教育、就业和社会保障等领域的广泛应用，促进公共服务均等化；大力发展绿色环保信息技术，推进产业绿色发展，鼓励、引导、支持企业实施节能设计和绿色制造，在材料设置、生产配置、回收处理等环节，应用绿色材料和技术，减少有毒有害物体的排放，针对各行业特点，建立环保影响体系，将环保能效指标纳入标准，推进产业发展。

（三）加快软件和信息服务业发展

发展和提升软件和信息服务业，对于加快信息化进程、推动"两化"深度融合具有明显助推作用。以系统带动整机和软硬件应用，以应用带动产业发展，做大做强软件业。积极发挥市场在资源配置中的积极作用，优化市场发展环境，规范市场秩序；重点培育软件龙头企业，扶持一批富有发展活力的中小企业，优化软件产业组织结构，提高产业集中度；集中多方资源，优先安排公共资金，加强产业链薄弱环节的技术攻关，支持企业开发应用前景广、产业链带动作用强的新兴软件平台，加强操作系统、数据库等基础软件的开发应用以及产业化，打造新型计算模式和网络应用环境下的安全可靠基础软件平台；支持新一代搜索引擎及浏览器、网络资源调度管理系统、智能海量数据存储与管理系统、云计算平台等网络关键软件的研究开发；重点扶持计算机辅助设计和辅助制造、执行管理系统、计算机集成制造系统、过程控制系统等软件的研发和产业化；发展数字电视、智能终端、应用电子、数字医疗设备、新一代互联网等领域嵌入式操作系及关键软件的开发及应用，提升工业装备和产品智能化水平。信息服务业是信息资源开发利用、实现现代信息产业的关键。加快信息传输服务业的研发力度，强化信息传输服务业的应用、推广和产业化进程；开发创新信息系统设计、信息技术咨询、集成实施、运行维护、测试评估、数据处理与运营服务等领域的业务支撑工具，制定和应用推广信息技术服务标准（ITSS），加强业务标准库、知识库和案例库建设，推动建立信息技术服务企业与工业企业间的协调机制；开展面向生产的信息服务业务示范工作，支持工业企业内设的信息服务机构面向行业和社会，提供专业化服务，在数字内容加工处理服务、数字媒体服务、基于云计算环境的新型在线信息服务等领域开展特色示范，引导并推动信息技术服务业创新发展；扩展数字内容产业发展，加快发展数字内容加工处理与服务基地，搭建数字内容公共服务平台，重点支持文化信息基础设施建设。

三 加快一体化进程，提高融合深度

以信息化带动工业化，以工业化促进信息化，提升融合深度，推动一体化进程。在一体化过程中，重点提升数字化应用水平，大力发展电子商务，积极搭建"两化"深度融合发展平台。

（一）加快提升工业企业应用数字化水平

应用数字化水平是提高工业企业信息化水平的核心推动力，工业应用数字化水平的高低标志着"两化"融合进程的快慢。研发和应用工业领域的集成电路设计、软件、数控技术、物联网技术、ERP技术、进销存技术等数字化技术，提高工业产品的信息技术含量，促进工业技术创新、产品创新和管理创新；提升工业软件的研发力度，围绕工业产业研发设计、生产控制、生产管理、回收再制造等关键环节，重点支持一批技术创新性强、应用效果好、市场认可度高的软件，推动工业软件在航空、航天、汽车、钢铁等领域的广泛应用；大力发展数字化概念设计技术、计算机辅助造型技术、虚拟现实技术、数字化感性工学技术，推动数字化技术在工业主要行业的深度应用，提高主要行业数字化设计工具普及率和关键行业流程数控化率；增强企业主体意识，鼓励和支持技术创新，创建适合国情的ERP应用理念、应用方法和应用体系，提高ERP应用集成水平，加大对中小企业实施 ERP 的政策支持力度,提高企业应用 ERP 的普及率;加快企业应用数字化水平,推动工业企业在研发、设计、生产、管理、流通等环节广泛应用数字技术。

(二)大力发展工业企业电子商务

伴随"两化"融合进程的推进,电子商务渐入大众视野,因其具有便捷、高效、无纸化办公等优点,短时间内备受大众推崇。电子商务改变了传统交易模式,是信息技术在工业领域的颠覆性革命,成为推动我国"两化"深度融合的支柱力量。立足中国实际,应有步骤、有计划地发展电子商务。完善社会信用体系,构建覆盖行业、企业、个人的信用信息平台,建立信用等级数据库,完善电子商务用户等级评估制度;优化电子商务网络运行环境,做好网络安全防护工作,加强防火墙技术、密码技术、认证技术的研发力度;依法有序推动政府信息资源的开放服务,促进政府机构信息交换、业务协同,优化税费电子支付系统,推动电子政府和电子商务的有效衔接;开展违法犯罪行为专项治理,建立投诉举报和主动发现协同机制,加大对于电子商务违法行为的打击力度,及时发布监督检测结果,鼓励民众梳理自我保护意识;逐步建立电子商务调查统计监督制度,鼓励和支持行业协会、社会组织参与电子商务的监督检查工作,通过开设公开投诉热线、官方投诉网站、投诉信箱等形式,鼓励民众参与,维护自身正当的合法权益。

(三)积极搭建"两化"深度融合保障平台

"两化"深度融合保障平台是促进"两化"深度融合的重要载体和支撑,在"两化"融合的探索和发展阶段,"两化"融合的顺利开展,必须积极搭建"两化"深度融合保障平台。运用信息技术提高电子政务的综合服务能力,将电子政务建设与信息技术运营有机融合,与政府职能转变、组织结构调整、行政业务流程再造等有机结合。提高电子政务的普及面与应用广度,推动电子政务不断向全面化、智能化、公共便捷化发展,实现政务信息资源的跨地区、跨部门、跨层级共享,实现业务协同,提升整体工作效率。立足企业发展需求,积极搭建企业公共服务平台,重点培育运作规范、业绩突出、信誉优良、公信度高的示范平台,引领和带动服务平台的发展和完善。突出各地特色,发挥资源比较优势,加强沟通、协调与合作，建立联合工作机制，明确分工，加强配合，完善管理，形成合力，共同推动服务平台的建设和发展。调查了解服务平台建设运营情况，及时发现和协调解决出现的问题，总结经验，推广有效做法，培育示范和服务品牌。积极发挥网络、报刊等媒体的作用，加大对优秀示范服务平台的宣传，帮助中小企业更好地利用服务平台实现又好又快发展。

B.43
推进"两化"深度融合"十大黄金法则"

一 统筹实施"两化"融合发展规划

"两化"融合规划体系是促进"两化"融合三大支柱协调发展和引导社会资源合理配置的重要指南,是"两化"融合顶层设计的重要载体。在规划编制中,形成了以国民经济和社会发展总体规划为统领,以工业转型升级规划和信息化规划为基础,以行业规划、专项规划和区域规划为支撑,各类规划定位清晰、功能互补、统一衔接的"两化"融合规划体系。在"两化"融合规划实施中,要统筹实施工业转型升级规划和信息化规划,实现信息化供给与工业化需求在新的起点上保持供求平衡。装备工业、原材料工业、消费品工业、信息产业等行业规划和电子商务、电子政务等专项规划要围绕"两化"融合的关键领域和薄弱环节,着力解决突出问题,形成落实"两化"融合规划体系的重要支撑和抓手。地方规划要切实贯彻国家"两化"融合战略意图,结合地方实际,突出地方特色。要健全责任明确、分类实施、有效监督的"两化"融合规划体系实施机制。

二 加强"两化"融合产业政策引导

在做好"两化"融合顶层设计的基础上,立足市场机制基础性作用,通过产业政策引导"两化"深入融合发展,有利于调整"两化"融合资源在不同领域的配置,进而优化"两化"融合的空间布局和产业结构。积极发挥政府在装备工业、原材料工业和消费品工业领域的引导作用,建立以企业为主体的多元化投融资机制。运用现代信息技术改造传统产业,提升装备制造业产业集中度,加强在冶金、航空航天、能源、基础设施等产业领域的现代装备制造业的专项引导,有针对性地实现重点产品国内制造,推进国产装备自主化,并鼓励各个地区探索发展具有当地特色的现代工业道路。在信息化建设方面，引导信息产业发展以工业转型升级为中心，注重发挥新一代信息技术的带动作用，支持战略性新兴产业发展，推进信息技术在交通、能源、水利等领域的深度应用，加快智能化的现代产业体系的建立。完善电子信息产业体系，促进现代制造业与服务业有机融合，发展以生产性服务业为中心的现代服务业。根据各地区"两化"融合发展水平的不同，制定适合于各个地区的融合政策。东部地区重点推动"两化"深度融合机制。西部地区在提高其工业技术、信息技术水平的基础上提高工业化水平、信息化水平。

三 健全"两化"融合法律法规体系

加快建立"两化"深度融合发展的法制体系，促进政府产业调控走上法制化、规范化轨道。围绕推进"两化"深度融合的重点任务和要求，加强"两化"融合及其融合硬度、融合软度和融合深度三大支柱领域相关法律法规的制定和修订、废止等清理工作，将推进"两化"深度融合的基本目标、措施和手段依法固定下来，依法支持工业化、信息化、一体化，进而推进"两化"深度融合。借鉴和吸收十大产业振兴规划制定和实施的经验教训，制定和出台《工业振兴法》，依法指导工业行业转型升级、产业振兴和推进"两化"融合发展。适应信息化发展需要，加快制定推进电信、有线电视、网络出版、个人信息保护、网络与信息安全以及"三网"融合等法律法规建设。逐步完善电子商务、网上交易税收征管、网商工商注册、电子证据、电子支付、电子合同等相关规章制度，促进信息化和工业化协同发展、一体化发展。适时制定和出台"两化"融合专门立法。加强"两化"融合相关领域的国际交流与合作，积极参与相关国际法则的研究和制定。

四 强化"两化"融合体制机制建设

坚持市场化和法制化并重，充分发挥市场配置资源的基础性作用，提高政府统筹规划和协调指导"两化"融合的能力。深化重点行业体制改革，努力消除产业发展的体制性、机制性障碍，形成平等准入、公平竞争的市场环境。进一步简化审批手续，减少和规范行政审批，减少政府对微观经济运行的干预，落实民间投资进入"两化"融合相关领域的政策。优化外资结构，引导鼓励外资投向"两化"融合领域，保障产业安全和经济安全。推进大部门制改革，进一步完善"两化"融合管理体制，理顺中央和地方"两化"融合管理的关系，加强对地方的统筹规划和分类指导。建立高效的"两化"融合协调推进机制，建设不同区域、不同部门、不同企业之间融合合作机制，完善联系与协调工作制度，各区域、各级政府、各部门在明确划分相关职能部门的职责与分工的基础上，形成政令统一、信息共享、业务协同的工作机制。加快建立针对信息资产或者资源的运营管理体制，改变先前政府在工业社会中的实物资产管理模式，还建立全新的信息资产管理机制。充分发挥社会组织和中介服务机构等社会中介组织的桥梁作用。实施知识产权战略，加强标准体系建设，建立重点产业知识产权评议机制、预警机制和公共服务平台，完善知识产权转移交易体系，大力培育知识产权服务业。

五 加大"两化"融合财税金融支持

财税金融政策是我国宏观调控的基本工具和政策手段，也是推进"两化"深度融合的基本工具和政策手段。在整合现有资源和资金渠道的基础上，继续深入落实"两化"融合专项资金，安排中央扶持资金、各省配套资金对"两化"融合重点工程的支撑，重点扶植"两化"融合关键技术的研发和应用，特别支持那些科技含量高、发展前景好、具有明显带动作用和示范作用的重大项目以及符合国家产业政策、经营管理效率高、信息化程度高、组织实施比较得力的重点行业企业。完善有利于"两化"融合发展的税收政策，确保各类企业在税制方面享有公平权利，继续落实各项促进科技投入和科技成果转化、支持高技术产业发展等方面的税收政策，有步骤、有目的、分类别地制定和完善"两化"融合发展重点领域的税收优惠政策。对于符合国家"两化"融合税收政策的企业，特别是高新技术企业以及信息化程度高的企业，除税收方面给予优惠外，还建立"科研减税"税收制度，允许采取加速折旧、允许抵扣资本购进项目所含增值税税款等优惠措施。完善以国家投入为支撑、企业投入为主体、其他投入为补充的多渠道、多层次的投资融资体系，鼓励和支持金融机构加大"两化"融合信贷支持，引导金融机构建立适合"两化"融合特点的信贷管理和贷款评审制度,推进知识产权质押融资、产业链融资等金融产品创新,加快建立包括财政出资和社会资金投入在内的多层次担保体系。鼓励和引导各类金融机构对符合国家产业政策的企业技术研发、产业化和技术引进消化吸收项目等提供优惠利率贷款,引导包括风险投资在内的更多社会资金投向"两化"融合发展的重点领域,完善进入和退出机制,鼓励和支持符合条件的企业进入资本市场融资,通过股票上市、发行债券、项目融资、资产重组、股权置换等方式筹措资金。

六 提升"两化"融合自主创新能力

创新是一个民族进步的灵魂,是国家兴旺发达的不竭动力,是促进"两化"深度融合的源泉,必须紧紧抓住增强自主创新能力这个中心环节,加大科研支持力度,突破关键技术,推进原始创新、集成创新和引进消化吸收再创新,为"两化"深度融合提供重要技术支撑。加大基础研究、战略技术研究力度,在遵循科技发展规律前提下,加强引导,突出重点,集中资源,协同集成,走创新之路。攻克共性及关键核心技术,依托大型院所和骨干企业,整合相关资源,建立健全关键核心、共性技术研发机制,支持建设一批产业技术开发平台和技术创新服务平台,充分发挥企业家和科技领军人才在科技创新中的重要作用。支持企业参与国家科技计划、"两化"融合重大科技项目,健全由企业牵头实施应用性重大科技项目的机制,支持和引导创新要素向企业集聚,使企业真正成为研究开发投入、技术创新活动、创新成果应用的主体。对于中小企业,鼓励采取联合出资、共同委托等方式合作研发。面向企业开放和共享国家重点实验室、国家工程实验室、重要试验设备等科技资源,实现资源的共同开发和利用。鼓励和支持企业建设技术研究中心,支持有条件的企业建立博士后流动站和院士工作站。鼓励骨干企业到海外建立研发基地,收购兼并海外科技企业和研发机构。支持和促进"两化"融合科技成果的转化和产业化,构建科技成果转化长效机制。

七 深入推广"两化"融合试点示范

发挥"两化"融合"试验区"、"示范企业"、"示范项目"的引领和示范作用,是推动各地区、各行业、各企业"两化"融合全面和深入发展的重要工作内容。继续抓好"两化"融合落实工作,根据"试验区"、"示范企业"、"示范项目"的实际变化情况,实施动态调整,查补缺漏,纠正不足,切实解决实施过程中的问题。提升各"试验区"之间的沟通和协助能力,本着资源共享、信息共有的原则,探寻试验区发展的优化路径,尤其在"两化"融合专家团队、"两化"融合评估指标体系等方面建立联合机制,全方位、多角度共同推进。做好"试验区"、"示范企业"、"示范项目"的评估工作,总结交流"两化"融合"试验区"经验,将共性问题进一步提升、总结和提炼,分享成功经验,减少和避免失误,降低不必要的损失。政府主导,鼓励社会组织和企业参与,积极搭建展示平台,宣传、推广试点示范在技术改造和更新、产业优化和升级、能耗降低、污染减少等方面的成绩。

八 支持中小企业"两化"融合发展

发展中小企业对于促进我国经济增长、扩大社会就业、保持社会稳定、建设创新型国家具有重要战略意义。在中小企业成长工程的基础上,实施"两化"融合助力中小企业成长。研发推广面向中小企业的设计平台,提供工业设计、样品分析、检验检测等软件支持和在线服务,降低中小企业信息化进程成本。由政府牵头,加快研发、推广适合中小企业特点的企业管理系统,前期可以免费试用,在企业具备经济实力后可收取一定费用。提高网络环境下的企业间协作配套能力和产业链专业化协作水平,鼓励和支持中小企业参与以龙头企业为核心的产业链协作,提高产品附加值,提升竞争力。鼓励开展适合中小企业发展特点的网络基础设施服务,发展设备租赁、数据托管、流程外包等服务。推动面向中小企业身份认证信用管理、电子支付、物流配送等关键环节的集成化电子商务服务,打造中小企业"两化"融合社会化服务体系和公共服务平台。

九 加强"两化"融合人才队伍建设

人才队伍建设是推进"两化"深度融合发展的坚强核心。加大引进与培养高端和急需人才的力度,是推进"两化"深度融合的有力支撑。依托重大科技专项，重点在制约融合发展的核心技术和关键领域，着重在包含信息技术在内的高科技、经营管理、节能减排等方面加强高端人才的引进和培养。完善院校和企业"两化"融合人才联合培养机制。鼓励支持大专院校、职业技术学校根据企业实际需求设置"两化"融合相关专业和课程，培养实用型和创新型人才，实现院校与企业的良好对接。鼓励企业设立"两化"融合人才实习基地，积极推进"两化"融合人才接洽工作。进一步完善技术人才的评估标准，加强与"两化"融合相适应的复合型高级技能人才队伍建设。构建两化融合智力支撑体系。建立开放式、多层次的人才引进与流动机制，完善柔性引才用才机制。支持各层次产业人才参加继续教育，把对产业工业尤其是农民工工业化专业技能和信息化素质和能力的培训放在优先位置，开展国民信息素质状况动态监测和定期评估。

十 全面推进"两化"融合评估工作[①]

开展"两化"融合评估工作是走中国特色"两化"融合道路的有力抓手。在试点开展工业企业和行业"两化"融合评估工作的基础上，不断深化"两化"融合评估理论体系，持续完善企业、行业、区域"两化"融合评估体系、方法和机制，全面推进"两化"融合评估工作，形成全局统筹、各有特色、合作共赢的良好局面。及时修改完善《工业企业"信息化和工业化融合"评估规范》，推动工业企业"两化"融合评估规范成为国家标准，制订并出台企业"两化"融合水平等级认定标准和工作管理办法，适时开展企业"两化"融合水平等级认定工作。选择若干重要行业，研究并制订行业"两化"融合评估标准草案，完善并申请成为行业标准，开展行业标准制修订工作，依据行业评估规范，全面开展行业"两化"融合评估工作，总结和提炼行业"两化"融合的共性关键问题和发展规律，定期发布"两化"融合总体发展报告。建立区域"两化"融合水平评估指标体系，开展区域"两化"融合评估工作试点，适时发布区域"两化"融合评估报告。完善"两化"融合评估认定实施组织体系，开发建设"两化"融合评估服务平台，实现数据资源集中管理和充分共享。

---

① 徐愈：《全面推进"两化"融合评估工作》，http：//www.ccw.com.cn/weekly/cio/industryinformation/htm2012/20120319_964355.shtml。

B.44
主要参考文献

American Economic Association. Readings in Price Theory. Chicago: Irwin Inc. 1952.

Asimakopolous. Microeconomics. Oxford University Press, 1978.

Baumol and Blind. Economics-Principles and Policy. Seventh Ed. New York: Dryden Press, 1997.

Durnbush and Fischer. Macroeconomics. 7th Ed., Mcgraw-Hill Inc., 1998.

Ferguson. Microeconomics Theory. 3rd Ed., Irwin Inc., Homewood Illinois, 1972.

Keynes, John Maynard, The General Theory of Employment, Interest, and Money, 1936, London: Macmillan.

Mankiw. Principles of Economics. New York: Dryden Press, 1998.

Marshall. Principles of Economics, 8th Ed., London: Macmillan, 1920.

Samuelson. and Nordhaus. Economics. 16th Ed., McGraw-Hill Inc., New York, 1998.

Schumpeter. Theory of Economic Development, Harverd University Press, 1962.

Adam Smith. An Inquiry into Nature and Cause of the Wealth of Nations, London: Dante Inc., 1995.

Putterman and Rueschemeyer. State and Market in Development, London: Lynne Rienner Publishers, 1992.

多恩布什、费希尔:《宏观经济学》,中国人民大学出版社,1997。

凯恩斯:《就业、利息和货币通论(重译本)》,商务印书馆,1997。

萨缪尔森、诺德豪斯:《经济学(第十七版)》,人民邮电出版社,2004。

周宏仁:《中国信息化形势分析与预测(2010)》,社会科学文献出版社,2010。

周宏仁：《中国信息化形势分析与预测（2011）》，社会科学文献出版社，2011。

冯飞等：《迈向工业大国——30年工业改革与发展回顾》，中国发展出版社，2008。

吴胜武、沈斌：《信息化与工业化融合：从"中国制造"走向"中国智造"》，浙江大学出版社，2010。

王云平：《工业结构升级的制度分析》，经济管理出版社，2004。

甘中达：《信息化与工业化融合的理论与道路选择》，电子工业出版社，2009。

倪鹏飞等：《中国国家竞争力报告》，社会科学文献出版社，2010。

钱纳里等：《工业化和经济增长的比较研究》，吴奇等译，三联书店，1995。

杨学山：《中国信息化形势分析与展望》，上海远东出版社，2008。

邹生：《信息化十讲》，电子工业出版社，2009。

中国社会科学院工业经济研究所：《2010中国工业发展报告——国际金融危机下的中国工业》，经济管理出版社，2010。

中国社会科学院工业经济研究所：《2011中国工业发展报告——中国工业的转型升级》，经济管理出版社，2011。

权威报告 热点资讯 海量资料
当代中国与世界发展的高端智库平台
皮书数据库 www.pishu.com.cn

皮书数据库是专业的社会科学综合学术资源总库，以大型连续性图书皮书系列为基础，整合国内外其他相关资讯构建而成。包含七大子库，涵盖两百多个主题，囊括了十几年间中国与世界经济社会发展报告，覆盖经济、社会、政治、文化、教育、国际问题等多个领域。

皮书数据库以篇章为基本单位，方便用户对皮书内容的阅读需求。用户可进行全文检索，也可对文献题目、内容提要、作者名称、作者单位、关键字等基本信息进行检索，还可对检索到的篇章再作二次筛选，进行在线阅读或下载阅读。智能多维度导航，可使用户根据自己熟知的分类标准进行分类导航筛选，使查找和检索更高效、便捷。

权威的研究报告，独特的调研数据，前沿的热点资讯，皮书数据库已发展成为国内最具影响力的关于中国与世界现实问题研究的成果库和资讯库。

皮书俱乐部会员服务指南

1. 谁能成为皮书俱乐部会员？
- 皮书作者自动成为皮书俱乐部会员；
- 购买皮书产品（纸质图书、电子书、皮书数据库充值卡）的个人用户。

2. 会员可享受的增值服务：
- 免费获赠该纸质图书的电子书；
- 免费获赠皮书数据库100元充值卡；
- 免费定期获赠皮书电子期刊；
- 优先参与各类皮书学术活动；
- 优先享受皮书产品的最新优惠。

卡号：1733413545901467
密码：
（本卡为图书内容的一部分，不购书刮卡，视为盗书）

3. 如何享受皮书俱乐部会员服务？

（1）如何免费获得整本电子书？

购买纸质图书后，将购书信息特别是书后附赠的卡号和密码通过邮件形式发送到pishu@188.com，我们将验证您的信息，通过验证并成功注册后即可获得该本皮书的电子书。

（2）如何获赠皮书数据库100元充值卡？

第1步：刮开附赠卡的密码涂层（左下）；

第2步：登录皮书数据库网站（www.pishu.com.cn），注册成为皮书数据库用户，注册时请提供您的真实信息，以便您获得皮书俱乐部会员服务；

第3步：注册成功后登录，点击进入"会员中心"；

第4步：点击"在线充值"，输入正确的卡号和密码即可使用。

皮书俱乐部会员可享受社会科学文献出版社其他相关免费增值服务
您有任何疑问，均可拨打服务电话：010-59367227 QQ:1924151860
欢迎登录社会科学文献出版社官网（www.ssap.com.cn）和中国皮书网（www.pishu.cn）了解更多信息

社会科学文献出版社　　　　　　　皮书系列

"皮书"起源于十七八世纪的英国，主要指官方或社会组织正式发表的重要文件或报告，并多以白皮书命名。在中国，"皮书"这一概念被社会广泛接受，并被成功运作、发展成为一种全新的出版形态，则源于中国社会科学院社会科学文献出版社。

皮书是对中国与世界发展状况和热点问题进行年度监测，以专家和学术的视角，针对某一领域或区域现状与发展态势展开分析和预测，具备权威性、前沿性、原创性、实证性、时效性等特点的连续性公开出版物，由一系列权威研究报告组成。皮书系列是社会科学文献出版社编辑出版的蓝皮书、绿皮书、黄皮书等的统称。

皮书系列的作者以中国社会科学院、著名高校、地方社会科学院的研究人员为主，多为国内一流研究机构的权威专家学者，他们的看法和观点代表了学界对中国与世界的现实和未来最高水平的解读与分析。

自20世纪90年代末推出以经济蓝皮书为开端的皮书系列以来，至今已出版皮书近800部，内容涵盖经济、社会、政法、文化传媒、行业、地方发展、国际形势等领域。皮书系列已成为社会科学文献出版社的著名图书品牌和中国社会科学院的知名学术品牌。

皮书系列在数字出版和国际出版方面也是成就斐然。皮书数据库被评为"2008～2009年度数字出版知名品牌"；经济蓝皮书、社会蓝皮书等十几种皮书每年还由国外知名学术出版机构出版英文版、俄文版、韩文版和日文版，面向全球发行。

经济蓝皮书 BLUE BOOK OF CHINA'S ECONOMY	社会蓝皮书 BLUE BOOK OF CHINA'S SOCIETY	文化蓝皮书 BLUE BOOK OF CHINA'S CULTURE
金融蓝皮书 BLUE BOOK OF FINANCE	法治蓝皮书 BLUE BOOK OF RULE OF LAW	欧洲蓝皮书 BLUE BOOK OF EUROPE
气候变化绿皮书 GREEN BOOK ON CLIMATE CHANGE	西部蓝皮书 BLUE BOOK OF WESTERN REGION OF CHINA	世界经济黄皮书 YELLOW BOOK OF WORLD ECONOMY
THE CHINESE ACADEMY OF SOCIAL SCIENCES YEARBOOKS ECONOMY	THE CHINESE ACADEMY OF SOCIAL SCIENCES YEARBOOKS SOCIETY	THE CHINESE ACADEMY OF SOCIAL SCIENCES YEARBOOKS POPULATION AND LABOR

法律声明

"皮书系列"(含蓝皮书、绿皮书、黄皮书)由社会科学文献出版社最早使用并对外推广,现已成为中国图书市场上流行的品牌,是社会科学文献出版社的品牌图书。社会科学文献出版社拥有该系列图书的专有出版权和网络传播权,其LOGO( )与"经济蓝皮书"、"社会蓝皮书"等皮书名称已在中华人民共和国工商行政管理总局商标局登记注册,社会科学文献出版社合法拥有其商标专用权。

未经社会科学文献出版社的授权和许可,任何复制、模仿或以其他方式侵害"皮书系列"和( )、"经济蓝皮书"、"社会蓝皮书"等皮书名称商标专用权的行为均属于侵权行为,社会科学文献出版社将采取法律手段追究其法律责任,维护合法权益。

欢迎社会各界人士对侵犯社会科学文献出版社上述权利的违法行为进行举报。电话:010-59367121,电子邮箱:fawubu@ssap.cn。

社会科学文献出版社

广视角·全方位·多品种

皮书系列为"十二五"国家重点图书出版规划项目